社会の問題解決こそ、企業価値創造の源である

京都大学の経営学講義Ⅳ

京都大学経済学部・人気講義完全聞き取りノート

京都大学名誉教授　同経営管理研究部
証券投資研究教育産学共同講座・特任教授
川北英隆

農林中金バリューインベストメンツ
常務取締役（ＣＩＯ）
奥野一成

発行：ダイヤモンド・ビジネス企画　発売：ダイヤモンド社

はじめに

企業の利益とは何か

「自社製品（原価五〇ドル）によって、顧客の利益を一〇〇〇ドル拡大するような提案ができた場合、その製品をいくらの価格に設定するか？」という問いに対して、欧米の経営者の多くが五〇〇〜六〇〇ドルと答えたのに対して、日本の経営者の多くは一〇〇ドルと答えたそうです（ヘルマン・サイモン他著『価格戦略論』ダイヤモンド社）。

この結果をみて、「日本の経営者は欧米の経営者よりも慎ましやかで欲深くないのだ」と結論づけるのは簡単ですが、ものごとはそれほど単純ではありません。

先進国の企業が第一に集中するべきことは、製品を安く提供することではなく、「顧客にとっての利益」をより多く生み出す提案をすることなのです。そして、顧客にとって本当に価値のある提案、製品やサービスの提供ができれば、その結果として、自社の利益がついてくるのです。

それでは、顧客にとっての価値とは何でしょうか？

それは、顧客の問題や困りごとを解決することです。

例えば人件費が高騰している顧客（レストラン、ホテル等）に対して、一度に大量の食事を自動で調理できる加熱調理機械を提供することができれば、その顧客はシェフを含めた多くの人件費を節約することができます。

これは、実際にスチームコンベクションオーブンという、タッチパネル操作一つであらゆる加熱調理工程をこなす製品で世界シェアの半分以上を握るドイツ「ラショナル社」の例です。

同社は、四〇年以上、この製品の専業メーカーとして技術を磨き、多くのシェフ出身の販売員が、実際の顧客であるシェフ向けにデモンストレーションを行う中で現場のニーズを的確に掴み、世界中で顧客の困りごとを細やかに解決し続けています。結果として、「スチームコンベクションオーブン界のベンツ」として、一台百数十万円からと決して安くはない製品が世界中のシェフに支持され、二五％を超える非常に高い営業利益率を誇っています。

このように先進国企業にとって「利益を上げる」という行為は、「モノを安く作った」結果ではなく、「顧客の問題を解決した」結果であり、顧客をより広く捉えるならば、「社会の問題を解決した」結果なのです。これこそが顧客ニーズを始点とする経営戦略の発想です。

「長期投資」とは、このような「問題解決企業」を選択し、そのオーナーになることです。選んだ企業が持続的に利益を上げ続けるということは、オーナーとしての長期投資家が儲かるのはいうまでもありませんが、顧客の問題を解決することで、結果として少しずつ社会も良くなっているということなのです（第七章参照）。

こういった「投資」と「企業活動」の繋がり、素晴らしい企業の経営戦略と社会問題の解決の関係性を有機的に学んでもらうことが、本講義「企業価値創造と評価」の目的です。本年で六年目が終了しましたが、真に社会に価値を創造している企業の経営者、それらの企業を真摯に評価する運用者、そしてそのインベストメント・チェーンというインフラを担う当局、関係者にご登壇をお願いしています。（次ページ図表参照）

このような素晴らしい方々が京都大学生のために自らの価値創造・評価の取り組み、秘訣を惜しげもなく披露してくれていることに本当に感謝の言葉しかありません。そしてこの知の集積を講義録として毎年発行できることにこの上ない喜びを感じています。

二〇二〇年一月

農林中金バリューインベストメンツ常務取締役（ＣＩＯ）
奥野一成

図表0-1 ｜過去6年の登壇者（2014～2019年度）

（講義順、役職等は当時のもの）

	組織・企業名	講義者
2014年度	京都大学	川北英隆　教授
	京都大学	加藤康之　教授
	農中信託銀行	奥野一成　企業投資部長
	オムロン株式会社	立石文雄　取締役会長
	野村総合研究所	堀江貞之　上席研究員
	日本電産株式会社	永守重信　代表取締役社長
	株式会社産業革新機構	能見公一　代表取締役社長
	株式会社ジェイ・ウィル・パートナーズ	佐藤雅典　代表取締役社長
	経済産業省	福本拓也　経済産業政策局企業会計室室長
	株式会社堀場製作所	堀場厚　代表取締役会長兼社長
	株式会社島津製作所	服部重彦　代表取締役会長
	株式会社ワコールホールディングス	塚本能交　代表取締役社長

	組織・企業名	講義者
2015年度	京都大学	川北英隆　教授
	京都大学	加藤康之　教授
	農林中金バリューインベストメンツ（NVIC）	奥野一成　運用担当執行役員
	株式会社野村総合研究所	堀江貞之　上席研究員
	株式会社クボタ	木股昌俊　代表取締役社長
	リンナイ株式会社	内藤弘康　代表取締役社長
	株式会社京都銀行	柏原康夫　代表取締役会長
	小林製薬株式会社	小林一雅　代表取締役会長
	株式会社MonotaRO	瀬戸欣哉　取締役会長
	株式会社大阪取引所	山道裕己　代表取締役社長
	京セラ株式会社	久芳徹夫　代表取締役会長
	フィデリティ投信株式会社	三瓶裕喜　ディレクターオブリサーチ

	組織・企業名	講義者
2016年度	京都大学	川北英隆　教授
	京都大学	加藤康之　教授
	農林中金バリューインベストメンツ（NVIC）	奥野一成　常務取締役CIO
	株式会社野村総合研究所	堀江貞之　上席研究員
	コモンズ投信株式会社	伊井哲朗　代表取締役社長CIO
	積水ハウス株式会社	和田勇　代表取締役会長兼CEO
	日本生命保険相互会社	大関洋　取締役執行役員
	ホシザキ電機株式会社	坂本精志　代表取締役会長兼社長
	ラッセル・インベストメント株式会社	喜多幸之助　コンサルティング部長
	大和ハウス工業株式会社	樋口武男　代表取締役会長
	シスメックス株式会社	家次恒　代表取締役会長兼社長
	カルビー株式会社	松本晃　代表取締役会長兼CEO
	経済産業省	福本拓也　産業資金課長兼新規産業室長

2017年度	組織・企業名	講義者
	京都大学	川北英隆　客員教授
	京都大学	砂川伸幸　教授
	年金積立金管理運用独立行政法人（GPIF）	髙橋則広　理事長
	青山学院大学	白川方明　特任教授
	農林中金バリューインベストメンツ（NVIC）	奥野一成　常務取締役CIO
	サントリーホールディングス株式会社	鳥井信吾　代表取締役副会長
	ピジョン株式会社	山下茂　代表取締役社長
	みさき投資株式会社	中神康議　代表取締役社長兼CEO
	株式会社野村総合研究所	堀江貞之　上席研究員
	株式会社セブン銀行	安斎隆　代表取締役会長
	ライフネット生命保険株式会社	出口治明　創業者
	不二製油グループ本社株式会社	清水洋史　代表取締役社長
	日本政策投資銀行設備投資研究所	石田英和　客員主任研究員

2018年度	組織・企業名	講義者
	京都大学	砂川伸幸　教授
	任天堂株式会社	君島達己　代表取締役社長
	農林中金バリューインベストメンツ（NVIC）	奥野一成　常務取締役CIO
	京都大学	加藤康之　特定教授
	金融庁　総務企画局	油布志行　参事官
	キッコーマン株式会社	茂木友三郎　取締役名誉会長
	大阪経済大学大学院	堀江貞之　客員教授
	企業年金連合会	濱口大輔　運用執行理事　CIO
	近畿経済産業局	森清　局長
	株式会社丸井グループ	青井浩　代表取締役社長
	株式会社ディスコ	関家一馬　代表取締役社長
	SBIホールディングス株式会社	北尾吉孝　代表取締役　執行役員社長
	京都大学	川北英隆　客員教授

2019年度	組織・企業名	講義者
	京都大学	川北英隆　名誉教授
	京都大学	砂川伸幸　教授
	一般社団法人　日本投資顧問業協会	大場昭義　会長
	農林中金バリューインベストメンツ（NVIC）	奥野一成　常務取締役CIO
	大阪経済大学大学院	堀江貞之　客員教授
	東京エレクトロン株式会社	東哲郎　取締役相談役
	株式会社コルク	佐渡島庸平　代表取締役
	スリーエム ジャパン株式会社	昆政彦　代表取締役 副社長執行役員
	浜松ホトニクス株式会社	晝馬明　代表取締役社長
	日本植物燃料株式会社	合田真　代表取締役
	株式会社三菱UFJフィナンシャル・グループ	平野信行　取締役 執行役会長

目次

第二章

企業の価値はどのようにして生み出され、そして評価されるのか？

第三章 デジタル時代の金融サービス——96

株式会社三菱UFJフィナンシャル・グループ 取締役 執行役会長 平野信行

第五章　地域を豊かにして、一緒に豊かになる―― 178

日本植物燃料株式会社　代表取締役　合田 真

第七章 「オーナー」としての株式投資

農林中金バリューインベストメンツ 常務取締役（CIO） 奥野一成

第八章

日本企業は千差万別
――株価純資産倍率に見る企業の格差―― 292

京都大学名誉教授 証券投資研究教育産学共同講座・特任教授 川北英隆

第一章

スリーエムのイノベーション経営

スリーエム ジャパン株式会社 代表取締役 副社長執行役員 昆 政彦

そもそも、イノベーションとは何か？

皆さん、スリーエム ジャパン株式会社（以下、スリーエム）の昆と申します。本日はよろしくお願いいたします。まず皆さんに質問があります。「イノベーションとは何か？ どのように定義するか？」と問われたら、皆さんはどのように答えるでしょうか？

ある人は、「今ある技術を組み合わせて、新しい価値を生み出すことだ」と考えるでしょうし、またある人は「今ある技術だけではなく、何か、資産を組み合わせることによって、新しい価値観やモノを生み出すことだ」と表現するかもしれません。

講演者・昆 政彦氏

イノベーションには様々な考え方があると思います。まず一つの考え方を紹介しましょう。スコット・アンソニーの唱えた「従来とは異なる方法で価値を生み出すこと。十分な収益の創出、業務効率の向上、社会的便益の創出、個人の問題解決ができるようになった時点で、初めてイノベーションと呼べる」というものです。特に最後の部分には含蓄があると思いますが、例を使ってお話したいと思います。

例えば、山中伸弥教授（注1）のiPS細胞の発見。あの発見はイノベーションと考える人も多いと思います。しかし、今、紹介した考え方だとイノベーションといえるのでしょうか？

（注1）京都大学iPS細胞研究所所長、主任研究者。二〇一二年にノーベル生理学・医学賞を受賞。心臓や神経、肝臓などのさまざまな細胞になる能力を持ち、再生医療の他、病気のメカニズム解明、創薬研究などに期待されるiPS細胞の研究に取り組む。
iPS細胞：人工多能性幹細胞（induce pluripotent stem cell）

私のようにビジネスをやっている人間の観点で表現すると、社会に価値を認められるというのは、それに対してお金を払ってくれる人がいるということです。支払ってくれるお金の金額が多いということは、その人にとって価値が大きいということを表しています。

では、iPS細胞の事例に戻って、この発見がお金になっているか、現在の課題を解決しているかというと、まだ、お金をもらえる状態ではないですね。まだ、研究開発が続いていて、お金をどんどん使わなければいけない段階です。これを、イノベーションと呼んでいいのかといいますと、ビジネスの観点ではそうではないということになります。

ところが、他の観点では、もちろんあれはイノベーションですという考え方も存在します。そうすると、イノベーションについて話をするにあたっては、そこを整理しないといけないですよね。

私なりに整理したのはこういうことです。

社会におけるイノベーション、という大きな括りの中で考えると、その中にはiPS細胞のように、将来お金を生み出すことが「想像」できるレベルになっているものがあります。(価値の変革が想像できるイノベーション)。つまり、新しい技術が開発され、これがやがて製品になって患者を助けて、その結果、開発者へもお金が入ってくるような仕組みが構築されるだろうと想像できるレベルになっているものです。イマジネーションともいえますね。一方、スリーエムは、最後にお金になって初めてイノベーションだと考えています(事業におけるイノベーション)(図表1-1)。

図表1-1 | イノベーション

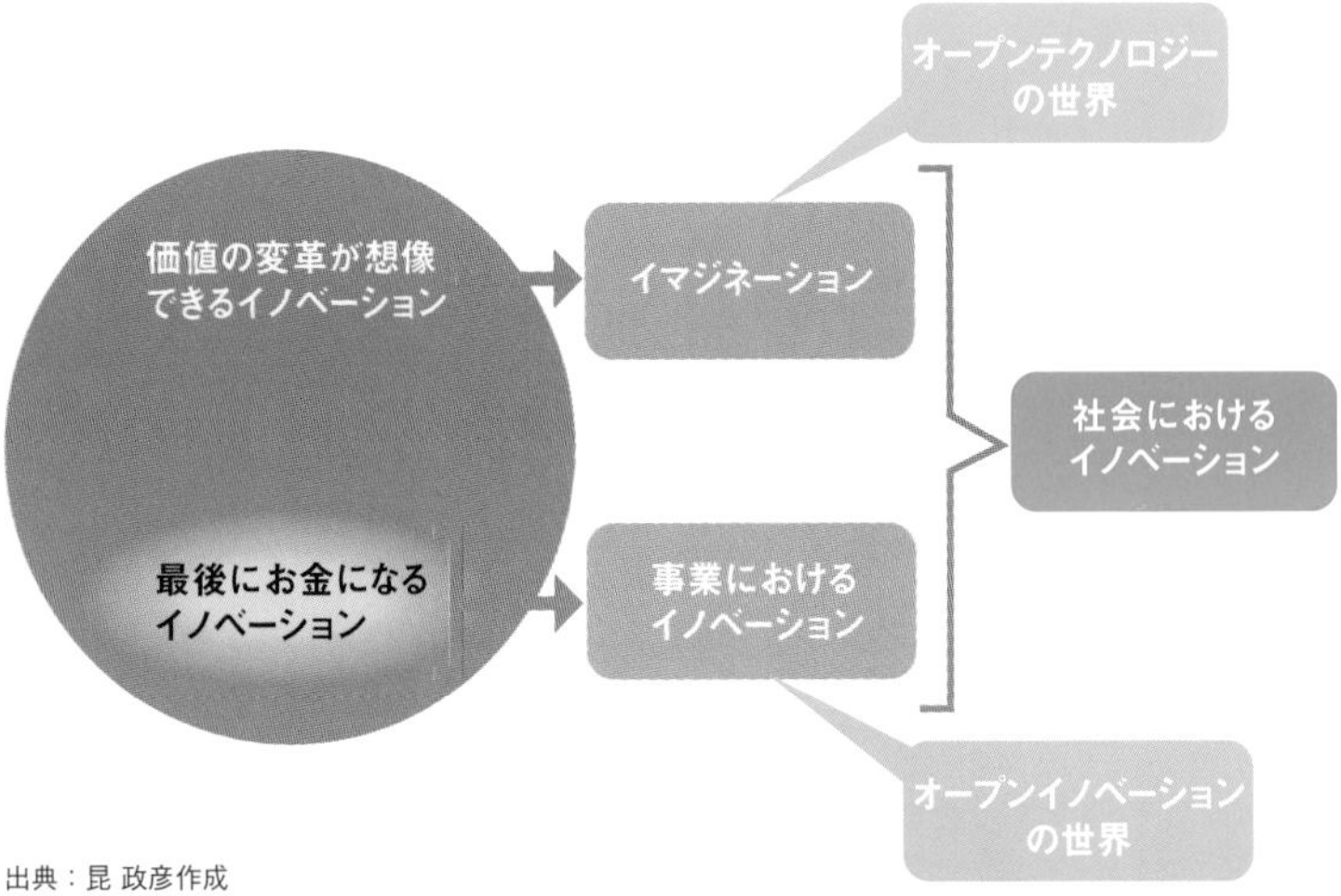

出典：昆 政彦作成

それでは事業会社は、最後にお金になるところだけをやればいいんですか、というとこれも違います。事業におけるイノベーション（オープンイノベーションの世界）、最後にお金になるような活動ばかりを追求すると短期的にはいいかもしれないけれども次第にアイデアが枯渇して自足的でなくなります。

逆に、イマジネーション（オープンテクノロジーの世界）にばかり集中してしまうと何が起きるか。例えば、特許の件数がものすごく多くなりますが形にならず、全然もうかりません。どちらにしてもよくないですよね。

まず、この二つの考え方を区分する必要があります。このイマジネーションの中での活動と事業におけるイノベーションの活動をきちっと区別して、どうやってバランスをとっていくかというのが、ビジネスをやる上ではもっとも大事です。

もう一つ、明確に整理しておきたい概念があります。それは、オープンイノベーションとオープンテクノロジーです。

ある時、経済産業省との議論の中でスリーエムはオープンイノベーションをやっていないと言われたことがありました。私はかちんと来てしまったので、オープンイノベーションの定義を聞き返すと、「スリーエムは大学の研究室と技術交流とか、他の会社と技術交流していませんよね」というわけです。

これは、オープンイノベーションとオープンテクノロジーの定義がごちゃごちゃになっているから起こることだと思います。経済産業省が言っている技術交流はオープンイノベーションではなく、先程述べたイマジネーションの世界、オープンテクノロジーだと考えています。我々が考えるオープンイノベーションとは、技術だけではなく、技術以外のところもどうやって組み合わせていくかという「新結合」であり、技術同士じゃないところの交流も持たなければいけないという話です。

イノベーションの別の考え方として、ヨーゼフ・シュンペーター（注2）の事業におけるイノベーションの定義として「新結合」を表した言葉を紹介しておきましょう。

「イノベーションとは、新しいものを生産する、あるいは既存のものを新しい方式で生産することである。生産とは利用可能な物や力を従来と異なる形で統合することを指す。つまり『新結合』である」と彼は言っています。

ここでは、まさに技術の結合だけでなく、未知の生産方式の開発をしたり、市場の開拓、原材料や半製品といった新しい供給源の獲得、新しい組織の実現などもイノベーションとなるわけです。

そして「新結合」で何が大事かというと、世の中で言われているようにディスラクティブテクノロジー（破壊的技術）がないとイノベーションが起きないというわけではないということです。

ディスラクティブテクノロジーでイノベーションを起こすときは、全く新しい技術をもとに一気にイノベーションを起こすようなやり方になるので、持続的な成長というよりも一気に跳ね上がるような形になります。私が以前在籍していた企業では、まさにディスラクティブテクノロジーでイノベーションを起こし新たな事業を起こすことをずっとやってきた会社です。発電から始まり家電、新技術、金融、ＩＴ……と事業を発展させてきた経緯を見ればお分かりだと思います。

ところが、スリーエムは一つのディスラクティブテクノロジーでもってイノベーションを起こしているのではありません。細かい技術を組み合わせながらやっていくんですね。これは飛躍的ではないけれど、持続的な成長を実現する「新結合」のモデルだと思っています。

イノベーションを起こす人材とは何か？

では、イノベーション、あるいはイマジネーションを起こす人材ってどういう人だと思いますか？　図表1-2は「新事業創造を牽引《けんいん》するイノベーター人材にとって重要と思われる能力や素養」を示しています。皆

（注2）一八八三〜一九五〇年。経済学者。イノベーションを「新結合」という言葉で表現し、技術革新のみならず、新しいアイデアから社会的意義のある価値を創造することも含め、捉えている。

図表1-2 ｜ イノベーター人材にとって重要な能力や素養

新事業創造を牽引するイノベーター人材にとって重要と思われる能力や素養

- 利他精神　（　　）
- 粘り強さ　（　　）
- 推進力　（　　）
- 構想力　（　　）
- 観察力　（　　）
- 自己管理力　（　　）
- 質問力　（　　）
- 分析力　（　　）
- ロジカルシンキング　（　　）
- 捨てる力　（　　）
- 挑戦心　（　　）

フロンティア人材（イノベーター）にとって重要と思われる四つの能力や素養を選んでください

出典：経済産業省「フロンティア人材研究会報告書」（2012年3月から抜粋）

さんは、イノベーター、もしくはイノベーションを起こすフロンティア人材が持つべき能力や素養として示した中から四つ選んでくださいと言われたら、何を選びますか。

経済産業省が行ったリサーチの中では、「利他精神」、「自己管理力」、「質問力」、それから「捨てる力」が重要な能力や素養として示されました。これは過去の理論からイノベーターが持つべき資質をあぶりだしたもの、と言えそうです。

同じ質問を経営者にしたら「推進力」、「構想力」、「挑戦心」という答えが出てきました。ずいぶんと異なりますね。何でこんな違いがあるのでしょう。私も経営者の一人ですから、経営者の視点は間違いないと、敢えて言いたいのですが、この違いは検証しておく必要があると思います。当然（回答した人がイメージした）イノベーターごとに持つ資質は違うだろうと考えられますが、そもそもイノベーションを起こすものは何か、という視点に大きな二つの違いがあるのではないか、と考えられます。

イノベーションはどこで起こる

イノベーターがアイデアを効果的に創出するにはどういった状況が必要でしょうか。イノベーションのアイデアは、イノベーター一人の脳から生まれるわけですから、イノベーターの脳に「良質で異質」な知を注ぎ込むことが重要になります。注ぎ込まれた知がアイデアを生み出すきっかけになり、ある日突然アイデアが生まれてくるわけです。これには「質問力」や「利他精神」や「多様性（ダイバーシティ）」といった資質が関係します。

また、脳がアイデアを生み出すうえで心地よい状況を保っていることも重要だと思います。これには「自己管理力」が必要です。イノベーションは人に言われて起きるものじゃありません。人に言われて出てくるのは今までと同じものであり、イノベーションを起こせと言われて、はい、わかりましたって、そんなもので出てくるわけがないのです。新しいもの、今までにないものは自身の中から生まれてくるもので、それが実現できる状態を保つ自己管理力が必要です。

さらにイノベーター自身が「考え抜く」といった作業も必要でしょうね。これも自己管理力、さらには「捨てる力」、新結合の遂行といった要素が求められる行為です。

ただ、一方で気を付けなければいけないのは、このイノベーターといわれる人たちは、会社組織の上では非常に扱いにくい人ですよ。ある意味、勝手に何でもやっちゃうような人ですからね。故にイノベーターをどうやって組織の中に入れ込むかが問題になってきます。組織の中でイノベーションを起こすには、イノベーター以外にどんなものが必要かと考えなくてはなりません。

イノベーティブ・ビジネスモデルに必要なもの

ここで、もう一度、経営者がイノベーターに必要な資質として挙げたものを思い出してください。「推進力」、「構想力」、「挑戦心」でしたね。なぜ経営者はこの3つを必要だとしたのでしょう。イノベーションの起こし方を考えると、最初はアイデアや技術を持っているイノベーターと、お金をサポートしてくれるスポンサーがいれば十分なわけです。ところが、それなりの大企業になってくると、これだけでは機能しなくなってきます。いちばん大事なものは、イノベーティブ・ビジネスモデルを作り上げているかどうかなんです。では、イノベーティブ・ビジネスモデルには何が必要なのでしょうか。

まずは、イノベーションを統括して、それを許容する人が必要ですね（イノベーション・チャンピオン）。イノベーションは今までにないアイデアや技術や考え方であるわけですから、受け入れられなくて当然、という状況が考えられるわけです。それを受け入れ、許容する人の存在は不可欠です。

それから、ビジネスモデルそのものをクリエイトする、つまりどういったビジネスモデルであれば連続的なビジネスとして、新しい製品、新しいアイデアを出し続けられるのかを構築する人が必要です（ビジネスモデルクリエーター）。また、そのビジネスモデルをきちっと収益に結びつけるために推進する人も必要ですね。会社

図表1-3 | イノベーションを起こすためのプレーヤー

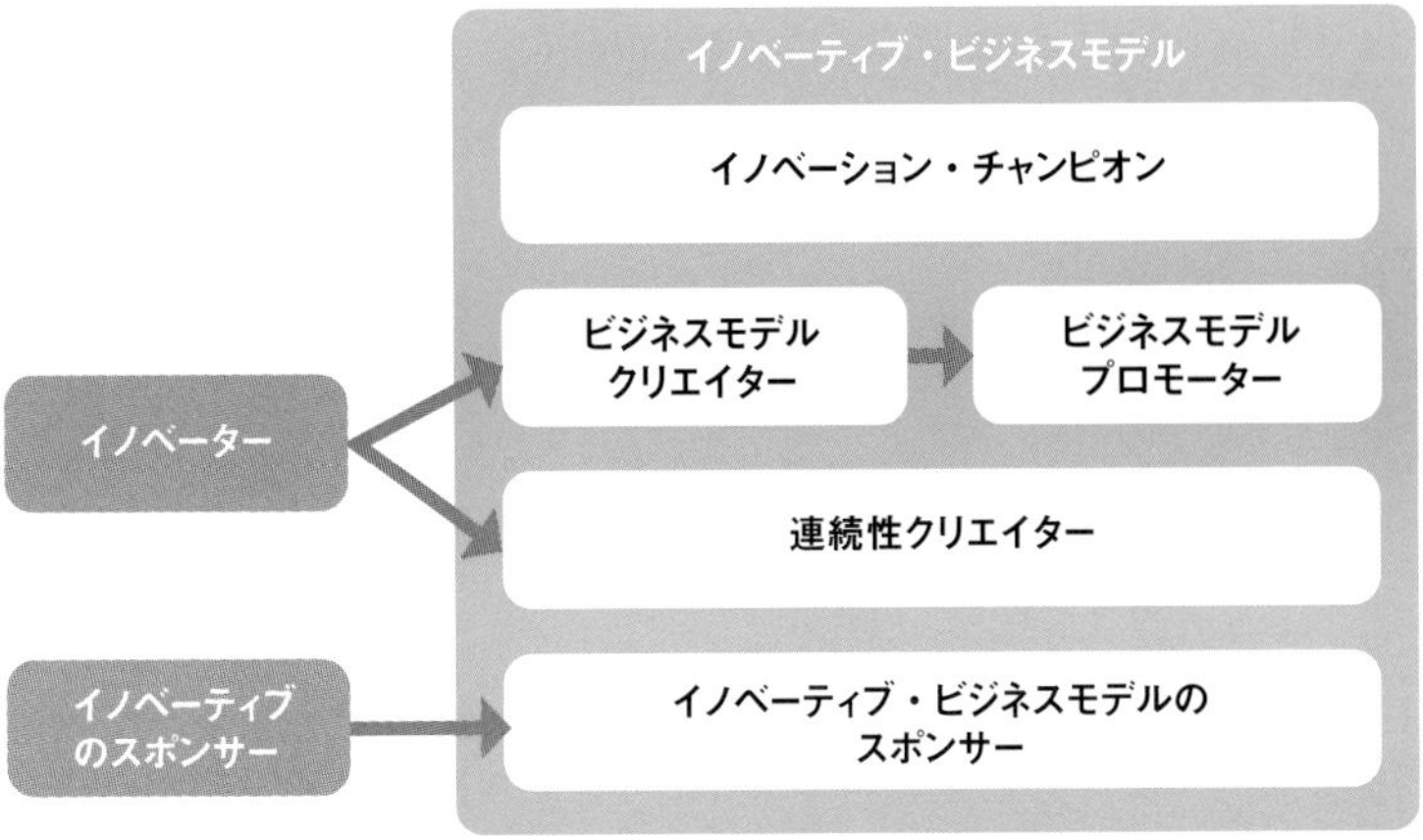

出典：昆 政彦作成

においてはこのビジネスモデルプロモーターが事業を引っ張っていくケースが多いでしょう。その下に絶えずアイデアを出し続ける連続性クリエイターも必要ですし、当然そのビジネスモデルのスポンサーも必要ですね。

そう考えていくと、特にビジネスモデルプロモーターが重要であることがわかってきます。そして、この人に必要なのが、経営者視点でイノベーターに必要な資質で挙がってきた「推進力」、「構想力」、「挑戦心」ということになるのです。ですから、この質問の回答が異なっていたのは、もともとイノベーションを捉える視点が違っていたということなのです。イノベーションを起こすという状況を考えたとき、アイデアやビジネスモデルを構築するイノベーターと呼ばれている人たちを中心に見るのか、あるいは構築されたビジネスモデルを推進して収益につなげる人を中心に考えるのかということになります。経営者はビジネスの観点からイノベーションを見ていますから、当然、求める資質が違っていたということです（図表1-3：イノベーションを起こすためのプレーヤー）。

社会的価値を考える

先ほどから話に出てくる新結合ですが、どこと結合するのかを考えることが重要です。そのためにまず、世の中にはどういう問題があるのかを知らないといけません。社会の中で何が要求されていて、何が課題であるのかを把握することです。そしてそれらの課題やニーズをビジネスに取り込んでこなければなりません。取り込むための窓口は通常、二つあります。まず一つは、商品・サービス市場です。商品を買ったりサービスを受けたりしているお客さまを通じてニーズや課題を取り込みます。一般的にはここが社会の状況を把握するために、最も近い窓口だと思われるかもしれません。

しかし、実際に企業を経営するという観点で考えると、難しいと感じる窓口です。というのは、営業マンになったつもりで考えてみましょう。営業マンでいちばん大事なことは、今月、来月幾らお客さまに買ってもらえるかだと思います。そうなってくると、今ある製品をどれだけお客さまにわかってもらって、興味を持ってもらえるかという点に集中することになります。結果として、新しい課題やニーズをこの窓口から取り込むには、かなりハードルが高くなります。そうしたことから、営業マンに敢えてイノベーティブな、あるいは、クリエイター的な資質まで求めるのは厳しいだろうという判断になります。ですから、この窓口からだけだと難しいのです。

もう一つの窓口は金融市場です。特に上場会社はこの窓口を活用しているといえるでしょう。しかし、そこから世の中の課題やニーズのアイデアを取り込めるのかというと、必ずしもそうじゃない。逆ですよね。こちらから発信する形で、金融市場に訴えていって、それで価値を認めてもらうというスタイルでしょう。

イノベーターによって社会のニーズを取り込む

では、実際に製品の中にお客さまのアイデアを取り込むためには、二つの窓口以外の別のもう一つの窓口が必要だということです（オープンイノベーション、人材交流・流動性を中心とする窓口）。実はここにイノベーターを配置する必要があります。アイデアを生み出せる人をこの窓口に立たせる必要があるということです。ここがキーポイントなのです（図表1-4：価値創造ビジネスプロセス）。

スリーエムはこのような三つの窓口を使っています。イノベーターを配置して、オープンイノベーション、人材交流などを中心とする窓口は、インプットをもらう場所なのです。

ここまでの要点をまとめますと、まず、一つ目はイノベーションとイマジネーションはきちっと分ける必要があります。ここで言うイノベーションは事業におけるイノベーションであり、イマジネーションとは違います。ただし、この2つを併せて社会におけるイノベーションが存在します。事業におけるイノベーションだからといって、そこだけに特化していてはアイデアが枯渇する、というお話もしましたね。

それから二つ目が、新結合がイノベーションの鍵ということです。特にスリーエムのような会社の場合には

図表1-4 ｜ 価値創造ビジネスプロセス

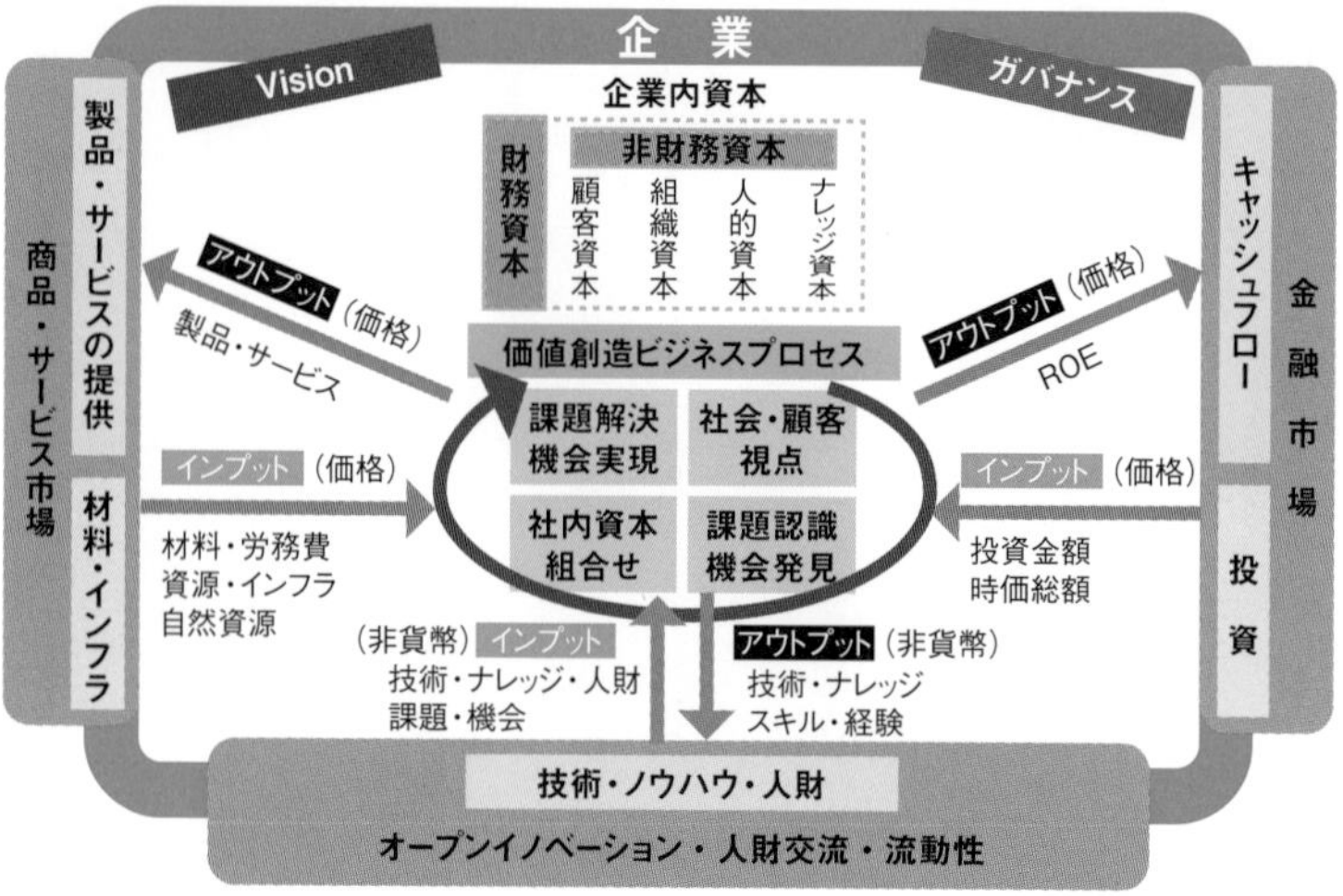

出典：昆 政彦作成

新結合が重要です。ディスラクティブテクノロジーのように1個だけのテクノロジーでイノベーションを起こすスタイルではありませんので、新しい結合を作っていくことが重要になるわけです。

三つ目はお客さまの課題、社会の課題を把握する窓口を開けておくことが重要であるということ。四つ目がイノベーションはイノベーターとビジネスモデルの両方が必要となること。五つ目に、オープンイノベーションには市場とは別の窓が必要であるということです。

スリーエムのイノベーションの起こし方

ここからスリーエムが何をどうやって、イノベーションを起こしているのか、というお話に進んでいきたいと思います。

スリーエムの名前の成り立ちは、ミネソタ・マイニング・アンド・マニュファクチュアリング（Minnesota

Mining & Manufacturing)。頭文字のM、M、Mを三つ取ってスリーエムです。真ん中がマイニングなのです。一九〇二年にミネソタ州で鉱山業から始まりました。ただ、掘った石が粗悪品で、実はビジネスが成り立たなかったのです。そこで事業を転換し、研磨材メーカーになったところからビジネスが始まっています。それを起源として発展し、素材を様々なアプリケーションに応じてお客さまに製品として提供することを現在まで続けています。

今、スリーエムは全世界二〇〇カ国で事業を展開しています。売上高は、三・六兆円、従業員は約九万人です。四つのビジネスグループが存在し、その下に二〇近くの事業部があります。特許取得申請件数は一一七万件に上り、また一〇〇年以上にわたって配当を継続しています。現在はダウジョーンズ・インデックス三〇銘柄（株価平均型株価指数）の一つにもなっています。

四つのビジネスグループ

では、今の四つのビジネスグループについてお話ししましょう。まず「セーフティ&インダストリアル」。ここは工業用のマスクからコンビニで売っているマスクまであらゆる部類のマスクや、交通標識・看板などに使用される素材を手掛けています。看板に関しては、数年前でしたか、銀行が統廃合して、だいぶ名前が変わりましたね。銀行名を変更する際は一晩で全部の看板を替えているのですが、あれは看板にスリーエムのフィルムを張っておいて、その上に旧行名の名前を入れておきます。名前が変わる前日の夜に一斉にフィルムを剝がすと、翌日にはすべて新しい銀行名に替わっているというわけです。そういった看板のフィルムも作っています。

それから「トランスポーテーション&エレクトロニクス」。自動車メーカー、エレクトロニクスメーカーへ部材を提供しています。

次は「ヘルスケア」です。人工の歯や、リットマンというブランドで聴診器などを手掛けています。他には、手術のときに患者さんを温めるシート、点滴をするときに使うシールなどを作っています。

最後に「コンシューマー」です。多分ここがもっとも知られているビジネスだと思います。ポスト・イット・ノート、スコッチテープなどの文房具ですね。あとはキッチンスポンジが、スコッチ・ブライトとして出ています。

ここまで見てきたように、スリーエムの強みは全社で技術を共有・活用していることです。例えば日本には四五〇人のエンジニアがいますが他の文房具メーカーでその規模のエンジニアを持っているところはそうないでしょう。そのことを考えると、スリーエム全体の強みはコンシューマービジネスの強みとしても活きています。

スリーエムの特長とは？

今回は、イノベーティブ・ビジネスモデルとはどのように構築すべきなのか、ということに関して、イノベーション・マネジメント・フレームワークを使って、スリーエムの特長ということで説明していこうと思います（図表1-5：イノベーション・マネジメント・フレームワークの全体像）。

図表1-5 ｜ イノベーション・マネジメント・フレームワークの全体像

8つの観点から企業のイノベーション・マネジメントのケイパビリティを分析・評価

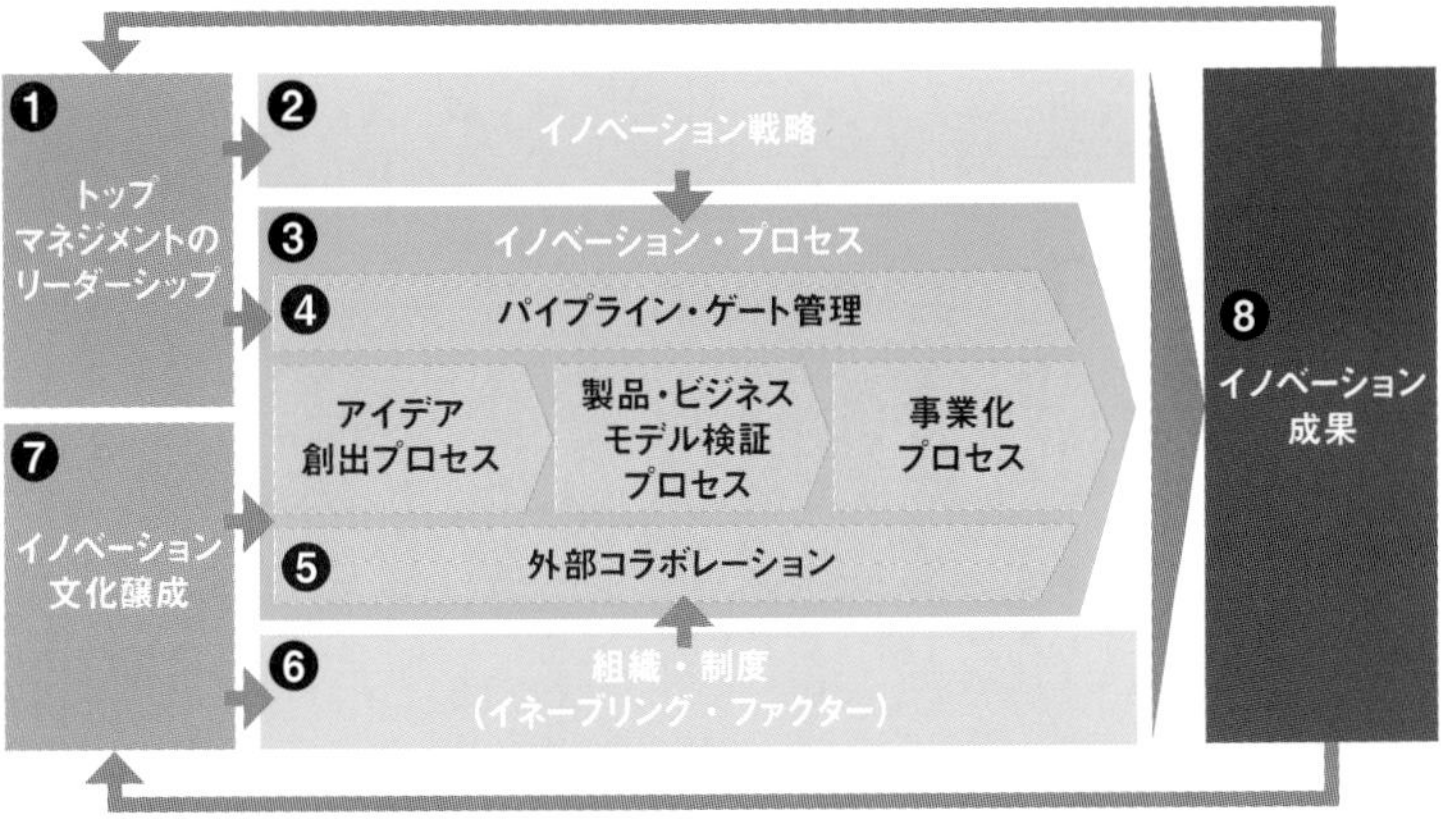

出典：デロイト トーマツ コンサルティング作成

❶トップマネジメントのリーダーシップ

まずは、トップマネジメントのリーダーシップについてです。スリーエムは約一一〇年の歴史がありますが、このうち約五〇年以上にわたり、CEO、社長、会長という形でトップマネジメントとして存在した、言わば我々にとっては神様のような人がいます。彼の名前はウィリアム・マックナイト。彼がつくったマネジメントの考え方、リーダーシップのあり方が、現在まで脈々と流れています。例えば「会社の成長には社員の自主性が不可欠」「『失敗』を責めてはいけない」「マネジメントは『耐える』ことが必要」といった考え方です。

会社の成長には、社員の自主性が不可欠

まず、会社が成長するために社員の自主性を重視することが重要、という考え方です。すなわち、上司が

部下をマネジメントするときにみりみりと細かく管理するべきではないということです。自主性が大事なのだから、指示するのではなくて、やりたいことをやらせろ、と。これがスリーエムのリーダーシップの一つ目の重要な点です。

「失敗」を責めてはいけない

2つ目は「失敗」を責めてはいけない、という考え方です。これはマネジメントする側にとって、かなり難しいところがあります。ただ、少なくとも技術の開発においては失敗を絶対に責めない、という前提がスリーエムには存在します。

スリーエムでは技術と製品を分けて考えています。分けているということは、新しい技術、新しいアイデアが生まれた時点で、技術の面では成功だというように考えるということでもあります。

失敗だと判断するというのは、技術や新しく生まれたアイデアを製品として展開したけれども、ビジネスとしては成り立ちませんでした、という場合です。これは製品としては失敗だけれども、そこに使われた技術まで失敗だ、と判断するのは違うと考えています。

技術や新しいアイデアは出てきた時点ですでに成功なので、そこに失敗はないわけです。故に生み出し続けるチャレンジをしなければならない。先程説明した話の中でいう「イマジネーション」なんですね。イマジネーションの段階では責めてはいけないのです。当然ビジネスでは、利益が生み出せないのであれば、責めるというかその改善案を立てる必要はあるでしょうけれどね。

マネジメントは「耐える」ことが必要

前の2つを踏まえて、トップマネジメントのリーダーシップのキーは何か、ということを考えてみましょう。つまりマネジメントには「耐えること」が必要なのです。

皆さんはこれから会社に入って、いずれマネジメントをする立場に立たれると思います。そうすると、どうしてもみりみりと細かく管理をしたり、指示を出したくなってしまうのではないかと思います。ただ、スリーエムではこれに厳しくくぎを刺しています。「(細かいマネジメントを)やるな、ほっとけ。」と。これはマネジメントする側にとっては、すごくつらいことですね。しかしこれに耐えないとイノベーションを回し続けることはできないのです。

❷イノベーション戦略:知識をお金に変える

スリーエムでは、「研究は、お金を知識に変えることである。」と定義し、「イノベーションは知識をお金に変えることである。」と定義しています。知識をお金に換えられないということは、それはお客さまが求めていないということになります。お客さまは求めているものには必ずお金を払ってくれますから。この考え方をエンジニアに意識させているという点がとても重要です。

先ほどの誰がイノベーターで、誰がビジネスモデルのプロモーターかという考え方を思い出してください。スリーエムにとっては、エンジニアがイノベーターです。事業部長や経営陣がビジネスモデルのプロモーターです。ですから、エンジニアであったとしても、その知識をお金に換えるという意識は持っているべきなのです。

長期計画を毎年作り変える

事業計画を考える場合、ほとんどの企業では長期計画を立て、短期計画を立て、そこから各年度の予算・目標に落としていくというプロセスをとります。この長期計画の立て方が日本の典型的な会社とスリーエムでは違います。

例えば、五年計画というと、多くの日本企業は、五年間の計画をきちんと立てて、その計画の一年目二年目と計画を滞りなく実施していくことになります。しかし、スリーエムの場合には、五年計画は毎年つくり直します。その際、今及び将来、世の中の課題になっているもの、メガトレンドと呼ばれるものは何かを特定します。ポイントは、自分たちの事業における守備範囲や技術はあまり考慮せずに特定するのです。

そして特定した社会課題やメガトレンドとスリーエムが持っているリソースを合わせるとどの辺にチャンスがありそうかを見極め具体的な計画として落としていくわけです。このプロセスを毎年このプロセスを繰り返します。

なぜ、このプロセスが必要かというと、スリーエムには約二〇の事業部がありますが各事業部の守備範囲を超えた領域ついてはボトムアップでのイノベーションがなかなか生み出せなくなるため、事業部の垣根を省いた上でイノベーションが起こせそうな領域を探すことが重要だからです。

また、計画を決め直すなかで、社会のトレンドが毎年同じとは限らないという現実を知ることにもなるのです。特に世の中が大きく動くときにそれに対してすぐにキャッチアップするためには、毎年社会課題やメガトレンドを見ていく必要があるわけです。だから五年目にあるべき姿を、はっきり描くというよりは、我々が行くべき方向性を定めるという表現のほうが正しいでしょうね。まずはどこら辺にスリーエムがめざす地点がありますか、を見極め続けるということです。

スリーエム全体として、グローバルで注目している社会的なトレンドは次の四つです。

まずは①「自然資源への再考察」です。資源がいろんなところで枯渇したり増えたりと状況が変わったりしますので注目しておく必要があります。再生可能エネルギーなどエネルギー供給に対する考え方の変化などがこれに合致しますね。

それから②「世界的人口移動」。これはグローバルに見ると現在七〇億人の人口がさらに増えていくということになりますが、日本では少子高齢化ですね。人口動態の変化によっていろんなことが動いているわけです。

それから③「デジタルエコノミーの拡大」。スリーエムの製品は「貼るもの」、「紙」、「フィルム」などが中心となってくるため、デジタル化する世界にどう対峙《たいじ》するのか考えていく必要があります。

それから最後が④「世界経済環境の変化」。例えば日本だと国内の成長率が低下していくことが想定されるわけですが、そのような環境下でスリーエムとして、どういうふうに生きていけるかを考え出すことが重要になってきます。

❸イノベーションプロセス：テクノロジープラットフォーム

スリーエムでビジネスモデルプロモーターがもっとも大事にすべきものが図表1-6の「スリーエムのテク

図表1-6 ｜ 3Mのビジネスモデル　テクノロジープラットフォーム

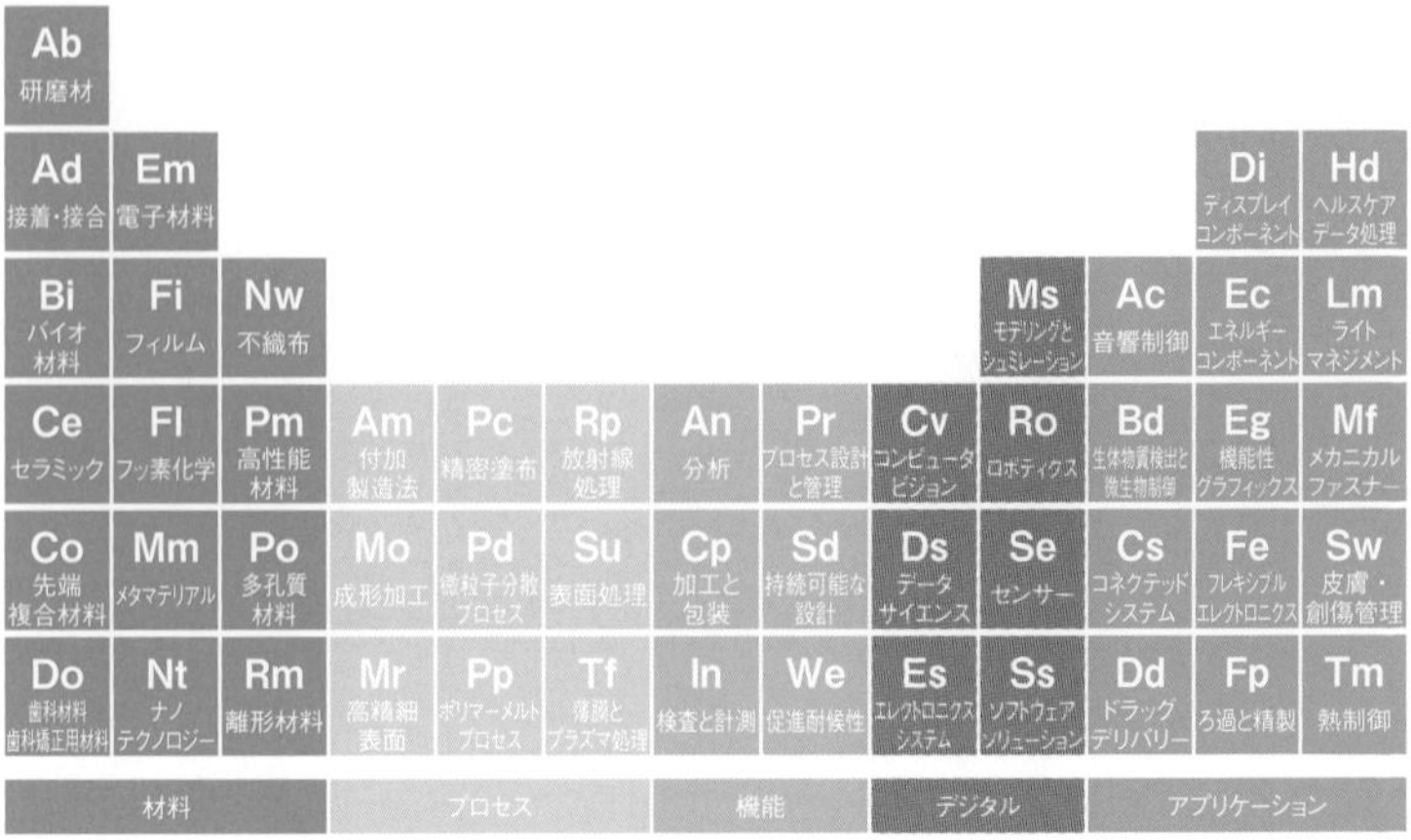

ノロジープラットフォーム」です。元素の周期表に似ていますが、一つ一つがスリーエムの持つ要素技術を表し、それらの技術を材料・プロセス・機能・アプリケーションの4つのカテゴリにくくりなおしたものです。例えば左上の「Ab」。これはabrasive、すなわち削る技術を表しています。

エンジニアが何か新しいものを生み出したいと考えたとき、スリーエムの場合はいくつかの技術の結合で考え始めます。たった一つの技術で一個の製品を作るわけじゃなくて、一個の製品に五個も六個もいろいろな技術の要素を入れ込んで作っていきます。そのためには、自分の得意なところ以外も知る必要があるわけです。その際、このテクノロジープラットフォームで関連しそうな技術を探しに行くわけです。ここには全ての技術仕様書が箱（データベース）に入っています。なおかつうちの会社の中で、この技術にいちばん詳しい人は誰かといった情報も含まれています。そして、技術にもっとも詳しい人とコンタクトして、技術内容を聞いて、それを活用して新しいものを作るのです。技術と製品を分けて考えるというスリーエムの考え方がここでも活きてきます。技術は製品とは分けて、生み出された後はこうして蓄積し、伝承していくのです。

技術と製品を分けて管理する

リーダーシップのところでも触れましたが、重要な考え方なので技術と製品を分けて管理する考え方について詳しくお話ししておきたいと思います。ここにはスリーエムのスタイルの大きな特徴があると思っています。

多くの企業、特に日本の企業では、製品の中に技術を入れ込んで考えています。だから製品の仕様書の中に技術のアイデア、仕様が入っているのです。そうすると、その製品を廃止するということは、技術の伝承が止まるということになります。故に製品の廃止に関してエンジニアが猛反対をすることが少なくありません。技術が途絶えるわけですからね。で、結局、もうからないにもかかわらず、その製品を作り続け、売り続けという状態に陥ることがあるわけです。

スリーエムのように、製品と技術を分けて考えていると、製品の廃止を判断することが簡単になります。技術は蓄積・伝承され続けるのでエンジニアも嫌がりません。

一つ例をお話ししますと、図表1-6「テクノロジープラットフォーム」の中にMrというのがあります。これは高精細表面加工技術のことで、ものの表上に細かい加工をすることができる技術です。この技術はオーバーヘッドプロジェクターという製品向けに最初に開発されました。これは資料などの投影したいものをフィルムに印刷し、台の上に載せるとスクリーンに投影されるという機械です。この機械は至近距離で光を集める

図表1-7 ｜ 3Mは大胆に想像します—ある分野のアイデアを別分野のニーズに応用したら…

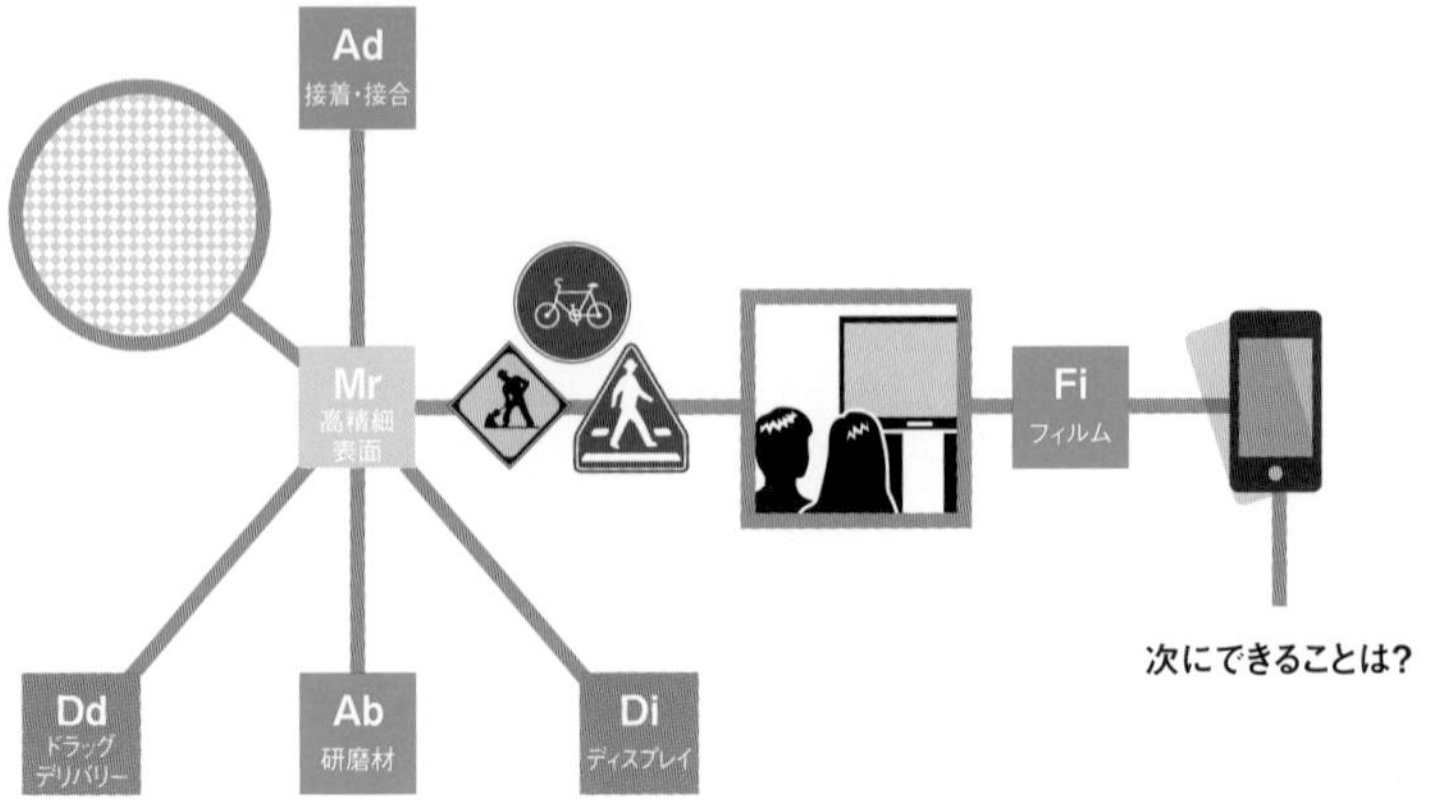

わけですが、これをレンズだけの力で行おうとすると非常に分厚いレンズが必要になります。そうすると機器のサイズの面でも価格の面でもとても実用的なものにはならないのですが、Mrの技術を使うことで、分厚いレンズなしでも光を集めて投影することができるようになりました。ところがこの製品自体、ご承知の通り、デジタル化が進んだ時点で需要がなくなったわけです。

しかし、ここに使われたMr技術はこのオーバーヘッドプロジェクター以外のものに使われています。例えば夜間でもはっきり表示が見える交通標識などですね。また、交通標識には接着、セラミック、ライトマネジメントなど他の技術も使用されています。最初はオーバーヘッドプロジェクターのために作られた技術を、他の技術と組み合わせることで別の製品として展開する、これがスリーエムの展開の仕方です（図表1-7：3Mは大胆に想像します—ある分野のアイデアを別分野のニーズに応用したら）。さらに言うと、オーバーヘッドプロジェクター向けの

図表1-8 ｜ 3Mの個々の技術がさまざまなビジネスに展開しています

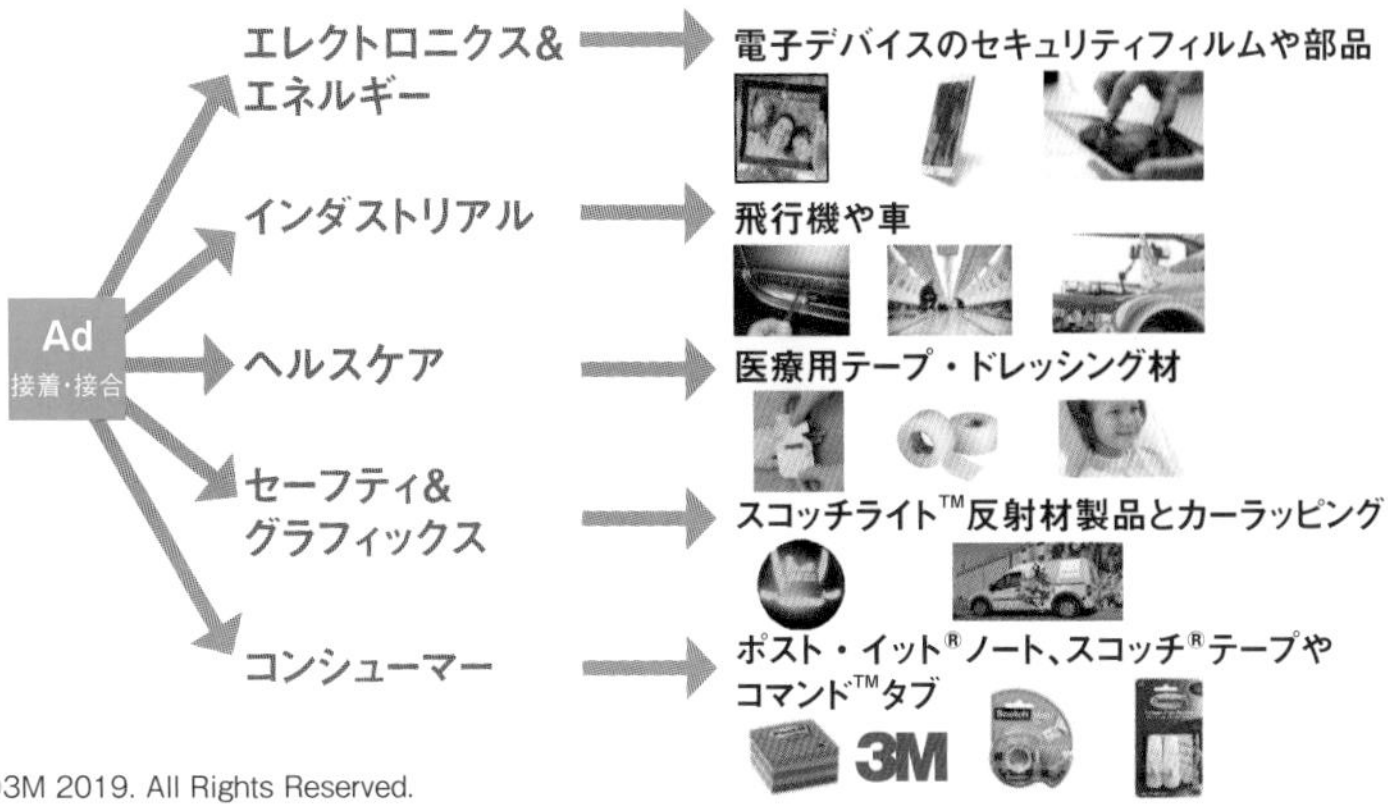

技術は液晶パネルの部材やスマートフォン向けのフィルムなどにも使用されています。

もう一つ、皆さんがよくご存知の製品に使われている技術のお話をしておきましょう。Adという接着・接合に関する技術があります。これはスリーエムの得意とする技術の一つで、ありとあらゆるものに使われています。

電車とかバス、飛行機に広告のフィルムが貼られているのをご覧になる機会があると思います。フィルムは小さな面に貼るだけでも気泡が入ってうまく貼るのは難しいですね。飛行機などの曲面があったり、巨大であったりすると相当難しいと思いませんか。必ずといっていいほど気泡が入るでしょう。それではどうやって気泡を除くのか。実は、裏側に空気の通る道筋を入れてやるのです。そうすると、気泡の部分を押すだけで空気が抜けるのです。

反対に、ポスト・イット・ノートは、何度張っても、何度剥がしても、使えるというのがウリです。公表三〇〇回、貼ったり剝がしたりできるとなっています。一方で、貼ったら二度と剝がれない強力な接着剤も用意してあります。このように接着の技術を一つとっても様々な技術と結合させ、多様な製品に転用しているわけです（図表1-8：3Mの個々の技術がさまざまなビジネスに展開しています）。

スリーエムはどのマーケットで事業を展開するかを考えるときに、マーケット全体をカバーするのではなく、スリーエムの技術の組み合わせで攻めていける部分を判断して、その中で事業を展開していきます。

❹パイプラインゲートレビューの視点：「技術的であるか」、「売れるか」、「儲かるか」

次は、パイプライン・ゲート管理についてお話ししましょう。お客様の声と、テクノロジープラットフォームを活用して製品として成立するかを確認します。パイプライン・ゲート管理においては、「技術的にできるか」「売れるか」「儲かるか」という3つの観点が重要です。

儲かるかというのは、お客さまが価値を認めてくれるかどうかという視点です。価値はないけれど使う、というレベルのものだと、売れるけれども儲かる製品ではないということになります。価値を認めてくれるというのはお客さまがイノベーションを理解し、付加価値を認め、お金をその分だけちゃんとつけ足してくれるということですから、儲かるわけですよね。アイデアが製品として具体化するまでには他にも様々なゲートがありますが、それぞれのゲートでビジネスモデルのプロモーターは次に進めるかを判断し、売上目標を達成するように新製品開発を管理しているのです。

❺外部コラボレーション：カスタマーテクニカルセンター

先に、オープンイノベーションのあるべき姿に触れましたが、スリーエムでは、世界五五か所にカスタマーテクニカルセンターという拠点を設けて、お客さまの困っていることに関して我々の技術を紹介する環境をつくっています。

日本では、神奈川県の相模原に製造所兼研究開発所がありますが、そこにカスタマーテクニカルセンターを設けてお客さまとコラボレーションしています。

例えば、自動車の窓枠は通常黒いのですが、窓枠を黒く塗るのにかつては他の部分をマスキングして塗り、乾くのを待ち、また塗るという工程を繰り返していました。この手間を何とかしたい、というお客さまの要望をお聞きし、塗装の代わりに窓枠に貼るフィルムを開発しました。貼るのが簡単で、かつ一〇年といった長期間の使用に耐えられる性能を実現しないといけなかったわけですが、スリーエムの様々な技術を結合させて実現したわけです。また、こんな例があります。スリーエムでは不織布、綿みたいな布を開発したんですね。これはもともと、スキーのダウンジャケット用に開発して、今でもシンサレートという名前でスキー用品に使われています。それがある日、プリンターメーカーの方が家庭用プリンターの音を吸収しなくてはいけないという課題を抱えてカスタマーテクニカルセンターに来られ、スリーエムのシンサレートが、それに使えないかというのです。我々としてはそういうアイデアはありませんでしたから、まさにお客さまからのアイデアをいただいて、さらに開発して、防音用途で使えるようになったのです。

防音用途のシンサレートは、さらに自動車メーカーにも活用できました。エンジンルームから運転席に伝わる音を抑えたいということでした。これは技術的に難易度が高いです。というのは、エンジンルームは二〇〇度以上になりますから、燃えやすい不織布を難燃化する必要があります。

イノベーターと呼ばれる人は、無理だと言われた瞬間に研究開発意欲に熱が入るという特性があるようですね。そこをマネジメント側はうまく認めて促すようにしないといけないわけです。この開発はそれがうまくいって、自動車メーカーさんの間で大ヒットになりました。こうしたことが外部とのコラボレーションで展開していきます。

❻組織・制度・文化の特長

では、最後にスリーエムの特長の一つでもある組織・制度・文化についてお話ししましょう。先ほどから何度も、スリーエムは社員の自主性を重視している、そして新結合を重視していると言ってきました。その考え方は組織や制度においてもいえることです。

例えば、アイデアを出すというところでは、お客さまから提供していただいた課題やヒントはもちろんですが、社内のコミュニケーションやネットワークの活用もとても重要になってきます。それぞれの技術分野が異なりますし、二〇近くの事業部それぞれで持っている顧客基盤も違うわけですから。なので、社内の技術分野・事業部の持つ基盤がそれぞれ孤立していかないように活性化するための取組をしています。

例えば、テクニカルフォーラムといった取組をしています。メンバーは一二〇〇〇人、全世界で年間一二〇〇件のイベントを開催しています。日本でも三〇〇件くらい行われていますね。このイベントは正式な会社のイベントではなく、エンジニアによるコミッティーにより自主的に運営されています。会社としても場所を提供することはしていますが、会議室や実験施設を使っていいよというくらいです。日本で年二回行う大きなイベントでは、外部の人の公演を聞いたり、午後にエンジニアが一人一ブース持って自分が今考えていることをポスターにして設置し来訪者に説明をしたり、意見交換をしたりしています。

このブースでの発表は、イマジネーションの最初の段階であっても、もうすぐ形になりますというものであっても、どんなレベルでも出していいということにしています。そこで投票が行なわれて、優れていると評価されたアイデアは、アメリカの本社で行なわれるイベントに参加することができます。日本人の若いエンジニアがＣＥＯや技術の最高責任者に直接話を聴いてもらう機会を持てるわけですね。

人事制度の二つのフェーズ

また、人事制度としては管理職になるところで二つの選択肢が用意されています。一つはマネジメントラダーです。こちらは組織長、部長、統括部長、事業部長、そして役員と昇進していくルートですね。これは当然エンジニアだけではなく、営業とか経理とかを担ってきた人たちはこのルートということになります。ただし、エンジニアに限ってはマネジメントラダーに加えてテクニカルラダーというキャリアパスがあります。管理職になったとしても、部下を管理する必要はないのです。成果を上げればマネジメントラダーと同じようにポジションランクが上がりますが、いくら上がったとしても研究開発に専念できるというわけです。多くの場合、部長まで行くと、部下の管理・組織の管理に没頭されるので、新製品開発にほとんど関われなくなります。自分では開発せず、部下に任せる立場になるわけですね。優秀な技術者が部下の管理・組織の管理に没頭してしまうと、新しいアイデアを出す人がいなくなります。

それを避けるために、テクニカルラダーを選択した人は、ポジションランクが上がってもずっと研究開発に専念できるのです。ちなみに今、アメリカの本社ではシニアサイエンティストと呼ばれる役員と同じレベルのエンジニアがいます。日本では、サイエンティストと呼ばれる事業部長と同じレベルのエンジニアがいます。彼らは部下を持たないで研究に没頭できますし、会社としても、ずっとイノベーターのまま居続けてもらうことに意義があると考えています。

リーダーシップビヘイビアー

スリーエムの人事評価は二つ指標があり、一つは業績評価、もう一つがリーダーシップビヘイビアーの指標です。これらの二つを合わせながら評価しています。

業績評価に関しては他の会社でも行なわれているものと、大きな違いはないでしょう。しかし、リーダーシップビヘイビアーは、スリーエムの考えるリーダーシップに即した行動をとっているかを評価するという点で特徴的です。例えば「イノベーティブ」であるか。これは具体的には新しいものに絶えず目を向けているか、新たな課題を抱えているお客さまにアクションを起こしているか、それとも今まで通りのことしかやっていないのか、既存のお客さまにしか目を向けていないのか、というようなことを評価対象にしています。加えて「協働とチームワーク」を加速しているか。ここは新結合を促すにあたって重要なことです。多くの人とアイデアを交換したり、質問したり、考え方を取り入れる行動をして、もちろん最後には、自分がアイデアを出さないといけませんが、そういった行動をしているかどうかが評価対象になります。異質でなおかつ良質な知識を頭に入れている行動をしている人を評価するのです。

自分がやりたいと思ったら自由にできる一五％カルチャー

さらに、スリーエムのユニークな特徴とされるのが、一五％カルチャーです。一五％カルチャーの基本的な考え方は、ビジネスに役立つことであれば自由という不文律です。おおよそ勤務時間の一五％ぐらいの時間を使ってもよいということにしています。もちろん残りの八五％は上司の管理下で成果をきちっと出すことが求められますが。しかも、この一五％で行うことについては会社の設備を使っていいということにしています（ブートレッキング）。

かつて、一五％カルチャーは一五％ルールと呼ばれていました。同じようなルールを運用している会社はその部分（普段の業務と違う業務）についても評価の対象になっているようですが、我々の方針はそれとはまったく異なります。一五%に関しては上司に全く管理されてはならない、すなわち上司は部下が一五%を使っているかさえ「知るべきではない」としています。やるかどうかも、その内容もあくまで社員の自主性を前提にしているのです。故に現在はルールではなくカルチャーと呼ぶことにしています。

イメージしやすいように例を挙げると、例えば自動車部品のエンジニアが、文房具の新製品開発に関わりたいと思った時に、そのために一五%カルチャーを使うことができます。当然、自動車部品のエンジニア、もしくはその上司からすると、文房具の開発は完璧な業務外になるわけですが、エンジニア自身の興味で社内の文房具を開発に関与することが出来ます。また、社外の研究会まで出ていくとか、使い方に制限はありません。今日の私の登壇も、いうなれば私の一五%カルチャーです。こうした会社のあり方がイノベーションを起こし続ける要因になっていると思っています。

［質疑応答］

イノベータの素養を活かせる環境をつくるのがトップの仕事

――開発された技術、製品のアイデアは何%ぐらいがビジネスとして具体化されて、さらにそのうちどれくらいが儲けに貢献しているのでしょうか？

昆　例えばイマジネーションのレベルまで広げた中でそのうちどのくらいがゲートウェイレビューを通ったか、までは社内でも把握していません。ただ、ゲートウェイに入ってきたもののうち、実際に製品化に至る割合はかなり高いです。（数値としては非公表ですが）

――イノベーターやイノベーティブ・ビジネスモデルを構築する人は、育てることはできるのでしょうか？

昆　これは、私見も多少あるかもしれませんが、イノベーターは育てて成るものではないと思います。というのもイノベーターは自分で自発的に行動を起こし、考える人ですから。ただ、多くの人はこのイノベーターの素養を持っているはずです。問題はその素養を活かせる環境をトップが与えられるかどうかということです。いかに、自由な発想を拡大させられる環境をつくるかだと思います。一方で、イノベーティブ・ビジネスモデルを構築する人、これは育てられます。これはマネジメント能力を育てていくことに他なりません。ただ、そのときに理解しなければいけないのは、自分がつくっているのはイノベーティブ・ビジネスモデルであって、イノベーションそのものをつくっているわけじゃないことですね。イノベーションを加速するモデルをつくっていくのだと。こういう意識が求められますね。

――仮にビジネスにならず、お金にならなかった技術は捨てる選択肢もあるのですか？

昆　技術はできたけれど、それが製品にならなかったものも、テクノロジープラットフォームの中に入っています。よくご存知のポスト・イット・ノートですが、あの貼ったあと簡単に剥がせる技術自体は、強力なのりを作ろうとして配合を間違えて、出来たものです。これは製品としては失敗だけれども、その技術をテクノロジープラットフォームの中に入れておいた結果何年かたってアイデアを探していたときに、それを引き出してきてポスト・イット・ノートができたのです。技術開発に失敗はない、と考えています。技術としてある程度のものができたんだとしたら、それは成功なのだから蓄積しましょうという姿勢ですね。

――パイプラインのゲート管理において市場の拡大の持続性を見極めるのは難しそうに思えますが、継続的に拡大するか、一過性の拡大か、ということをどのように見極めておられますか？

昆　新製品として扱うのは五年なのですが、そのうちでエンジニアが深く関わるのは一年目で、二年目からはマーケターや営業が大きく関わります。ですから、彼らがお客さまに訴求できて、新しいところへも開拓を進められるものでないと売上が拡大しないのです。一年目は売上が大きかったのに、二年目から縮小したのではダメですからね。そこでマーケターとエンジニア、ここがうまく連携しながら進めることが重要になってきます。エンジニアが作り、実際に訴求していくのはマーケターで、どういう訴求をするかというのを検討していくのです。

――日本での採用・育成の仕方を教えてください。

昆　日本では三部門の採用があります、一つはエンジニアの採用ですね。それから、学卒以上の文系と、あと製造職です。日本では五〇人ぐらい採用していて、エンジニアは一〇名ちょっと。大卒以上の文化系がいちばん多くて、二五～三〇ぐらい採っています。

エンジニアに関しては、最低でも修士課程、できれば博士課程を修了した人を採用しています。博士課程の場合は、共同研究やインターンを経てそのまま入ってくるパターンが多いですね。マスターの場合には他の日本企業と同じような採用もしますが、それ以外にも期中での採用もしています。

――ポストイットのように思いがけない製品が生まれた場合、その製品は元の事業部に残すのでしょうか？もしくはその製品に近い製品を扱うような事業部に移すのでしょうか？

昆　一回事業部で出すと、そこの事業部に製品は所属しますが他の事業部に移すこともあります。例えば、テープでは工業用テープ、梱包材《こんぽう》のテープ、文房具で使うテープはそれぞれ違う事業部で出しています。多少強度を変えたり、紙だったりフィルムだったりと素材を変えたり、ブランドネームを変えて次の事業部に移すのです。その際は技術的にはそんなに大きな変化ではなくても、また別の事業部に所属させることになります。

――それだと同じような製品が、ありとあらゆる事業部から同時に出現し、無駄が多いのではないかと思います。

昆　その無駄がスリーエムのチャレンジなのです。スリーエムの製品数は約五万五〇〇〇種ありますが、その中には（先程お話したように）微妙な違いのある製品がそれぞれ別の形で販売されることがあります。かといって、製品を集約すると効率的にはなるのですけれど、今度は視野が狭くなります。今のように微妙な違いを許容して製品の幅を広く持つことで、自動車なら自動車専門、医療なら医療専門の形で特化した開発が考えられるのです。このような製品の管理を広くしたり狭めたりを、歴史的にかなり繰り返しています。

今、二〇近くの事業部があるとお伝えしましたが、過去一五年でもっとも少ない事業部数です。多かったときはおおよそ四五事業部ありました。これは絶えず増やしたり狭めたりしています。狭めることによって、顧客基盤が統合されたり、事業部別の区分が面倒ではなくなるわけです。

一方、事業部が新たにできる時は、初めから事業部を立てるのではなくて、製品が周辺領域まで広がった結果、守備範囲があまりにも広くなるために別事業部として区切ることで増えていきます。だんだん分断されていくという形ですね。このような変化にマネジメントが柔軟に対応できるかどうかが、企業がずっとサステナブルに成長できるのか、凝り固まって終わるかの差だと思うのです。

――社員の自主性を重んじるが故に社員に指示が出しにくい、といったジレンマを管理職の方はどう乗り越えていますか？

昆　まず、15%カルチャーでお話ししましたが、ビジネスに好影響を与えるであろうことなら15%は何をしてもよい一方で85%はマネジャーが管理するわけです。だから、その管理する範囲の中で、当然、忠告もするし、指示も出します。

でも実際、15%カルチャーといっても、口を出すマネジャーがいるわけです。それを制度ではなく文化の範疇でどう止めていくかということが非常に重要になってきます。制度と文化の何が違うかというと、制度ならそれに従ってやっていくことになりますね。しかし、マネジメントするなということを制度にはできません。自分の部下に自由にやらせなさいというのは、制度としてできない。だから15%カルチャーなのです。先程お話したマックナイトの言葉を社員に浸透させたり、といった形で共通認識を作り、文化として止めていくことが重要です。

例えば他の会社だと会議で誰かが意見を述べた際、それを頭ごなしに違うと攻めるというシーンに出くわすこともありますが、スリーエムでは、そのときに横やりが入ります。ちょっと待って、最後まで聞こうよ、ということになるのです。こういったことが文化だと思います。このようなDNAをどうやってつくっていくかがキーですね。

――スリーエムが今持っていない技術や組織能力を買いに行くといった、買収に関する考え方を聞かせてください。

昆　新しいビジネスの買収は結構やっています。日本でもエーワンというラベルの会社を七年ぐらい前に買収しました。エーワンの場合はインテグレーションに五年間かけました。五年かけて文化や考え方を馴染ませるのです。文化中心で進めますので、時間をかけてじっくり。技術はプラットフォームにどんどん入れていきます。そこがスリーエムの特徴でしょうね。

――事業をする上で重要視されている数字はなんでしょうか？

昆　もっとも重視しているのは売上高利益率ですね。利益率が高ければ当然お客さまがそれに対して我々の付加価値を認めてくれているということですし、低いということはもう認めてくれなくなっているということなので、率が低くなった製品はディスコンティニューの対象なります。

利益率を上げる上では製品ミックス（売上に占める各製品の割合）も重視しています。各製品が同じ価格であったとしても、利益率の高いものがより売れて、利益率の低いものが売れなくなると全体としての利益率が上がるし、そうでないと全体としての利益率が下がります。製品ミックスを絶えず改善していくことが重要です。

ミックスが絶えず改善するということは捨ててしまった製品の利益率よりも、新製品の入った利益率が高いということですからね。だから、製品はおのずとニッチになります。どこかのマーケットを面で押さえるというよりは、価値が出せないところを捨てて、利益の高いところを狙っていくというスタイルです。

スリーエム ジャパン株式会社本社エントランス（東京都品川区）。

スリーエム ジャパン株式会社

スリーエム ジャパン株式会社は1960年、3Mのアジア初の現地法人として創業。粘着テープや反射材、接着剤、研磨材などの輸入販売を行い日本の高度成長に貢献するとともに、1961年には相模原事業所を設立し、現在の 研究開発活動の拠点となっている。1970年にはスリーエム ジャパン プロダクツ（株）山形事業所（旧・山形スリーエム（株））を設立し、国内最大の製造拠点として3Mジャパングループはもとより、グローバルの「スーパーハブ」と して海外の3M各社へも製品を提供している。現在は社員数約2,700人。

昆 政彦（こん・まさひこ）

スリーエム ジャパン株式会社
代表取締役 副社長執行役員

早稲田大学商学部卒業後、シカゴ大学経営大学院経営学修士課程を修了（MBA）。早稲田大学アジア太平洋研究科博士後期課程修了、博士（学術）。
GEインターナショナル・ジャパン、GEアメリカ本社勤務、GE横河メディカルシステム（株）CFO、GEシリコーン事業部（GE東芝シリコーン）アジア財務戦略マネジャー、（株）ファーストリテイリング執行役員、GEキャピタルリーシング（株）執行役員最高財務責任者（CFO）等を経て、住友スリーエム（株）入社。取締役財務・情報システム担当などを経て2013年より現職。アメリカ公認会計士の資格を持つ。著書に『CSRイニシアチブ』（日本規格協会、2005、共著、監訳）、『やわらかい内部統制』（日本規格協会、2007、共著）、『CSRとガバナンスがわかる事典』（創成社、2007、共著）。

Column

「勝ち方」としてのイノベーション

昆副社長のお話からも分かるように、スリーエムはイノベーションを明確に定義し、かつ事業運営のみならず人事制度や企業文化に至るまでイノベーションの創出に寄与するものになっている、というとても稀有な事例です。

ここで少し乱暴な問いかけをしてみたいと思います。〝全ての企業にとってイノベーションは必要か？〟と。残念ながら一〇〇％そうだ、とは言えません。その企業、もしくはその事業が戦っている市場の性質によってイノベーションの必要性は異なると考えられます。

市場全体を、財・サービスの必要性と変化の起こりやすさ、という2つの軸で分けて考えてみることにしましょう。財・サービスの必要性とは顧客・消費者からのニーズの大きさを表します。変化の起こりやすさとはニーズの多寡とは別に、ニーズがどのくらい変化しやすいか（Demand-pull 型変化の起こりやすさ）、もしくはそこで使用される技術に革新がどのくらい起こりやすいか（Technology-push 型の変化の起こりやすさ）を表します。

図の右上の領域、つまりニーズが高く、かつ変化が起こりやすい領域では継続的に〝イノベーション〟を創出することが「勝ち方」だと言えます。スリーエムがイノベーションを事業運営から企業文化にまで

図表1-9 | 財・サービスの必要性と変化の起こりやすさ

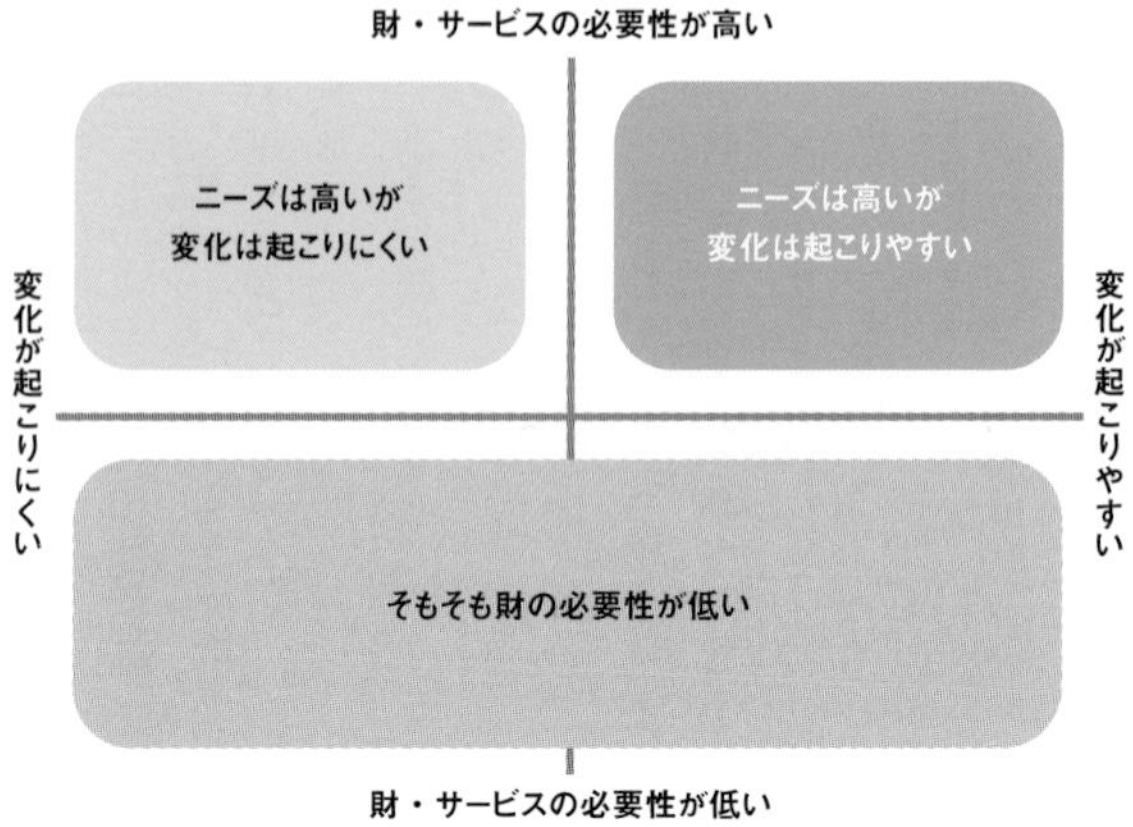

落とし込んでいるのと同じく、製薬会社は数千億円をR&Dに投じて新薬を開発したり、時には有望な新薬・パイプラインを持つ競合を数兆円で買収したりします。IT、Webサービスも同様にR&Dに惜しまず投資したり、スタートアップの買収をしたりします。言わば中から生まれてこないイノベーションを外から補っているのです。

では、ニーズは高いが、変化が起こりにくい領域はどうでしょう。ニーズは高いが、変化が起こりにくい領域はどうでしょう。ニーズの変化や使用されている技術の革新が起こりにくいため、必ずしもイノベーションは必要ないですね。こういった領域では、先んじてポジションを築くこと、〝De Facto Standard〟を確立することが「勝ち方」と言えます。

例として、米国の計測機器メーカーのメトラー・トレドを考えてみると、メトラー・トレドが提供するはかりをはじめとした計測機器は、R

＆D、生産、品質保証など様々な領域で基礎的なニーズとして存在します。R＆Dにおいてものの重さをはかることは基本中の基本であり、研究所の開設はもちろん、研究チームの増加や研究者の増加の際にも初期のセットアップの段階で必ず必要となります。一方で、顧客ニーズの内容、すなわちはかりなどの計測機器に求められる機能は大きく変わらず、用いられる技術の革新・変化も大きくありません。故に、サービス体制や各国の度量衡規制・認証への対応力によって構築された強固なポジションが揺らぐ可能性は高くないと言えます。

　イノベーションの重要性は社会に浸透して久しいですが、決してそれは万能ではなく、ビジネスの視点で考えると「勝ち方」の一つなのです。スリーエムは継続的にイノベーションを創出できるから素晴らしいのではなく、スリーエムが実現している継続的なイノベーションが、戦っている市場で求められている「勝ち方」を体現しているから素晴らしい、と言えます。また、継続的なイノベーションが価値を生みそうな領域を選んで戦いに行くから素晴らしい、と言えるのです。

　メトラー・トレドの場合も同様で、戦っている市場で求められている「勝ち方」を体現しているから素晴らしいと言えます。実際にメトラー・トレドはSpinnaker、Field Turbo、Blue Ocean、SternDriveといった、既存のポジションを維持しながらオペレーションを更に高度化するイニシアチブに継続的に注力しているのですが、これは自社の「勝ち方」を深く理解しているが故の取組と言えるでしょう。

　投資家としては、常に「この企業の勝ち方とは？」という冷静な視点を持っていたいものです。

企業の価値はどのようにして生み出され、そして評価されるのか？

株式会社コルク　代表取締役　佐渡島 庸平

皆さん、こんにちは。コルクの佐渡島です。今日は、よろしくお願いします。

まず自己紹介をしますと、僕は今、三九歳（※講義時）です。講談社という出版社に二〇〇二年に入社して、一〇年間、漫画の編集に携わってきました。例えば皆さんがご存知の作品だと『SLAM DUNK』（注1）の作者である井上雄彦（注2）さんが描かれた『バガボンド』（注3）という作品に先輩編集者と一緒に携わりました。僕が担当したのは、『バガボンド』の中にある「佐々木小次郎編」になります。その他の作品としては、安野モヨコ（注4）さんの『さくらん』（注5）、『働きマン』を担当しています。その後、自分で『ドラゴン桜』（注6）、『宇宙兄弟』（注7）という作品を立ち上げました。ちなみに『宇宙兄弟』の作者である小山宙哉さんは京都市出身です。主人公の兄弟、六太と日々人が幼少期を過ごす町の風景は京都のちょっとした郊外の風景を描いていて、京都出身の人だと「これ京都のあそこでは？」と気が付かれることも多いと思います。

二〇一二年に講談社を辞めて、コルクというクリエイターのためのエージェント会社を立ち上げました。漫

講演者・佐渡島 庸平氏

画家や小説家、ミュージシャンといったクリエイターたちの作品や活動をネット上で紹介し、伝えることができる環境を作っています。具体的には出版やライブイベントなどで活躍すること等をサポートしています。

僕と農林中金バリューインベストメンツの常務、奥野

(注1)『SLAM DUNK』(スラムダンク)：一九九〇～一九九六年にかけて連載された井上雄彦による漫画作品。高校バスケットボールが題材で日本においてのバスケットボールブームの火付け役ともいわれる。
(注2)一九八八年にデビューした日本の漫画家。代表作は『SLAM DUNK』、『バガボンド』、『リアル』など。
(注3)一九九八年から連載されている井上雄彦による漫画作品。宮本武蔵、佐々木小次郎など、戦国末期から江戸時代にかけて活躍した剣豪たちが描かれる。
(注4)一九八九年にデビューした日本の漫画家。代表作は『働きマン』、『さくらん』、『オチビサン』など。
(注5)二〇〇一～二〇〇三年まで不定期連載された安野モヨコによる漫画作品。江戸、吉原で育った主人公、きよ葉が花魁《おいらん》になるまでを描いた作品で二〇〇七年には実写映画化された。
(注6)二〇〇三～二〇〇七年まで連載された三田紀房による漫画作品。経営の傾いた私立高校を舞台に、東京大学合格をめざす作品で紹介されるさまざまな勉強法や受験テクニックが話題を呼んだ。
(注7)二〇〇七年から連載されている小山宙哉による漫画作品。幼い頃、宇宙飛行士をめざすことを誓い合った兄弟、六太と日々人の視点を中心に、宇宙飛行士の世界を描く作品。二〇一二年に実写映画化された。

一成さんとの出会いは、『ドラゴン桜』の次に手掛けた『インベスターZ』という投資漫画です。その漫画の取材で出会うことができました。今回、お話をいただけたのもこうしたご縁です。

今日は、「企業価値創造と評価」というテーマをいただきました。普段は上場企業の社長がこの講義の講師を務めていらして、ベンチャー起業家の登壇は、今回初めての試みだとお伺いしました。そこで、編集者として、どうやったらクリエイターたちが生み出す価値を増幅して、消費者に届けることができるのか、そもそも消費者は何を求めているのか？　そして僕がベンチャー起業家として何に挑戦しているのかをお話ししたいと思っています。

どうして出版物の価格は中身（コンテンツ）で決まらないのか？

まずコルクという会社の名前の由来をお話ししましょう。コルクの名前はワインに栓をするためのコルク栓です。ワインを世界中に運び、そして後世に残そうとすると、いいコルクで栓をする必要があるんです。それと同じように、クリエイターがコンテンツを作ったときにコルクという会社が関わると世界中に運ぶことができて、後世に残すことができる。そんなふうにクリエイターやファンの人から思ってもらえるような、コンテンツを作り伝える立場でありたい。選ばれるコンテンツを作り、伝え、残す。そういう願いを込めてコルクを社名にしました。

こう言うと、ワインと僕がやっていることのどこに関係があるのかと思われる方も多いかもしれません。しかし、ワインを選ぶときのことを想像してみてください。一般的には、どんな種類のブドウを原材料として、どの地方のどの地区で、いつ誰が作ったのかを判断基準に、自分が飲むワインを決めると思うんですね。だから、ワインの価格はいつ誰が、どこで作ったのかで大きく変わるのです。

一方、出版物はどうでしょうか。皆さんが本屋さんへ行って、この本を買って読もうと決めるとき、作者で選びませんか？　誰々が書いた本だから買って読んでみたいと考えているはずなんです。だから、出版物を購入するときの意思決定の方法はワインを選ぶときとまったく同じはずなんですね。

選ばれるときの思考方法はワインと同じであるにもかかわらず、本の場合は価格の決まり方が異なります。本の価格は本の大きさや、本のページ数などを基準にして値段が決められるのです。僕も出版社にいたときは、そうやって本の価格を決めていました。

「これはすごい作家の新作だから、高くても、みんな買うんじゃないか」ということを基準にするのではなくて、「この本は二〇〇ページだから幾らじゃないか。これは一八〇ページだから、幾らじゃないか」という具合に、ページ数で価格の話が進む。本に書かれている内容、コンテンツって一切関係ないわけですよ。本来は、コンテンツ、つまり中身のあり方によって価格が決まるべきなのに、コンテンツの外側（体裁や装丁）によって価格が決められているのです。

僕は正しい価値を価格に反映できない現状をネット時代になった今だからできる方法で変えたいと思っているのです。

お金の移動は心の変化と連動している

ここで皆さんに価値について、一つ質問をしましょう。例えば洋服を買うという場合、なぜそれを購入しようと思ったのでしょうか？　購入する理由は服が必要だという必要性だけではないでしょう。きっと、その服のデザインに心を動かされたり、店員との関係に心が動かされたりしているはずです。そうした心の動きが価値判断に影響していると思います。

それが、もう少し大きな買い物だった場合はどうでしょうか？　例えば将来、皆さんが恋人へのプレゼントで指輪を買うとき、家を買うとき、を想像してください。買い物をするときには、常に確実に皆さんの心が動いているはずです。つまり、お金の移動は心の変化と必ずセットになっているはずなのです。

僕が起業するときにいろいろな先輩に相談したのですが、その中の尊敬する経営者から、「ビル・ゲイツが世の中の人の心を動かした量は、どれくらいなんだろう。スティーブ・ジョブズが世の中の人の心を動かした量は、どれくらいか？　ジェフ・ベゾス（Amazonの共同創設者でありCEO）が世の中の人の心を動かした量は、どれくらいなんだろうか？」と問い掛けられました。スティーブ・ジョブズは、すでにこの世にはいませんが、彼が創業したアップル社は今でも世界中から支持されていて、世界中の富を集めていますし、ビル・ゲイツもジェフ・ベゾスも常に長者番付で上位に入っています。

一方、出版業界に目を移してみると『ドラゴンボール』（注8）が世界中の人の心を動かした量というのはどれくらいになるのだろう、と。

もしかしたら、世界中の人々の心の動いた量、深く感動した量を測ることができたら、この一〇〇年間の世界でもっとも人の心を動かしたものは『ドラゴンボール』かもしれないのです。それなら『ドラゴンボール』を創った鳥山明（注9）さんと出版元である集英社は、それに見合う収入を得ているのかというと、そうではありません。

そうではない、という状況を知ったとき、ビジネスマンであればどうすべきか？「この社会はおかしい、もっとクリエイターに払われるべきだ」と声を上げるだけでは足りないと思っているのです。そうではなくて、心が動いた分だけ、心を動かした人たちのところに、対価としてのお金が入ってくるようにビジネス的な仕組みを整えることのほうが重要です。

コンテンツの持つ価値は後世の人の心も動かす

僕は灘高等学校から東京大学の文学部に進学しました。灘高から東大の文学部に行く人は、だいたい年に

（注8）一九八四〜一九九五年に連載された鳥山明による漫画作品。集めるとどんな願いもかなえられる秘宝ドラゴンボールを巡ってさまざまな物語が繰り広げられる。単行本は全世界累計で二億五〇〇〇万部以上を記録し、世界中にファンが多い。

（注9）一九七八年にデビューした日本の漫画家でデザイナー。漫画家としての代表作は『Dr．スランプ』、『ドラゴンボール』など。またデザイナーとしてもスクウェア・エニックス社が制作したロールプレイングゲーム『ドラゴンクエストシリーズ』のキャラクターデザインなど多数手掛けている。

一人ぐらいしかいません。ほとんどの学生は、文学部には進学しないですね（笑）。

僕が強く文学に引かれることになったのは、魯迅《ろじん》（注10）という中国の文学者に影響を受けたことがきっかけです。魯迅は国費留学生として医師をめざして勉強をしていました。医師をめざした理由は国の人々を救うためにはもっとも良いと考えたからです。ところが、ちょうど彼が学生の時に台湾は日本の統治下にありました。そして抗日運動をする台湾の人たちを武力で制圧する事件がたびたび発生しました。統治政策の一環として台湾を武力で制圧した様子を撮影したニュース映像を流していたんです（注11）。

しかし、それを観ていた台湾の人はその日本の行為に憤慨するわけでもなく、日本人と一緒に盛り上がってニュース映像を見ていたのです。その状況を見て魯迅は戦慄《せんりつ》を覚えるわけです。「自分が治さないといけないのは、この国の人々の体ではなくて心だ」と。そこから彼は医師ではなく、文学者を志したのですね。

僕もそうありたいと思っています。例えば医師になれば目の前の患者を救うことができるかもしれない。でも文学でなら、今の時代だけでなく、後世の時代の人たちの生き方や価値観を大きく変えて、医師が貢献するよりもさらに大きく、その文化とか文明に貢献できるかもしれないと考えています。

もちろん、政治に参加して、社会インフラをつくる方法もあるでしょう。しかし、そういうものは権力争いの中で消えてしまい、社会に役立つものを残すことができているかどうかはわかりません。それよりも文学によって人の心のあり方を変えていくことのほうが、大きく社会を変えられるのではないか、と思います。

これは、僕が中学ぐらいの時に考えたことです。その頃からずっと、人の心を動かして、社会を変えていくような力、文学が持っている力を、コンテンツにどうやって盛り込めるだろうかと、考えて生きてきました。

国を一つにまとめた「歌」とは？

僕は中学時代に父親の仕事の関係で、南アフリカ共和国に住んでいました。

僕がいたのは、ちょうど南アフリカ共和国のアパルトヘイト（注12）が終わろうとしている時期でした。具体的には、フレデリック・ウィレム・デクラーク（注13）がアパルトヘイトを撤廃して、彼が大統領になり、そして次にネルソン・ホリシャシャ・マンデラ（注14）が黒人として初めての南アフリカの大統領になるまでの時期です。

マンデラが大統領になる直前の南アフリカは、非常に政情が不安定になっていました。黒人の部族同士も頻繁に争っていたので、もしかしたら、この選挙をきっかけに国がバラバラになってしまうかもしれないという

（注10）一八八一～一九三六年。中国浙江省に生まれた文学者。日本にも留学経験があり『阿Q正伝』、『狂人日記』などを発表。

（注11）台湾は一八九五～一九四五年まで日本の統治下に置かれた。一八九六年に六三法が公布され台湾総督府を中心に日本の統治体制が整えられた。しかし、抗日武装運動も勃発し、それに対しては武力鎮圧がされている。一九一五年の西来庵事件（タパニー事件）で抗日運動は頂点に達した。

（注12）人種差別思想の下一九四八年頃に確立された人種隔離政策。フレデリック・ウィレム・デクラーク、ネルソン・ホリシャシャ・マンデラらの働きで撤廃された。

（注13）一九八九～一九九四年。南アフリカ共和国第7代大統領。アパルトヘイト関連法の全廃に尽力した人物で一九九三年にネルソン・ホリシャシャ・マンデラと共にノーベル平和賞を受賞した。

（注14）一九九四～一九九九年。南アフリカ共和国第8代大統領。デクラークと共にアパルトヘイト関連法の撤廃に尽力した人物で一九九三年にフレデリック・ウィレム・デクラークと共にノーベル平和賞を受賞した。

危機感を国民の誰もが抱いていました。

なぜそんなに危機感を抱いていたかというと、前例があるからなんです。

南アフリカがこうした状況になる十数年前に、ジンバブエという南アフリカの隣国で同じように、白人政権から黒人へと政権が変わりました。ところが、新しい政権は統治の過程で、政権運営に失敗し、社会も政治も乱れ、経済的にも貧しい国になってしまいました。そうした前例があるので、南アフリカの白人の知識層だけでなく、黒人の知識層も黒人へと政権へと移行する過程で国が維持できなくなると、大いに危機感を募らせていたと思います。

選挙の日が迫り、ますます国中が不安になっていきました。そんな時に、何度もラジオやテレビCMで皆の不安を払しょくする歌が流れました。この歌は南アフリカの有名な黒人歌手だけでなく、白人歌手も皆が集まった歌です。例えて言えば、マイケル・ジャクソンとライオネル・リッチーが作詞・作曲した『We Are The World』のような歌です。

南アフリカという国の素晴らしさ、自分たちが本当に守らなければならないことは一体何か、南アフリカの自由のために和解と団結をせよと見事に歌い上げられていました。歌を聴いたとき「何なんだ、この国を思う美しい気持ちは？」と魂を大きく揺さぶられ、感情が溢れ出て涙が流れました。

そして運命の選挙の日。さまざまな対立が予想されていましたが、皆さんご存知の通り、スムーズに選挙が行なわれて、マンデラが大統領になりました。

ラグビーを通じて黒人と白人を団結させる

南アフリカは、ラグビーが強い国です。しかし、アパルトヘイトが実施されていたときは、その差別的な政治のせいで、南アフリカはすべての国際試合から締め出されていました。だから、南アフリカの人たちは「自分たちは強い」と思っているけれど、本当に世界で通用するくらい強いかどうかはわからないという状況でした。

ラグビーはアパルトヘイトの象徴でしたから、黒人にとっては憎むべきスポーツだったのです。ところが、アパルトヘイトが撤廃され、国際ワールドカップのラグビー戦（注15）に南アフリカが参加するとなったとき、兼ねてより南アフリカのラグビーチームが黒人と白人の団結の象徴になると考えていたマンデラが、国を挙げて応援するべきだと国民に呼び掛けました。黒人も白人もすべての国民が一つになって応援した結果、国際大会で南アフリカが優勝することになりました。ちなみに、この時の様子はクリント・イーストウッド監督の『インビクタス／負けざる者たち』という映画で表現されています。

今も南アフリカは、世界の中でもっとも治安の悪い国ではありますけれども、一方でアフリカではもっと

（注15）一九九五年に南アフリカ共和国で開催された第三回ラグビーワールドカップのこと。南アフリカ共和国はアパルトヘイトの影響でＩＲＢ（国際ラグビーボード、現・ワールドラグビー）が主宰する大会から除名されていたが、この大会で開催地となり、同時に初出場となった。

も経済的に豊かな国です。世界中から投資が集まって、アフリカを変えるきっかけのいちばんの重要国になっています。南アフリカが現在もその地位を維持しているのは、歌とラグビーの力じゃないかと僕は思っているのです。

嵐の中にいないと、時代が変わったことはわからない

皆さんは、これからいろいろな職業に就かれると思います。そして、自分が就いた職業の色眼鏡で世の中を観察していくことになると思います。

僕は、世の中をどのような色眼鏡で見ているかというと、人々の心が一つになって、そして多くの人々が同じ方向をめざすことによって社会が動いているのではないか、というふうに、世の中を見ているんです。

歌とスポーツで南アフリカが動いたように、人の心が同じ方向を向いて、一斉に動いたとき、社会が大きく、いい方向に動くという感覚があります。そして、それを再現することが人の心を変え、社会を変えるきっかけになると信じています。そして、それを実現するきっかけとなったクリエイターに正しくお金を投じ、コンテンツ作りに再投資をしていく。こうして、さらなる良い社会をつくっていけるようにしたい。そういう循環を実現したいと思っています。

僕が起業した理由は、嵐の渦中に入って時代を感じたいということです。南アフリカでの経験、まさにマンデラの大統領選の日。これは歴史的な一日でした。でも、父親も含めて外国人には選挙権がないので、ただ選

挙の様子をテレビで見守るしかありませんでした。

そして、傍観者であったが故に日常は何一つ変わることはありませんでした。とてつもなく大きく南アフリカの歴史が動いた日なのに、変わった感じをまるで受けませんでした。それは、やはり歴史の当事者ではなかったからだと思うのです。

同じようなことは過去の歴史でたくさんあると思います。例えば一九四五年の八月一五日の終戦記念日。ラジオから流れる天皇陛下の「終戦の詔書」を聞いた人は、そのときを印象的な瞬間として語っています。しかし、ラジオを聴けなかった人もいる。そして、聴き逃した人にとっては、八月一四日と八月一五日と八月一六日の差って、多分よくわかっていないのでしょう。八月一五日は歴史の転換点ですが、日常の変化はささいなものだったのではないかと思います。

そうすると一八六八年の江戸城無血開城なんて、終戦記念日と違ってラジオも何もなかった時代ですから、幕末の人たちは何一つ、そこで起きた社会の変化を感じ取っていなかった可能性があります。社会の変化というのは、その変化を担っている数十人とか数百人の周りでは嵐が吹き荒れているんだけれども、社会全体で考えると、意外と凪《な》いでいるのではないだろうかと考えています。

南アフリカの時代の変化を感じることができたことは、僕にとってすごく幸せな経験だったと思っています。誰かがつくった時代の流れの変化に乗っかって生きていくよりも、その時代を変えるタイミングで、その場を共有することができて、見ることができて、意思決定に関わることができるというのは、とてつもなく幸せなことなんだと思っています。

マスコミ業界というのは、僕がいた出版業界をはじめ、新聞にしろ、テレビにしろ、基本的にさまざまな規制で守られている産業です。そして、産業規模は大きくないのですが、言論や主張を表現する業界として政治的にも影響力を持っています。しかし、何かが変わりだしていると感じています。

例えば、インターネットによって、大きな変化が現れています。しかし、出版業界にいると、感じられない、実感しにくいのです。なぜ実感しにくいのかというと変化の当事者ではないからです。だからこそ、変化を起こしている、そちら側の、その嵐の渦中に入ってみないと時代を感じられないと思ったんです。今からでもインターネットの世界に飛び込んだら、それができるんじゃないかと思って講談社を辞めました。

インターネットの世界に訪れた次の変化：スマートフォン（スマホ）革命とその後

講談社を辞めて、今、僕が感じていることはインターネットに次の変化が来たということです。

一九九〇年代の半ばぐらいから東京の六本木や渋谷周辺にはIT系ベンチャー（注16）が次々と生まれました。当時のインターネットというのは、今とは違って、インターネットで道路を引くという感覚です。新しいネットワークをつくるというインフラとしてのインターネットでした。そして、この道路が出来上がった後に街をつくる段階になって、さまざまな面白い施設ができてくる。やっとそうした段階になってきた。

では、インターネットの中で、どんな面白い施設ができていくのか。インターネットの中では、社会を変えるどんなコンテンツが生まれていくのか、というのは、まさに今からなんです。そこに、どういう流れを生み出せるのか。会社を立ち上げて関与していくことの楽しさを感じています。

皆さんの世代だとインターネットはそもそも存在していて当たり前です。そういう時代に生まれ、成長しているからです。だからインターネットによる大きな変化の後に、スマートフォンによる変化が来たわけですけれど、インターネットの変化とスマートフォンの変化の差が、どれくらい激しいものなのか、実感できていない人のほうがほとんどではないでしょうか？

こんな例え話があります。「このＦＡＸは九九％正確に書類が転送されます。しかし、一％だけ届かないときがあります」という状態だとしたら、そのＦＡＸは社会インフラとして広がりますか。たった一％なんだから大丈夫と思うかもしれませんけれど、届かない一％があると社会インフラとしては広がらないのです。九九％と一〇〇％は社会を変える上では大きな違いになります。世の中にスマートフォンが普及して、スマホ革命が起きたとき、さまざまな会社がスマホ革命に乗り遅れてしまいました。「ほとんどの人がスマートフォンによって一〇〇％インターネットに繋げることができた」という通信環境の変化についていけなかったからです。

これまで、インターネットを繋げようとすると、会社でパソコンを持っていたり、個人でもパソコンを持っていたりしなければ、インターネットに繋がる環境がありませんでした。また、地方へ出掛けると、インター

（注16）一九九〇年代の半ばから後半にかけて、ＩＴをビジネスドメインとする起業が相次いだ。渋谷周辺に起業したネットベンチャーは「ビットバレー」と呼ばれていた。一九九四年に起業したグローバルメディアオンライン（旧インターキュー）、一九九五年に起業したデジタルガレージ、一九九八年に起業したサイバーエージェントなどが知られている。

ネットが繋がっていない地域も存在しました。パソコンによるネットは、常時接続ではない。しかし、今だったらどうでしょうか。スマホであれば、常時接続です。自分が繋がりたいときに、いつでもインターネットに接続することができるようになったのです。インターネットがほぼ一〇〇%繋がったそのことによって、考えられるサービスがまったく変わったわけです。

さらなる変化は今後も続きます。例えばＩｏＴ（Internet of Things）。これはモノがインターネット経由で通信することができるようになるというものです。ＩｏＴ技術を活かした事例では、インターネット経由でセンサーと通信機能を持ったドアや電気などが登場しています。それらの機器は消し忘れや閉め忘れがあった場合にも「ドアが開いています」、「電気がつけっ放しです」などのようにお知らせが届くようになっているのです。そして、デジタル通信技術によって、その場所にいなくても自動でドアを閉めることや電気を消すことも遠隔でコントロールできるようになってきています。こうしたＩｏＴがもたらす変化は、ますます身近なところで現れ始めるでしょう。

一方で、仮想通貨で使われているブロックチェーンの技術も他に活用され始めています。取引履歴がブロック化されて、今まで中央集権型で管理していたものが、ユーザー同士で管理できるようになり、不正な取引やごまかしができない安全なデータのやり取りが可能になったのです。これによって中央集権型のデータ管理システムは崩壊し、新しいデータ社会が構築されるようになりつつあります。

今、アフリカで起こっている大きな変化

日本でインターネットはパソコンによって広がっていきましたが、中国は初めからスマホを使ってインターネット社会が始まりました。そのためインターネットに関しては中国のほうが、より合理化されて便利な仕組みが構築されています。現状で比べると、日本よりも中国のほうが、サービスを利用するときの使いやすさや気遣いといったような文化面は圧倒的に充実しています。

僕は今、日本を理解するために、離れた外国の事情をいろいろと調べています。そうするとアフリカに興味深い傾向が見えてきました。

ここ一〇年くらいで中国が技術的な面で日本を抜き去り、スマホファーストで社会の変化を生み出してきています。アフリカでもインターネットがどんどん普及してきている状況で、ＥＣ企業も伸びているのです。

例えば、中央アフリカの周辺は、まだ社会インフラが整っていないので、住所が確定されていない地域も多く、郵便物が届かないのが当たり前なのですが、スマホを持っている一部の人同士は、スマホを経由して連絡を取り合い、繋がることができているといいます。

そのため、スマホを持っている個人同士で物流が成立しているというシステムが出来上がっています。

さらに地域によっては、まだ貨幣も安定的に発行されていないにもかかわらず、仮想通貨が先に広がっており、仮想通貨を利用する人はＥＣ取引を盛んに行なっているというのです。

つまり、僕らがまったく予想しなかった社会インフラの形が、アフリカを舞台にここ数年で、ものすごい勢いで、広がりつつあるんです。

こうした変化に並行するように、アフリカの平均寿命も延びています。WHO（世界保健機関）が二〇一九年に発表した世界保健統計では、アフリカの平均寿命は六〇歳を超えているのです。なのに、平均年齢は、二〇代を切るかという圧倒的に低い国がいくつもあります。東南アジアよりも平均年齢は若い。アフリカ社会がすごい速さで、良い方向へ変化しつつある。そのスピードはこれまで数十年単位であったものが五〜一〇年単位で、さまざまなことに変化が起きています。

こうした世界の変化を見た後で、再び日本を観察してみると、日本には過去の遺産があり、それによってインフラが固定化されていることに気が付きます。この固定化されている社会の中に、どうやって新しいインフラを取り込んで、社会を変えていくのか。どうやってそこにコミットしていくのがいいのだろうか、と。そして、まさに自分事として、その変化の中に入っていくのが、皆さんの世代だと思うんですね。

物語は本当に社会を変えたのか？

先ほどもお話ししていますが、僕は、コンテンツが人の心を動かし、そのことが、社会を大きく動かす。それが世の中にとって重要なことだと思っています。じゃあ今までの物語は、どれほど社会を変えたんだろうか、と考えるわけです。

例えば、僕は『ドラゴン桜』、『宇宙兄弟』を編集しました。そのおかげでコルクには、東京大学からのインターン生が数多く来てくれています。来てくれる東大生の多くは『ドラゴン桜』を読んで、助けられた、勇気付けられた、と話してくれます。だから、そのコンテンツを作った僕のいるコルクを好意的に感じてくれて、インターン先に選んでくれています。

こんなこともありました。この前、東京大学の文化祭で『ドラゴン桜』の作者である三田紀房（注17）さんがイベントをやりました。その会場に、トラックの運転手の方が入ってきて三田さんのところに寄ってきて、握手を求めたんです。そして、「自分は親戚も含めて、皆、トラックの運転手で、自分もトラックの運転手で、肉体労働しかできません。もちろん、親戚に大学卒業した人は一人もいない。けれど、息子が『ドラゴン桜』を読んで東京大学に入学したんです。それで自分が今日、駒場祭に来る機会を得ました。三田さんに感謝させてください」と言いながら泣きだして、握手したんですよ。それを受けて三田さんも、自分の漫画がそんなふうに影響を与えたんだと感動したんでしょうね。もらい泣きしそうになったというエピソードがあります。

「心を動かす力」を「現実を変える力」に

このように物語によって起こった心の動き、感情の流れを、現実に変える力にすることが、僕のやりたいこ

（注17）日本の漫画家。独学で30歳の時にデビュー。代表作は『ドラゴン桜』、『クロカン』など。

と、コルクの挑戦なんです。

その中の一つの取り組みとして、「せりか基金」というものがあります。これは『宇宙兄弟』の登場人物で伊東せりかという女性宇宙飛行士の名前にちなんだ基金です。彼女は一四歳の時に父親をＡＬＳ（筋萎縮性側索硬化症）で亡くしてしまいます。そこで彼女は医療の道に進み、ＩＳＳ（国際宇宙ステーション）に無重力環境でＡＬＳの薬の実験環境があると聞き、宇宙飛行士になります。彼女の子どもの頃から憧れている天文学者が金子シャロンというのですが、彼女もまた父と同じＡＬＳを発症して作中で闘病生活を続けています。

ＡＬＳというのは、難病中の難病といわれている病気です。運動神経が障害される進行性の神経疾患で、筋肉が痩せて力が入らなくなり、やがて自分の意思で体を動かせなくなります。病気が進行していくと、喉や口も動かなくなり話をすることも、食べることもできなくなります。まぶたも開けられなくなり、見ることもできなくなる人もいます。最後は人工の呼吸器を使用することになります。

人によっては完全にどこも動かなくなって閉じ込められた状態になってしまう人もいます。その状態になることにも恐怖を感じる病気なんですよね。

もちろん、自分の意志で体が動かせなくなるので、二四時間付きっきりで介護をしなければならなくなります。まだ家族介護も多い現状なので、病気がきっかけで家族がバラバラになることも珍しくないようです。

物語の設定は二〇二九年なのですが、その年に宇宙でＡＬＳの薬の作り方に繋がるかもしれない大発見があるという展開になっています。しかし、現実に二〇二九年までにＡＬＳが難病じゃなくなるのか、治る病気になるのかというと、簡単ではないでしょう。病気の発見から一四〇年経ちますが、まだ画期的な解決方法が見えているわけではなくしっかりとした原因もわかりきっていない。医学的に見ても難易度の高い病気です。

そういう現実があるのにもかかわらず物語の中で薬が出来上がって、登場人物が助かるシーンを描くというのは、現実のALSの患者の人たちに対して、ぬか喜びをさせるだけのものになってしまうかもしれない。「せりか基金」はおかげさまで二〇一九年でちょうど三年目になりました。ALSの原因究明の費用や治療研究費として基礎研究をしている人たちに寄付しています。一年目は、だいたい八〇〇〇万円ぐらい。二年目は一〇〇〇万円ぐらい寄付をいただいてこれまでに五名の研究者に助成を行ないました。審査委員長には京都大学のiPS細胞研究所の井上治久教授に就任してもらっています。

こういう難病を治癒させるような薬を開発するには基礎研究が大事です。しかし、日本の研究の現場は、何の成果も生み出せない基礎研究に大きなお金を投じることができなくなっていると聞きます。

『宇宙兄弟』の中で主人公の六太は「本気の失敗には価値がある」と語っています。そこが大事なところで、目的を達成するために失敗を繰り返しても、前進する失敗なら価値があるといえる環境が日本にはない。そこで失敗しても次に繋がるような環境をつくるために「せりか基金」が役立ってくれればいいと思っています。

このように物語の中で起きていることに本気でどのようにコミットしていくのか？　それが面白いことだなと思っています。

つい最近もN高というインターネット上の通信制高校があるのですが、村上ファンドの村上世彰さんがバックアップしてN高に投資部を作りました。部活動を通じて生徒たちが投資の経験を学んでいくのですが、それを『インベスターZ』のキャラクターとコラボレーションをしながら運営しています。例えば『インベスター

Z』を読んで投資してみたいなと思っているところに投資部があるとスムーズに実際の投資を経験することができます。物語と現実を、どうリンクさせていくのかを考えて実践することも面白いと思っています。

なぜ、人は自殺をしてしまうのか？

もう一つ、僕がコルクでどんなことをやっているのかを紹介しましょう。

皆さんは、京都大学出身の小説家の平野啓一郎（注18）をご存知でしょうか。平野啓一郎は、コルクに所属している作家です。コルクができる以前の作品なのですが、出版時に関わった作品『私とは何か』（注19）という新書があります。

平野さんと僕の出会いは『決壊』（注20）という小説がきっかけでした。ここからは少し小説のコアな内容に触れることになりますので、まだ作品を読んでない方はご注意ください。主人公は崇という名前なのですが、世の中にはいろいろな作品がある中で、思考回路がもっとも自分に似ているキャラクターだと思って興味深く読んでいました。

小説の中で、崇は殺人犯だと疑われます。実際には殺人犯ではないのですが、疑われ、追い詰められていくのです。僕は自分と思考回路が似ているキャラクターが、そういうふうに追い詰められていく中で、どのような行動を選択して、結末を迎えるのかと期待しながら、読み進めていました。僕は読みながら、崇が生きやすい方法を見つけたら、それは僕にも役立つだろうと期待していた。しかし、最後は自殺という結末だった。しかも、たった一文でそれが表現されています。正直、むちゃくちゃ衝撃を受けました。これを書いている平野さんは、どのようにして、精神の安定を保っているのか、それを直接聞きたかった。それで、編集者だから、仕事を一緒にしたいですと連絡を取ったのです。そこで僕は彼なりの、考え方を聞かせてもらって、すごく感銘を受けた。僕の人生を変えられたと言ってもいい。それで、一緒に仕事をするようになっていきました。

個人は本当に社会の最小単位なのか？

『決壊』の後に『ドーン』(注21)という物語があるのですが、この物語は、自殺をしようとした主人公が、うまく自殺できなくて未遂で助かったところから始まって、自分を再生していく物語です。平野さんの作品は、緩やかなテーマのつながりがある。『ドーン』は、直接は編集しなかったのですが、その後の『空白を満たしなさい』(注22)という小説で平野さんと初めて仕事を一緒にさせてもらうことになります。この後の説明も、あらすじを全部話すので、まだ読んでない人は注意です。

(注18) 一九九八年に小説『日蝕』でデビューした日本の小説家。代表作として『日蝕』、『ドーン』、『決壊』などがある。
(注19) 二〇一二年に出版された。著者は平野啓一郎。著者の別作品を執筆中に生まれた概念を紹介している。
(注20) 二〇〇六〜二〇〇八年まで連載され、後に上下巻で出版された、平野啓一郎による長編小説。現代日本のネット時代をテーマに扱った作品。
(注21) 二〇〇九年に出版された平野啓一郎による長編小説。著者平野啓一郎が提唱する概念「分人主義」を軸としたＳＦ作品。
(注22) 二〇一二年に出版された平野啓一郎の小説作品。現代日本が抱えるテーマを扱った作品。

この物語は世の中で死んだ人たちが生き返る話です。主人公の徹生も生き返って自分の家に帰宅する。生き返った自分の顔を見せて家族が喜ぶと思って帰宅するのですが、まったく喜ばない。それを不満に思った徹生が、なぜ喜ばないんだ。生き返ったのにと聞くと、家族から意外な言葉をかけられるんです。徹生が自分たちをみ捨てて、自殺したと。徹生は身に覚えがないから、自殺してない。殺されたんだと反論して、自分を殺した犯人を捜しに行くのです。ところが最終的に自殺であることがわかる。なぜ自分は自殺してしまったんだろう。自殺なんてしたくなかったのに、自分に自分が殺されたような状態になっている。自殺はどういう仕組みで起きるのかを徹生が探しに行く物語になっています。

『ドーン』、『空白を満たしなさい』二つの物語を通じて、人はなぜ自殺をするのだろう、どうすると人の精神状態は回復していくんだろう、再生するんだろうということを、平野さんは描きました。小説の他に、精神に関する学術的な部分をわかりやすくまとめたものが、前述の『私とは何か』という新書になったのです。

皆さんは、今日ここで僕の話を聞いていますよね。僕が何か質問したとして、皆さんは何かしら答えると思います。ところが、母親から、あるいは友達から質問されて答えるときにその答え方は、それぞれ違うと思います。

例えば、僕に対しては、ちょっとスマートに、友達にはフランクに、そして母親には反抗的に答えておきたいと答え方を選んでいることがある。それって自分自身でキャラクターを演じ分けているのでしょうか？　それはないですよね。つまり、自分の中のあり方とか、考え方というのは自分がコントロールしているのではなくて、周りの人たちによって引き出されている可能性があるわけです。

個人は社会との対比で表現されることが多いのですが、これ以上、社会を最小単位まで分割していって、分割することができない存在が個人として考えられているのです。しかし、実際には、その人の中に相手によって引き出される自分がいる。その分けることのできる自分の集合体が個人である。個人が分人の集合体であるというふうに考えると、いいんじゃないかと平野さんが思ったのです。これが『私とは何か』で紹介している分人主義という概念です。

幸せになるために、自分に合う分人を引き出してもらう

幸せになるとは何なのか？　僕は自分に合う分人を引き出されているということだと思います。例えば今の自分の状態を振り返ってみてください。この講義を聴いている自分、今の態度、あり方とか、頭の動き方とか、気持ちとか好きですか？　もしも、それが好きだったら、僕から、いい分人が引き出されているということなんです。でも、大学の授業を普通に聴いているときに、その自分が好きってこと、なかなかないと思います。

分人主義で、愛するという行為は何なのかというと、相手の顔がかっこいいとか美人であるというのは、外見に執着があるということです。愛はその相手といるときに引き出される自分が好きということです。その相手といるときに、もっとも自分が自分らしくなれるというのが本質的な愛じゃないかと思います。もっとも大切で重要だと思う分人を自分の個人の構成要素に広げていくと自分を肯定できるようになって、生きるのが楽

しくなって自己肯定感が持てるんじゃないかと、作品の中で平野さんは言っています。

分人主義で、自殺とはどういう状態なのでしょうか？　例えば借金をしてしまっている自分がいるとします。請求書が来るとか、取り立てが来る場合には自分がとても情けない気持ちになったり、しんどい気持ちになったりします。その一方で恋人といるときの自分も並列して存在しています。恋人といるときの自分はもっと楽しく生きたいと思っています。ところが、体は一つしかありません。嫌な分人を消したいと思ったら、自殺をするしかない。分人による反乱みたいなものが自殺ではないかと平野さんは考えているのです。

これから皆さんは、就職活動をしていくことになりますが、その会社や仕事が皆さんから自分を好きになる分人を引き出してくれるのか？　そういう観点で職業や付き合う人、場所を選んでいくと幸せになれるのではないかなと思っています。

自分の好きな分人が活躍する社会

今日ここにいる皆さんが、必ずしも自分の人生に満足しているかどうかはわかりません。しかし、これまで話したように家族、友達、職場、アルバイト先で、必ず皆さんの分人が構成されているはずです。でも、どの分人にも自分で好きになれる分人がいない。そのときにＶＲ（Virtual Reality：仮想現実。コンピューターで作られた三次元空間を、視覚をはじめとする感覚を通して疑似体験できる技術）空間で新しい分人を持つと、全然違う人生が待っているかもしれません。それぐらい今のＶＲ空間は、すごい世界が広がっていて、とても面白いことになっているのです。

僕は今、VTuberの世界でも分人を持っています。YouTubeで「ドラゴン桜　桜木」と検索してもらうと『ドラゴン桜』のチャンネルが出てきます。そこで僕がVTuberになって、週に二、三時間、体中にモーションキャプチャーをつけて自分のアバターである桜木が、どうやったら東京大学に入ることができるのか、東大受験におススメの本を紹介したりしています。実際に東京大学の国語の問題は僕自身が解くなどの実況中継もやっています。

この間、小学生を相手に桜木として講演を行ないましたが、とても大変でした。というのは、僕は普段、何もスライドを用意せずに講演をすることが多いのです。内容も決めずに約三時間どうやって話すのかというと、会場全体で三カ所ぐらいエリアを決めて、そこに六人ぐらい見る人を決めます。その人たちの表情を見ながら話す内容をどんどん変えていくというスタイルです。そんなことができるのも佐渡島庸平としての経験を積んでいるからなのです。桜木のような教育講演も日本全国でたくさん行なっていて、勉強法や子どもとの接し方までありとあらゆるテーマでメモなしで話すことができます。

ところが、いざ桜木というVTuberを身にまとうと、桜木的なしゃべり方をしないといけないわけですよね。とても緊張して、何を話せばいいのかわからなくなってしまいました。あらかじめメモを用意していたのですが、そのメモをそのまま話してしまうという結果になりました。

要するに自分の人生がVTuberになるとリセットされることを実感をしたんです。これは面白い経験でしたね。

VRの空間にはVRChatという機能もあります。アバター同士が集まって会話をすることができます。VR空間だから、どんな格好でも選べて見かけも自由です。男性だけど女性のアバターの場合もあるし、その逆もあります。見かけだけでなく、大きさまで全部自由。だから、とても小さな人もいます。

他人から、かわいい人と思われたいと思うと、アバターの見かけが、どんどん小さくなっていく傾向があるようです。強い人と思われたい人は、鎧《よろい》を着けた大きな人になったり、勇ましく話をしたり。その人の欲望みたいなものがアバターとして表現される。だから、小さくてかわいいと思うアバターは、現実ではひげを生やした五〇歳のおっさんかもしれません。しかし、その男性も「●●さんのしぐさはかわいいですね」なんて言われると、欲望が満たされて大喜びとなってしまうのです。こうした世界の中では、現実世界の人生の経験がリセットされ、自分の欲望や無意識が反映された形で象徴的なアバターの見た目の中に入り込んでくるわけです。

そうした空間の中での、他人との関係性の築き方は、ここで皆さんが経験している人間関係の築き方とまったく違っています。

例えば「Twitter だと、相手の「Twitter の発言を普段からずっと見ているから、相手がどういう思考法をするのかはだいたい把握できますよね。で、興味が深まれば、あなたの考え方を詳しく聞かせてくださいと連絡を取ることもあります。最近では、僕が親しくなる人のほとんどが、Twitter で出会った人ですよ。それくらい、人と人との出会い方は変わってきていますね。

オンラインで出会って、オンラインで信頼できた人とだけ、オフラインで会う。オンラインだったら無限に繋がることができるわけです。人生のあり方も、これからまったく違ったものになるでしょうね。

本質的な自分は現実の自分とは限らない

中国人と話していて衝撃を受けたことがあります。今日本の社会では、外出するとき化粧するのが当たり前になっていますよね。オフラインで会うときに化粧するのが自然と思うわけです。でも、これからの世の中、オンラインで出会ってからオフラインで出会うことになることが多くなるわけです。オンラインで出会う時間が長くなると、自分は相手に見られている意識がなくても相手は自分の顔を見ているわけです。だから最近の中国の若い人たちは、オンラインに載せているプロフィール写真はかなり加工をした写真を使うのです。そうじゃないと失礼だと、マナー違反だというのです。この感覚が生まれだしている。そういう変化が起きているのです。

VRの話で言うと、VRのアバターを使ったほうが、より本質的な自分であると感じている人が出てきているということですよね。何が自分なのか。オンラインの中の自分とオフラインの中の自分、どちらの自分がより本当らしいのか。そういった感覚がすべて変わってきている時代なのです。

皆さんの世代だったら、そこを早く体験、経験して、理解していって、そちら側で、どういうふうな変化が起きてくるのかを知っておくことをオススメします。そのほうが、これからの時代を面白く過ごせるのではないかと思います。

僕の周りにいるベンチャー経営者たちが何をしているかというと、今、はやっていることが五年後、一〇年後に社会に普遍化するかもしれないと考えているから、それを自分がいち早く先に経験して、使ってみて、それが本当に来るのかどうかを見極めているんです。

自分の体と自分の精神を実験台にしていち早く見極める。そういうことを、常日頃やっていて、お互いに情報交換をしています。

なので、皆さんも何かやってみて、自分の感覚がどう変わるのかを挑戦をしてみるといいと思います。

［質疑応答］

変化を感じる、自分を知る、挑戦するためには体感するしかない

――中国出身の者です。去年くらいからでしたか、短い動画が制作できるアプリが日本市場に入ってきているようです。TikTok（注23）というアプリですが、それが注目を集めていると聞いています。そこの動きについてお聞きしたいのです。

佐渡島　TikTokを観ている人、いますか。わずかですがいらっしゃいますね。

僕が知っている世間の二〇代の流行と、この講義に出席している人たちの流行にかなり差がありますね。TikTok自体は、日本でもかなり注目されている存在です。そこにアップされているのは一五秒とか六〇秒といった短尺の動画です。

短くても基本的に動画のほうが文字で伝えるものよりも、情報量は多いわけです。Twitterがはやった後にInstagramが注目されて、Snapchat（注24）や他の画像共有アプリの影響でストーリーズ（注25）のような動画が流行りましたね。テキスト情報が便利になった後に、動画情報へと移行していく流れは、すべてのことに起きています。

コミュニケーションツールとして広く活用されるようになったSlack（注26）というアプリは、いろいろなものを貼り付けられますが、基本的に文字ベースの情報交換ですよね。これはTwitterがはやったのと同じ理屈です。

例えば飲食店で看板を書かないといけないという状況で、その看板をアルバイトが毎日書くことになってい

（注23）一五秒～一分ほどの動画を作成して投稿できるプラットフォーム。TikTokのカメラ機能を使い画像を修正することもできる他、BGMをつけることもできる。
（注24）動画や写真を相手と共有する画像チャットアプリ。他のアプリとの違いは、共有するために相手に送った画像などの閲覧時間を制限することができることである。一〇秒までの時間を設定して共有することができる。
（注25）Instagramにも付いている機能で、ライブ配信ができるもの。配信終了後に自動で消滅する。
（注26）二〇一三年にアメリカでリリースされたビジネス向けのコラボレーションツール。プロジェクトチームでのやり取りを基本として開発されているため、会議を設定することの代わりに使うことも可能。また個別のやり取りはダイレクトメッセージを活用してできる。

る場合を想像してみてください。アルバイトは「看板って、どういうふうに書けばいいの？　その看板はどこに置けばいいの？」と疑問に思うわけです。それを説明するために文字情報だけで伝え、アルバイト同士が共有しようとすると、かなり大変なことです。だから、看板を書いたら必ず、この位置から写真を撮って、それをその掲示板にアップする、と決めておくのです。すると、自分が書いた看板を定位置から撮影して、アップしてみると、文字が小さすぎて見えないといった不具合にも気付く可能性が出てくるわけです。このように作業の効率化や情報共有をするためには、基本的には文字情報じゃなくて、写真と動画を使ったほうが都合のよいことが多いのです。さらに仕事の情報管理もSlackの動画版みたいなものを活用すると、簡単になるだろうと予想されます。

文字情報から情報量の多い動画情報へと変わっていくという動きが、全ジャンルで起きています。そしてさらに短い情報へと変化しています。

これはおそらく社会全体の流れで、中国に限らずそういった動きは現れていますね。最終的に日本でもTikTokの活用は大きくなっていくだろうと思っています。

重要なのが、今、社会がどのように変化しているのかを把握しておくことです。

皆さんが時間と体力を使って、コツコツと勉強をして身に付けたことを、機械が簡単にサポートしてくれる時代へと変化してきている。例えば、語学学習で考えてみましょう。第二外国語の習得となると根気も勉強時間も必要ですよね。すごく効率が悪いわけです。でも勉強の仕方をＡＩ（人工知能）がサポートしてくれて、適切な問題が、どんどん出題されるような環境があると、効率的に効果的な勉強が行なえるので勉強時間も短縮できます。ストレスも少なくなる可能性がある。ＡＩのサポートによって環境が改善され、学習者が効率的に力をつけていけるようになるのです。

Instagramがはやったのはなぜかというと、プロのカメラマンが行なうような画像加工ができるサポートが発達したからなんです。

TikTokが何なのかというと、ミュージックビデオの民主化です。ちょっとしたミュージックビデオみたいなものを簡単に作れるようなサポートがアプリに入っているので、爆発的に人気が出たのです。

今、漫画を作る人が増えないのはなぜかというと、漫画を書くためのサポート機能が全然ないからだと考えられます。でもGoogleの絵を描くサポート機能（AutoDraw）などを使えば、適当に描いた馬の絵が見事な馬の絵に修正されたり、うまいとはいえない程度の犬の絵も犬に見える絵に直してくれたり、自動で絵を補正して、かっこいい絵にしてくれるアプリは存在しています。

さらに進んで、物語を書いたら、漫画のコマ割りを自動的にしてくれて、構図を入れてくれるようなツールができると、誰もが漫画を描けるようになって、漫画が今とは違った形、存在になる可能性もあるわけです。

今後どんどん、いろんなものがＡＩなどの進化によってサポートされていくでしょう。そして使いやすくなっています。使いやすくなって多くの人が使うことによって、変化が起こってくると考えられていきます。

先ほどのＶＲとかＡＩ、さらにＩｏＴの話で言うと、例えばゴルフをするときに、ちょっとした機能、例えば電気刺激の出るような服とか薄いタイツみたいなものを着ておくと、プロゴルファーのスイングのスタイルがサポートされるように電気刺激が流れて、それで何度か練習していると自分のフォームが自然と改善されて、早くうまくなる。そういったサポートプログラムが、おそらく一〇年二〇年すると可能になるだろうと。AIやさまざまなものによってアシストされる時代が来るんじゃないかな、と思っています。

――新しい好きな自分を見つけて、その分人の占める割合を拡大するとおっしゃっていました。しかし、新しいことをやってみたけれど、嫌な自分が見つかるかもしれないという恐怖を、佐渡島さんは、どういうふうにマネジメントされているんでしょうか。

佐渡島　分人主義は、新しいことをやったほうがいいっていうよりも、自分の心地いい分人を見つけて、それの構成比率を増やしたほうがいいということなのです。新しいことをどんどん体験して、それを経験して知ったほうがいいというのは、これからの時代を生きていく上で、新しいことをいち早く体感したほうがいいよという話です。

新しいことを経験して、それを嫌だと感じたとしたら、もうそれは、やめればいいだけですね。本当にサクッとやめる。どんどんやって、嫌だったらやめる。で、自分のいいものだけを残していく。

頭の中で先に嫌だと思い込んでいても、実際やってみると嫌じゃないことって、たくさんあります。若い時には、自分で自分を知っていると勘違いしてしまいがちです。

だから皆さん、自分で選択的に自分の人生を選んでいこうとしてしまうわけです。そのほうが納得できるかもしれませんが、僕は二〇代は自分で選択しないで流されてみても良いのではと思っています。やれと言われたことを、ただただ、がむしゃらにやってみる。その中で、自分ができることと好きなことが何なのかを明快にしていくことのほうが、自分についての理解が深まる可能性があると思いますね。

僕も、自分の自己理解が深まったと思ったのは、三〇代に入ってからでした。四〇は不惑、惑わない年齢になるといわれますが、四〇歳くらいになって、やっと自己理解がそれなりのところまで行くからなのではないか、と思います。そこから本当に自分を理解して、何か挑戦ができるのではないか、と思っています。

二〇代は、納得しなくても命令されたらやってみるぐらいの行動力が必要です。流される力が強いほうが、最終的には成功するんじゃないかと思います。

――事業を起こすことについてお聞きします。コルクを設立し、起業するにあたってもっとも障壁となったことはなんですか。金銭なのか、人材なのか、法律的なことなのか。その障壁となったことを、いかに解決されたのかをお聞きしたいです。

佐渡島　今の時代、一円の資本金からでも起業できるんですよ。もちろん、会社設立の事務手続きのために一〇万円ぐらいはかかります。起業するのに、お金はまったく関係ない時代なので金銭的な障壁はさほど感じませんでした。

そして、どんな事業をするかも、後から考えてもいいんです。ちょっと挑戦してみようかなと思うんだったら、今日の講義の後で会社を設立するために法務局で登録することも不可能ではありません。

むしろ、障壁といえば怖がる自分の気持ちとか、プライドとか、そっちのほうが問題だと思います。

僕は講談社に勤めていたわけですけど、講談社を信頼するのか、佐渡島庸平を信頼するのかといったときに、世間は講談社を信頼するわけですよ。そして、僕しか信じてあげる人がいない佐渡島庸平よりも、講談社を信頼したい自分がいるんですよ。

公務員になるというのはどういうことかというと、国を自分よりも信頼するって行為ですよね。だから自分を信頼してないことに、まずは気付くんですよね。いろんな自分の意思決定が自分で信頼できていない。

皆さんが京都大学に入ったのは、独学で、自分で勉強するよりも京都大学に入っているほうがいいなと思ったから。自分が独学で勉強することよりも、京都大学で学ばせてもらえる状態を信頼したということですからね。僕が東京大学に入学したのも、そういうことです。

言い換えれば、自分を信頼して、自分で自分に賭ける。それがすごく難しい。それができれば成功するし、それをやらないと失敗するというだけかなと思います。

会社をつくるなんてことは、もう誰でもできるとても簡単なことなんです。今すぐやってみて、会社なんて簡単にできるんだな、問題は会社じゃないな、と実感してみるといいですね。

起業する前に僕のメンターに相談に行った時の話です。起業したら、今よりも給料が下がると思うんですけど、給料って、どういうふうにして決めるんですかって聞いたんです。すると、「お前は給料が欲しいのか？」と言われました。「お前、何を言っているんだ」と。「自分が給料の大小に関わらず一生働きたくなる、そして世間の人もお金とは関係なく一生助けたくなる、そういうふうな事業を、お前は思いつけないのか」って言われたんです。

そう言われて、気が付きました。僕は作家にエージェントがあればいいなと考えていて、すごく小さな話を考えていると自分で感じていたんですね。こんな小さな話には、業界の人は協力してくれないだろうと思っていました。

そこで、クリエイターのためのインターネット革命を起こす会社になろうと。そして初めの日にブログに会社の方針を発表したんです。

僕は、いろんなことをやろうとするから反感も買うだろうと思っていました。ですから、僕に協力してくれる人がいれば、ぜひ助けてほしいです、と最後の1文に書いたのです。

すると多くの人から手伝います、という声が届いて、それが広がって、社会人も学生も、インターンで沢山集まってくれました。たった3人で始めた会社でまったく資金もありませんでしたけれど、軌道に乗るのは早かったですね。

株式会社コルク

コルクは、「物語の力で、一人一人の世界を変える」をミッションにしたクリエイターエージェンシーで、『ドラゴン桜』の三田紀房、『働きマン』の安野モヨコ、『宇宙兄弟』の小山宙哉、『マチネの終わりに』の平野啓一郎や、2018年ベストセラーランキング1位の『漫画 君たちはどう生きるか』の羽賀翔一 等が所属する。世の中が求める普遍的なストーリーをデザインする狭義の『編集力』だけでなく、コンテンツ（サービス）のファンと直接つながりながら熱狂をつくり、価値を伝播・増幅させていく『コミュニティプロデュース力』を兼ね備え、クリエイターと協働することで、新時代の『編集』の再定義に挑戦している。

佐渡島 庸平（さどしま・ようへい）

株式会社コルク　代表取締役

2002年講談社入社。週刊モーニング編集部にて、『ドラゴン桜』（三田紀房）、『働きマン』（安野モヨコ）、『宇宙兄弟』（小山宙哉）などの編集を担当する。2012年講談社退社後、クリエイターのエージェント会社、コルクを創業。著名作家陣とエージェント契約を結び、作品編集、著作権管理、ファンコミュニティ形成・運営などを行う。従来の出版流通の形の先にあるインターネット時代のエンターテイメントのモデル構築を目指している。

Column

編集者と投資家

前書きにあるとおり、この「企業価値創造と評価」講義シリーズは、毎回「価値」をテーマに、企業経営者や投資家から話をしていただいています。「創造」と「評価」、「経営者」と「投資家」というキーワードから、一般的に企業経営者は「価値創造」を、投資家は「価値評価」を担っていると連想されるのではないでしょうか。確かに企業経営者の講義では「いかに価値を作るか」に関する内容が多く、投資家の講義では「それをどう評価するか」が多く語られます。

しかしながら、我々は、企業価値の増大を目指して事業を適切に運営する経営者の手腕（How）と、企業価値を生み出すことができる事業領域を選択する投資家の眼（What）が、両輪として働いたときに企業価値は最大化されると考えています。実際に、これまで登壇いただいた経営者の中には、「投資家としての眼」を持っていることを強く感じさせる方が数多くいらっしゃいました。

今回、佐渡島さんには、コルクというベンチャー企業の経営者として登壇していただいたわけですが、その講義からはむしろ「価値の評価者」としての側面が色濃く見えました。極端な言い方をすれば、佐渡島さんの仕事と我々の仕事は本質的に同じ種類のものだと感じました。

つまり、佐渡島さんは「その作家が、作品を通じて価値を創出できるか」を見極め、編集というプロセスを通じてその創作活動をサポートすることで価値を増大させます。そして、その価値を一般の読者に最

図表2-1 ｜ 編集者と投資家の共通点

	顧客	対象物	仕事の本質
佐渡島さん／コルク：編集者	川上：クリエイター（漫画家、作家） 川下：読者	コンテンツ（漫画、文学）	・川上顧客の価値創出を見極め、増大させる。 ・その価値を川下顧客に適切に伝達する。
NVIC：投資家	川上：企業経営者・企業 川下：最終投資家	企業価値（⇒株価）	

も効果的なやり方で伝達しようとします。

一方、我々は、事業を通じて価値を創出する企業、経営者を見極め、そこに資本を投じるとともに、経営者との対話を通じて企業価値創出をサポートしています。そして、企業価値増大の結果として起こる株価の上昇を、我々に資金を預けてくれる最終投資家に還元するとともに、そこに至ったプロセスを丁寧に伝えようとしています。

表面的には全く異なる仕事に見えますが、本質的には、両者ともに「価値」の仲介者として、「価値」を切り口として顧客のニーズを満たすことをビジネスにしています。

また、佐渡島さんが起業に至った問題意識として、コンテンツの価格がその中身（＝価値）ではなく、装丁やページ数で決まってしまうという状況を変えたかったと述べられています。同業者の多くが「価値」ではなく「価格」ばかりを気にしているという点でも、編集者と投資家は似ているかもしれません。コンテンツの「価値」を見極める佐渡島さんが、これから世の中にどのようなアルファ（市場平均を上回って生み出される価値）を創り出していかれるのか、楽しみに見守りたいと思います。

デジタル時代の金融サービス

株式会社三菱UFJフィナンシャル・グループ　取締役 執行役会長　平野信行

オプティミズムが将来を変える

おはようございます。一九七〇年、ちょうど万国博覧会が大阪で開かれた年に、私は京都大学に入学しました。当時、校内では、社会主義の革命歌「インターナショナル」が流れ、バリケードで教室が封鎖されているというのが日常の風景でした。ですので、大学へ行っても、そもそも授業がありませんでした。したがって、学生時代は、あまり勉強したわけではないのですが、皆さんが大学生活を過ごされているキャンパスで、そして、まさにこの教室（法経第7番教室）で経済史を学んだ記憶があります。

やっぱり京都大学は相変わらずだなと思うところと、変わったなと思うところがあります。キャンパスはずいぶん変わりました。時計台の下には法経第1番教室と呼ばれる大教室がありまして、法学部と経済学部の学生が、合同で授業を受けていました。

講演者・平野信行氏

また、当時はやけに大きな電子計算棟がありました。当時のコンピューター性能からすると、それくらいの大きな建物でないと収まりきらなかったんだろうと思います。それから、もう一つ変わったなと思うのは、皆さんです。私が学生だった頃は授業が行なわれていないというのもありますが、あったとしても学生が今日みたいに時間通りに来ることはまれでした（笑）。そこは大きく変わりましたね。

一方で、変わらない、やはり京都大学だと感じたところもあります。京都大学を卒業したビジネス界のリーダーたちで作っている総長のサポーター組織がありまして、私はこの会の幹事役を務めている関係で、山極さんと話すことがあるのですが、そんなときには、いわゆる価値観、京都大学の気風「自由」。これは変わっていないなと感じます。

京都大学では「ＷＩＮＤＯＷ構想」として六つの目標を設定しておられます。これは、山極さんが松本紘前総長を引き継いで、京都大学の改革を続けようと掲げられたモットーです。その中で私は三つの目標が特に面白いと思っています。

まず一つ目は、W（Wild and Wise）「未知の世界に挑戦できる実践の場として、学生への多様な教育研究環境を提供し、野性的で賢い学生を育成する」。これはいかにも京都大学らしい目標です。山極さんはゴリラの先生ですしね、当然、野性味があるほうがいい（笑）。

二つ目は、N（Natural and Noble）「自然に親しみ、広く深く学び、高い品格と高潔な態度を身に付けられるよう、全学の意識を高め、魅力あるカリキュラムや快適な学びの環境および制度を作る」。

京都は自然の景観に恵まれたところにあり、高い水準の文化と歴史に育まれています。そうした環境が品格や倫理観を醸成してきたわけです。今後もこの伝統を受け継ぎ、時代に適合させながら培っていくという精神ですね。

三つ目が、O（Original and Optimistic）「失敗や批判を恐れず、それを糧にして異なる考えを取り入れて目標達成に導くような能力を涵養《かんよう》できる環境および制度を整え、分野を超えた多様な人材の協働による新たな学術領域の創成など、未踏科学領域の開拓を目指す」。

オリジナリティは誰でも言うことができますが、オプティミスティック（楽観的）っていうのがいいですよね。今の時代、何となく閉塞《へいそく》感があると多くの方が感じています。将来に対する不安があるからなのだと思います。

なぜ、日本のＧＤＰ（国内総生産）がこれだけ緩やかなスピードでしか成長しないのか。なぜ個人が消費にお金を回さないで、貯蓄ばかりするのか。金利はゼロなんですよ。場合によってはマイナスです。でも貯《た》めようとするのはなぜか。さらに、我々自身も含めて、企業家たちがなぜ積極的な投資を日本の国内で行わないのか。海外への投資は極めて活発だし、去年もクロスボーダーM&Aは、過去最大を記録しました。だけど、国内の投資はまだ限定的なものにとどまっています。これが日本の国内のGDPの成長を阻害している要因です。

それはやはり、将来に対して不安があるからですよね。個人的な視点では、年金は大丈夫なのか、財政はもつのか、自分たちが老後を迎えるときにはどうなっているのか、不安なのです。だから、お金を使わない。企業も日本国内の市場の成長に自信が持てないから、投資がなかなか進まない、ということなんだろうと思います。

そういう時代にオプティミスティックっていうのはすごく良い。将来は明るいんだ、と信じることから、物事は変わっていくことが大いにあると思います。

そこで、今日の私の話は、この大学の学風を念頭に置きながら、あるいは皆さんに、京都大学の精神を改めて学んでいただけるといいなと思いながら進めてまいります。

日本と世界が抱える問題を解決するドライバーはデジタル化である

今日、お話しするのは、金融におけるデジタライゼーション（デジタル化）というテーマです。現在、あるいは将来において、デジタル化を含むイノベーションが、日本だけでなく、世界中で問題となっている「長期停滞」、つまり長期的な経済成長の低迷を打破する強力なドライバーになる。すなわち、企業であれ、あるいは社会的な価値であれ、価値創造への強力なドライバーになる。これは間違いないと思っています。

先日、私はフランスで開催されたB7（ビジネスリーダー版主要七カ国）サミットに出席したのですが、そこでは主要なテーマとして社会的不平等が取り上げられました。このような社会的な課題に対して、ビジネスの立場で具体的にどのように対応していくのかという議論です。これに関連するもう一つのキーワードは、インクルージョン（包摂）。つまり、富の偏在が進む中で、経済成長から疎外された人たちに対して、我々がどう対応するのか、という問題です。加えて、サステナブル・グロース（持続的な成長）という課題も存在します。

これらの課題を解決する鍵になるのが、これもデジタル化であろうと思っています。特にインクルージョンの議論の対象とされるのは、発展途上国、あるいは最貧国です。金融の世界で言うと、例えばアフリカでの新しいデジタル技術を活用した金融サービスがよく話題になりますが、それだけではありません。

日本におけるインクルージョンは、例えば、過疎が進んでいる地域の問題ですね。世代という意味で言うと、貧しい高齢者層をどう支えるのかという問題になるでしょう。これらに対して具体的にどう対応するのかを考える上でも、やはりデジタル化は非常に重要であるといえるのです。特に、高齢化問題、医療、それから介護の問題に関しては、課題解決の有力なツールになるでしょう。

日本経済新聞に京都大学発のベンチャー企業の増加数が、東京大学を上回ったという記事が出ていましたが、その中でももっとも大きな産業セグメントが医療だということでした。これは非常に重要で、この分野におけるデジタル化を通じたイノベーションの余地が如何に大きいかを示しています。

デジタルの活用で金融サービスはどう変わるのか？
新しいプレーヤーの登場

金融分野に限ったことではありませんが、ＡＩ（人工知能）やブロックチェーン、あるいは量子コンピューターといった新しい技術が、既存のビジネスモデルを根底から覆しつつあります。シンギュラリティ（技術的特異点）（注１）が到来するのかどうかというのがよく話題になりますけども、これは両論あってここでは議論しません。

ただ、重要なのは、従来できなかったことが、テクノロジーの発達によってできるようになる。ＣＰＵ（中央演算処理装置）の飛躍的な性能の向上であるとか、通信の高速化、クラウドに代表されるストレージの巨大化、ローコスト化。これらが可能性を飛躍的に広げたということであります。ちなみに、私がニューヨークにいた一九九七年に、ＩＢＭのスーパーコンピューター・ディープブルー（チェス専用スーパーコンピューター）がチェスの世界チャンピオンを破ったことが話題になりました。当時のスーパーコンピューターの演算能力を今やこのスマホ（スマートフォン）が上回っていることは、典型的な例です。これが今や、世界中の人々の生

（注１）人工知能に代表される技術の発達は加速度的に進み、二〇四五年には人工知能は人間の脳を超えるシンギュラリティに達するといわれています。

活、産業経済、社会、国家、さらには安全保障の世界を、大きく変えようとしています。

とりわけ個人の生活を大きく変えたのは、スマホです。スマホを保有している世帯の割合を二〇一〇年と直近で比べた図を見ると、二〇一〇年に一割だったものが、たった九年のうちに八割にまで拡大しました（図表3−1）。

さらにeコマース（インターネットを利用した消費）の利用率を見ると、今や四割ぐらいの世帯がオンラインでの商品購入を経験していることがわかります。

こうした社会の変化に伴って、金融の世界も当然、変わってきています。私どものグループにも銀行部門・三菱UFJ銀行があります。銀行の来店客数は二〇〇七年で四〇〇〇万人でした。それが約一〇年の間に四割減ったのです。

一方で、インターネットバンキングのユーザー数は過去の五年、つまり、半分の期間で四割増えました。今、銀行店舗の削減の話題があちこちで出ていますが、この背景にはこういった人々のバンキングに対する接し方の急速な変化があるのです。

検索エンジン、SNS、それからeコマース、そういった分野の大手、いわゆるプラットフォーマーたちが続々と金融の分野に参入してきています。直近で言うと、Facebook が VISA やマスターカードという世界の二大クレジットカードブランド、それからウーバーなどと組み、クリプトアセット（暗号資産）（注2）を始めようということで（注3）、これも大きな話題になっています。このプロジェクトは極めて壮大なもので、世

図表3-1｜デジタル技術の活用で拡大する金融サービスの可能性
デジタル時代における消費者の行動様式の変化

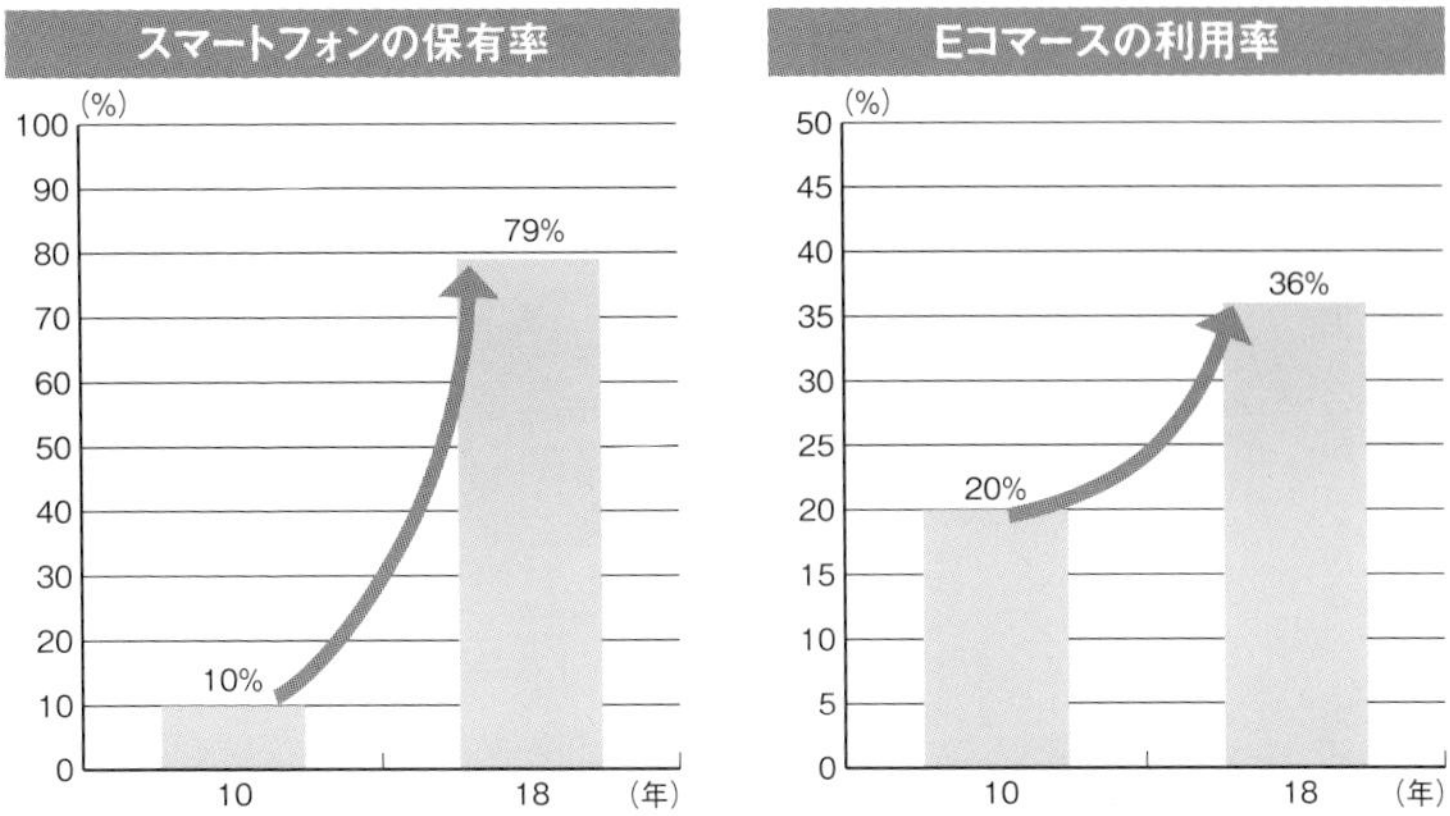

（注）スマートフォンを保有している世帯の割合
（資料）総務省統計より三菱UFJ銀行経済調査室作成

（注）インターネットを通じて財・サービスの購入の注文を行なった世帯の割合
（資料）総務省統計より三菱UFJ銀行経済調査室作成

界中の人を一つの通貨で繋いで、その裏側に裏付け資産を持たせることで、これまでさまざまな暗号資産で起こってきたような事故をなくしていこうとするものです。このプロジェクトは、大きな可能性と同時に、リスクもあると私は思っています。この点については後で触れます。

日本に目を向けますと、月間アクティブユーザー数が八〇〇〇万人といわれているLINEですね。私どものお客さまが、今、三四〇〇万人です。私どもは日本で最大級の金融機関なのですが、その倍以上の顧客層を持ったLINEが決済サービスであるLINE Payを始めて

（注2）仮想通貨と呼ばれているインターネット上の電子通貨を法定通貨（円やドル）と誤解される恐れから資産決済法を改正（二〇二〇年六月までに施行）し、呼称を暗号資産（英語でクリプトアセット）に変更した。

（注3）二〇一九年六月にFacebookは独自の暗号資産Libra（リブラ）を発表した。運営するのは子会社（スイスのジュネーブに設置された会社）のCalibra（カリブラ）。Libraプロジェクトと称され、グローバルで使える統一通貨をブロックチェーンで実現するもの。構想発表時にはメンバーにはUber、Mastercard、Spotify、など計二八企業・機関が参画を表明した。

図表3-2｜デジタル技術の活用で拡大する金融サービスの可能性
FinTechのイノベーションで拡がる金融サービスの可能性

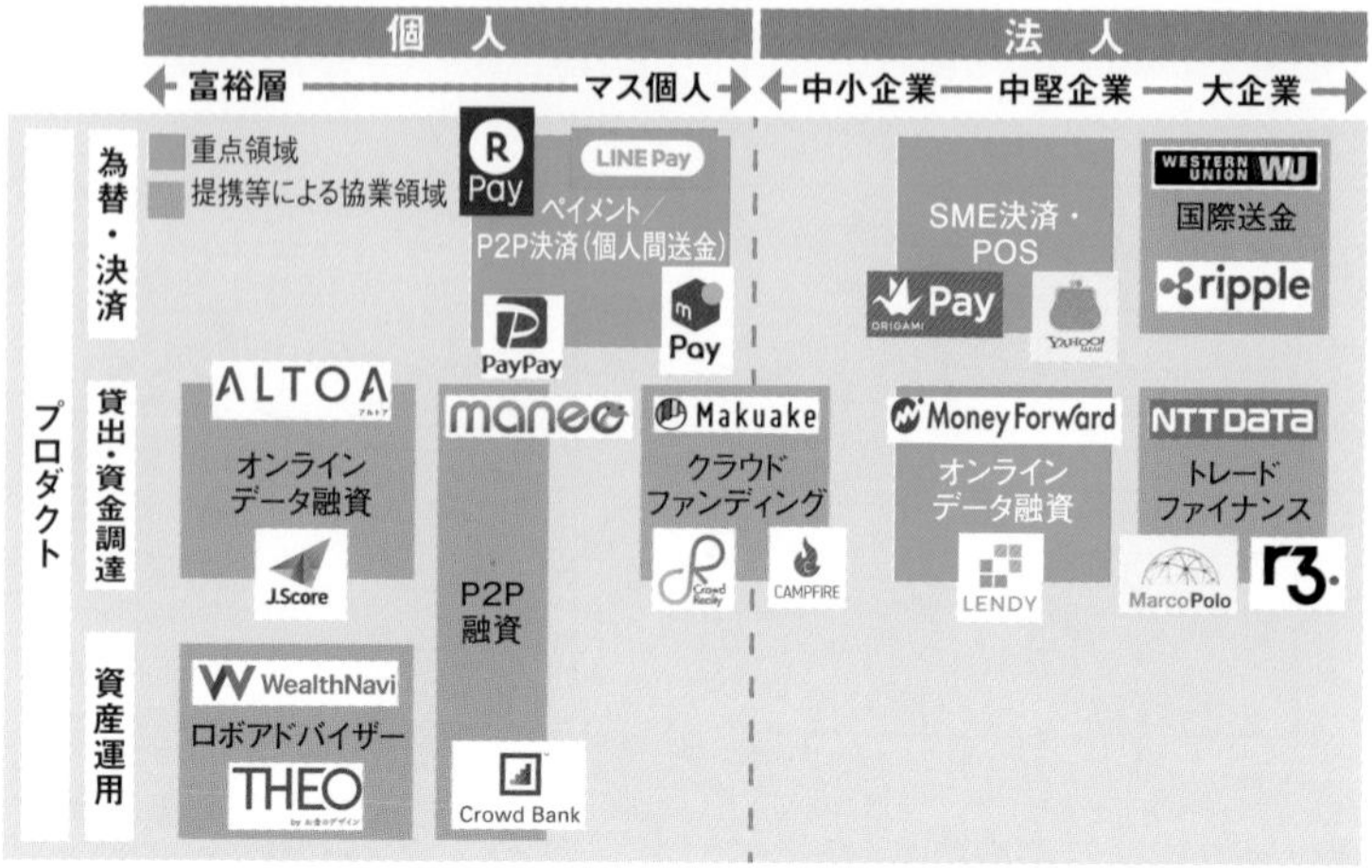

います。さらに二度の一〇〇億円キャンペーンで話題をさらったPayPay（PayPay株式会社が提供しているスマホを使った決済サービス）もあります。

それから、中国では、Alipay（中国最大のオンラインモールであるアリババの提供する決済サービス）、WeChat Pay（中国のテンセントがウィーチャットブランドの下で提供する電子決済サービス）が登場しています。これらはQRコードを使って決済できるサービスです。すでに圧倒的な地位を築いており、オンライン決済市場における両社のシェアは八割に達するといわれています。

これがいわゆるプラットフォーマーたちの進出でありますが、もう一つ注目されているのが、フィンテック（FinTech）です。つまり金融と情報技術を融合させたサービスを提供する動きです。図表3－2を見ると結構な広がりがあることがわかります。

これまで彼らが参入してきたのは、個人に対する決済分野、いわゆるペイメント分野です。それが今や、貸出、これも個人に対するコンシューマーファイナンスや、クラウドファンディングを通じてスタートアップの企業に対する、あるいはスモールビジネスに対するレンディング（資金を借りたい者と資金を貸したい者を結びつける取り組み）にも参入する勢いです。

こうした動きは、資産運用の分野にも広がってきています。ロボアドバイザーというのが図にありますが、THEO（テオ）というAIを活用した資産運用を提案しているのは株式会社お金のデザインという会社です。これなどは、グローバルな分散投資をインターネット上でできるというもので、まだまだ規模は小さいですけれども、一定のお客さまを獲得しつつあります。

この図は右側に行くほど大手企業を対象とするホールセール・ビジネスを示しています。この分野は、さすがに資本の少ないフィンテックプレーヤーはなかなか手が出ないところですが、逆に、既存の大手金融機関が連合する形で、銀行間の決済網を、ブロックチェーンを使って構築する試みが始まっています。さらに、トレードファイナンスの分野をブロックチェーン上に載せて、取引の迅速化と低コスト化を図ろうという取り組みも動き出しています。

バンドリングからアンバンドリングへ、そして現在、リバンドリングの動きが金融サービスを変える

では、フィンテックプレーヤーたちはどんな形で金融の世界にエントリーしてきたのでしょうか。（図表3-3）

図表3-3｜デジタル技術の活用で拡大する金融サービスの可能性
金融のアンバンドリングと非金融も含めたリバンドリング

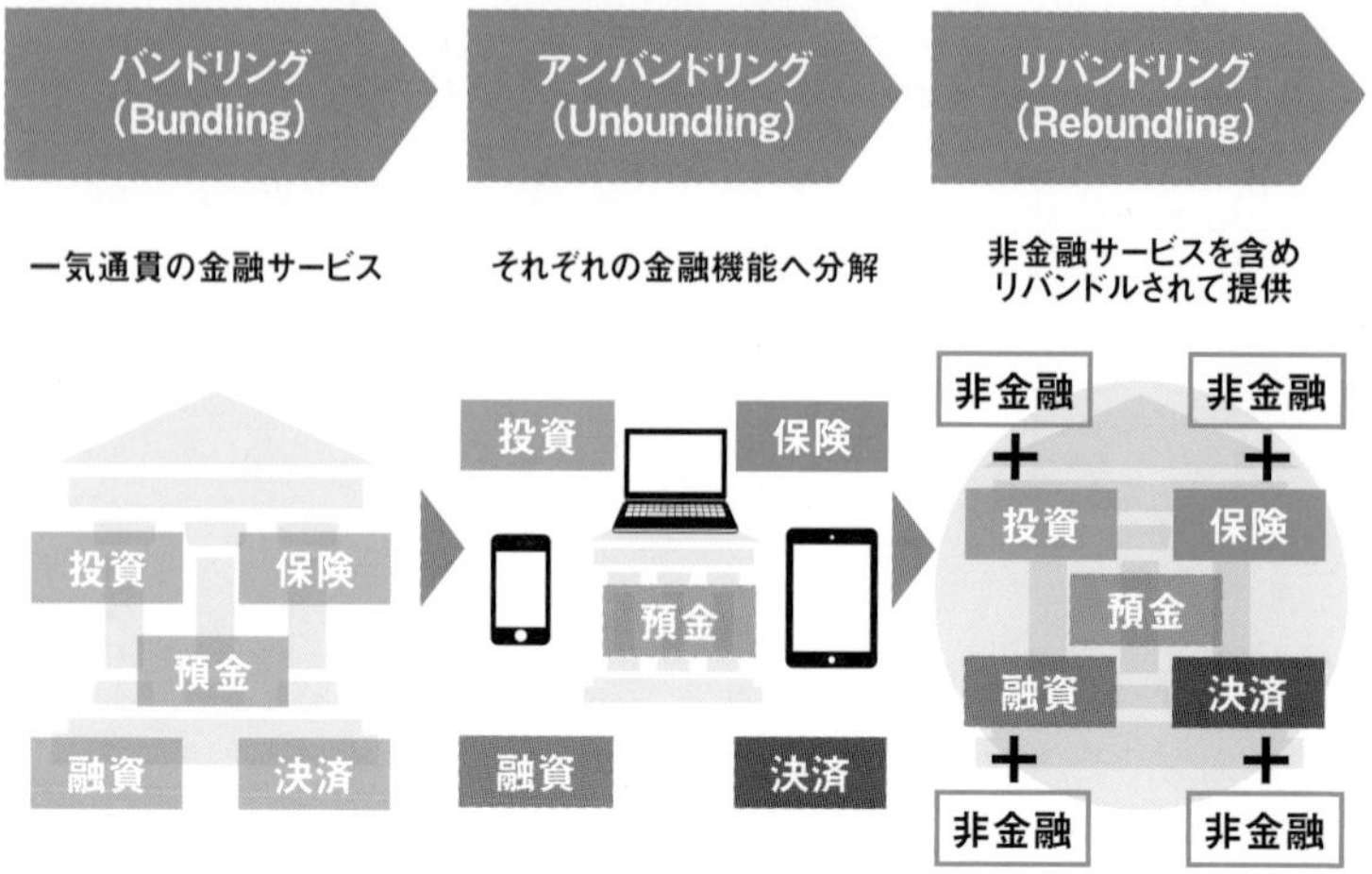

もともとはバンドリング、一気通貫の金融サービスを提供することで金融機関は発展を遂げてきました。

総合金融はその究極の姿です。日本の銀行法では、銀行は預金の受け入れ、貸付、手形の割引、為替取引の業務と、それらに付随する業務を営むことができる仕組みになっています。預金と貸付、この組み合わせは「信用創造」機能を生み出します。それから為替は、「送金」です。ペイメントサービスと言ってもよい。この三つが基本です。

これにアセットマネジメントであるとか、保険、つまりリスク管理機能。これを一つの金融機関で、場合によったらコングロマリットの形で提供するというのが、従来のバンドリングといわれるサービス提供の形態でした。

こうした中で、既存の金融機関はレジリエンスを求められています。レジリエンスというのは、危機に瀕《ひん》してもそこから回復して、社会インフラとしての機能を果たし続ける責任です。もう一つは、預金者の保護。預金者の大切な金融資産を預り安全に運用するという信頼と信用が重要な役割であるわけです。その代償として、厳しい規制が課せられています。多くの資本も保持している必要があります、またシステムは堅牢《けんろう》でないといけません。

それを変えたのは、新しいプレーヤーたちです。アンバンドリングという仕組みを持ち込んだわけです。個々の金融機能に分解して、提供することを始めました。一気通貫の金融サービスをうまくバラバラにすることで、厳しい規制の枠外でお客さまのニーズに柔軟に応えるようなユニークなサービスを、それぞれの企業がクリエイト、言い換えればイノベイトしてきた。これがアンバンドリングの動きです。

したがって、ペイメントの領域はペイメントだけを扱います。LINE Pay、PayPay、メルペイもそうです。サービスをバラバラにして提示することで、厳しい規制の外側でコストを大きく下げて、利便性の高い、いわゆるユーザー・インターフェース（顧客の使いやすさ）であるとか、ユーザー・エクスペリエンス（顧客が体験する快適さ、心地よさ）と呼ばれている領域を究極的に突き進める、そういうスタイルのビジネスが増えてきたということであります。

こうしたサービスが我々に大きな便益を提供していることは間違いありません。正直に言って、私自身も銀行へ行かなくなりました（笑）。なぜならば、行く必要がないからなのです。支払いは基本Suicaを使用しています。最近ではお財布も持ち歩きません。スマホで殆どの用が足りますからね。

最近、もう一つ新しい流れが出てきました。それはリバンドリングです。リバンドリングは、一旦、バラバラにして、それぞれの領域でのサービスを競い合ったものをもう一回まとめることによって、これまでの金融機関とは違った形で、できれば厳しい規制にはかからず、従来の金融機関が持っていたような機能に近いものを提供しよう、という動きです。

例えばペイメントサービスと投資を組み合わせると、実は、それは銀行の「預金と決済」と類似した機能になるんです。それから、グループの中にクラウドファンディングの会社を持てば、「貸出」もできるわけですから、従来の金融機関とあまり変わらないような機能を実現することが可能だということになります。つまり、高いユーザー利益と、経営の自由を併せ持つ、非金融サービスを含めリバンドルされたサービスを提供する、そういうプレーヤーたちが出てきつつあるということであります。

加速するキャッシュレスへの動き

このように社会背景が変わりつつある中で、日本の政府も動こうとしています。特に話題になっているのは、キャッシュレス化への動きです。政府は二〇一七年に発表した未来投資戦略の中で二〇二七年に、現在のキャッシュレス比率、現金を使わない取引比率を四割まで上げるという目標を立て、その後に目標達成時期を大阪万国博覧会が開催される二〇二五年に二年に前倒ししています。

キャッシュレス化の目的は利便性の向上ですが、もう一つは二兆円とも見込まれる社会的費用の削減です。要するに、現金を取り扱っていることのコスト、輸送費であるとか、レジを打つ人の人件費だとか、すべてのコストを削減できる可能性があるということです。例えば、中小企業で考えると、中小小売業者の場合、現金を取り扱うコストが、売上の〇・六%近くあるというデータが出ています。これが削減できるわけです。

こうした動きの一環として、規制に関しても、厳しいものは緩和しようという動きが最近活発化しています。主な見直し対象となっているのが給与の受け取り、送金サービス、金融商品の提供チャネルです。例えば、給与の受け取りについては、現在の規制では、原則として現金ないしは預金等の確実な手段に限られています。それを、その他の方法、つまりデジタル通貨を使ってデジタル口座、要するに銀行以外のペイメントサービス会社などを含めた、いわゆる電子マネー口座に直接振り込むことを許可しようという動きが出てきています。送金サービスについても、今は一〇〇万円以下に限って資金移動業者も扱いが可能なのですが、それを、一〇〇万円を超える高額送金を可能にしようという動きがあります。

デジタル化の浸透で、新たな金融マップができつつある

デジタル化が進む中で、また政府も本腰を入れてキャッシュレス化を進める現在、新たな金融マップができつつあります。図表3-4を見ていただくと、色の濃淡がありますね。この色の濃い分野ほど新しいプレーヤーたち（ニューカマー）が、活躍しやすい商品、サービス群です。

図を見ると、個人間の送金はもっとも濃いシャドウがかかっています。クレジットカード、運用商品販売な

図表3-4｜ デジタル時代に金融機関／MUFGがすべきこと
競争・共創の下での新たな金融マップ

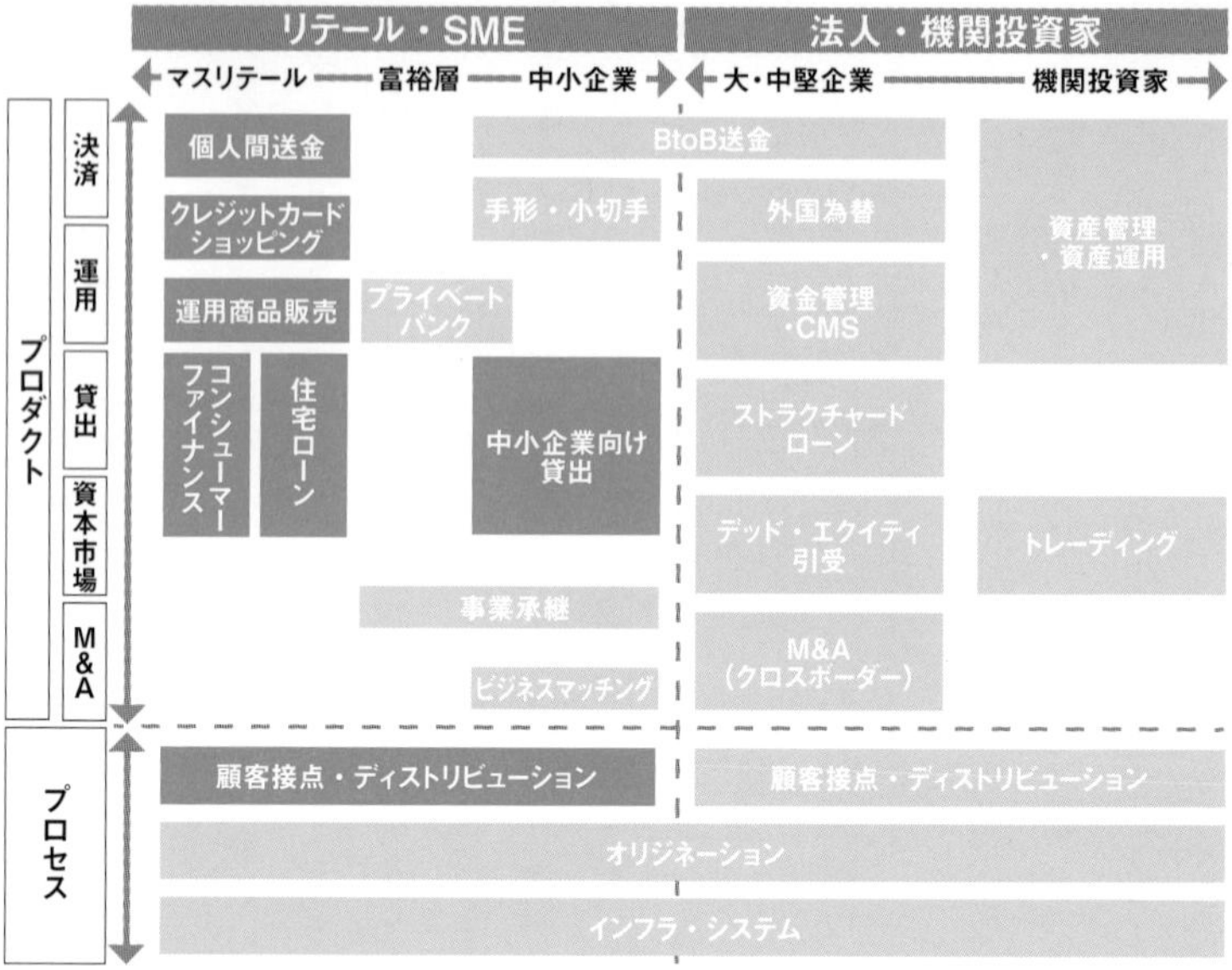

（注）青の色が濃いほど、非金融（プラットドーマー・Fintechプレーヤー等）による多くの参入が予想される領域

ども新しいプレーヤーたちが活躍しやすい分野です。もちろん、こうした分野については、既存の銀行も、ネットで完結するような仕組みがすでにできていますが、同じことを、新しいプレーヤーたちは、例えば仲介といった別の形で提供するようになるでしょう。

コンシューマーファイナンスも大きな市場です。それから住宅ローン。これもネット上で完結できるような仕組みができつつあります。もちろん、私どもも対応しています。例えば住宅展示場へ行くと、事前にご登録いただいたデータで、幾らまでなら住宅ローンをお貸しできるのかがあらかじめわかっているので、話が進みやすいのです。その場で手続きができるシステムも導入が始まっています。

それから、融資の分野では、中小企業向けのファイナンスもスコアリングをベースにした貸出がかなり進みつつあります。ただ、これらの分野に関して言うと、新しいプレーヤーだけでなく、我々、既存の金融機関がデジタル化を進めることで、大きくモデルを変えていくことになるだろうと考えています。その結果、これまでは融資の対象にならなかった中小・スモール法人がお金を借りられるようになるという意味で、金融の世界におけるインクルージョンと捉えることができるでしょう。

金融ビジネスの市場規模は、日本の国内に限ってもかなり大きなものです。例えば、銀行とかクレジットカード会社とかコンシューマーファイナンスとかを全部入れますと、粗利プールで一四兆円に達します。そのうち、リテールで五・六兆円。うち、クレジットカード一・四兆円、コンシューマーファイナンス一・八兆円、住宅ローンが一・二兆円という試算です。

つまり、一四兆円のうちの四割がマスリテール層なんです。富裕層をターゲットにした取引については、おそらく新しいプレーヤーはなかなか難しいでしょう。これはもう人生の悩み事相談ですからね。中小企業は全体で二・二兆円ほどあるんですけども、ここはちょうど境目ぐらいになるだろうと考えています。

大・中堅企業や機関投資家とのお取引で言うと、融資、外国為替、プロジェクトファイナンス、株や債券の引受、トレーディング、M&Aなどですが、この分野は大企業が二・二兆円、それから機関投資家が約三兆円です。

したがってこのシャドウの濃い部分が、合わせて約五割超あるというのは、極めて重要な事実であります。既存の事業が浸食され、ディスラプトされていく可能性は極めて大きいと考えています。

新たな課題　諸外国に見る既存金融機関と新しいプレーヤーとの関係

ここで、現在、既存の金融機関と新しいプレーヤーたちとの関係がどのようになっているのか、各国の事情をお話ししておきましょう（図表3－5）。

まず、中国。キャッシュレス比率はまだ六割ぐらいです。世界には九割を超える国もあるということですから、それに比べるとまだこれから、という気はします。ただ、あれだけAlipayやWeChat Payが急速に発展したのは何故かというと、理由は簡単です。一つは、偽札が横行しているから現金を持ちたくない。それからもう一つ、これが重要です。既存の金融機関、特に銀行のサービスがあまりにも悪い。送金してもその日のうちに送れない。そうした既存金融機関のサービスの悪い状況があったところに、新たなプラットフォーマーのサービスが入ってきたので、一気に普及したわけです。

こうした事情からｅコマースの分野で急速にスケールしたのがアリババです。ｅコマースとペイメントサービスの融合という形で大きくシェアを伸ばしています。

次にイギリス。イギリスは日本とまるで事情が違いまして、クリアリング・バンクと呼ばれた四大銀行の市場占有率が極めて高い。たとえば中小企業向け融資の市場シェアは八五％に上ります。因みに、日本の場合は、3メガを合計しても二割程度に過ぎません。つまり、イギリスでは四大銀行といわれているバークレイズ、ロイズ・バンキング・グループ、ＨＳＢＣ、ロイヤルバンク・オブ・スコットランドの寡占状態なのです。

図表3-5｜ 諸外国でも表面化するイノベーションと安心・安全の両立議論

プラットフォーマーによる顧客取引の寡占化

- ▶既存金融システムが安心・安全もInnovationも提供できず
- ▶新たな金融サービスを提供するプラットフォーマーのサービスが急速に普及

政府による強制的な市場開放

- ▶大手行の寡占により、既存の金融サービスのみでは利用者の厚生が高まってこなかったとの不満あり
- ▶競争促進と利便向上のため、銀行にはAPI開放が事実上、義務化

金融・非金融ともに積極的にデジタル化を推進し、競争

- ▶既存金融機関とFinTech／ BigTechが凌ぎを削り競争
- ▶大手米銀がFinTech業者を取り込む動きも

信頼を保つ既存金融機関とFinTechとの連携が進展

- ▶安心・安全を提供する既存金融機関とInnovationを補完するFinTech

一〇年前の金融危機の後、複数の大手行に公的資金の注入が行なわれました。その中でサービスが悪い、手数料が高い、その上、新しいことを何もやらないので、国民からは大いに不満が高まりました。そこで政府が主導する形でAPI（Application Programming Interface）、要するに、外部のフィンテックプレーヤーたちに、一定の要件のもとで自由に銀行のシステムとの結合を認めさせる法律をつくったのです。それによってキャッシュレス化が進みました。現在、六割ぐらいといわれています。

次は、アメリカ。これは中国と並ぶ巨大なデジタルエコノミーの世界であり、シリコンバレーを中心に、スタートアップ企業がしのぎを削っています。既存の金融機関、JPモルガン（アメリカ・ニューヨークに本拠地を置く大手金融機関）の最高経営責任者（CEO）ジェイミー・ダイモンは、「我々はもう金融機関ではない。テクノロジーカンパニーだ」と七、八年前から言っています。つまりアメリカにおいては既存の金融機関とフィンテック業者の両方がしのぎを削って競争をしている状況になっています。新しいプレーヤーがどんどん登場しますし、既存の金融機関もデジタル化に巨額の投資をし、改革に取り組んでいます。

では、日本はどうなのか。動きは遅いといわれています。キャッシュレス化への取り組みもようやく、といった段階です。しかし、言い訳ではありませんが、日本の銀行間のリアルタイムでの送金サービスは、世界でもっとも優れたサービスの一つです。また、日本では既存の金融機関とフィンテックが連携する動きが進展しており、安心・安全を既存金融機関が提供して、イノベーションはフィンテック側が利便性を補完するというスタイルで広がりつつあります。

つまり、我々既存金融機関から見ると、彼らには、アイデアがあります。テクノロジーに対する感覚やアジャイル（迅速）な開発にも優れています。

ただ、ないものが三つある。一つは資本です。金融ビジネスは、レジリエンスが求められるので、資本は必要です。もう一つは、顧客の基盤。中国のように何もない所で一気にスケールするのと違って、日本で新たなスケールビジネスを立ち上げるのは、容易ではありません。だから日本に、時価総額で一〇〇〇億円を超えるような新規上場企業はメルカリしかありません。最後に、信頼・信用です。これを新たにつくりだすのは大変なことなのです。実績と継続、時間がどうしても必要です。こういう意味で、フィンテックと既存金融機関は協働、共創できるのではないかと、私は考えています。

イノベーションと安心・安全のバランス

さて、デジタル化を武器に新しいレーヤーたちが金融界に参入できるようになり、また既存の金融機関も新しい発想での展開を模索し始めている。そうした全体の動きをご理解いただけたと思います。既存金融機関と新たなプレーヤーたちとの関係性も各国ごとに異なる中で、新たな金融マップが構築され始めているのが現在の段階です。

しかし、一方でこうした新たな動きが、これまでの課題を解決し金融の可能性を広げつつある反面、新たな課題を生み出しているのも事実です。次はそうした課題についてお話ししていきましょう。光があるところには影があるということです。

最初に申し上げたいのは、イノベーションと安心・安全です。信頼・信用と言い換えても構いません。このバランスが、実に重要であり、かつ難しいのです。言葉を変えれば、イノベーションはその初期段階において、さまざまな不具合を生みます。それをどう乗り越えるか。つまり、イノベーションが最終的には社会的な福利、効用を高めるためのものであるとすれば、信頼に足るものであり、持続可能なものでなければならないので、このバランスをどうとるかが重要だということになるでしょう。

暗号資産一つをとってみても、日本はこの問題の先進国です。マウントゴックスの事件（注4）が数年前に起こりました。マウントゴックスは当時、世界最大規模の仮想通貨交換所だったんです。フランス人が日本に来て、始めた事業です。これが大規模なハッキングを受けて、資産が流出し、経営者は逮捕されました。

今年に入ってからは、コインチェックでも同じような問題（注5）が起こりました。さらに挙げると、PayPayでも。キャンペーン期間中にクレジットの不正利用問題（注6）が起こっています。

もっとも新しい例で言うと、7Payがスタート直後にハッキング（注7）を受けて、利用者のクレジットカードから資金が奪われるという事件が起きました。狙いをすまして、中国からハッキングをしてきたグループがいたのです。ID、パスワードが盗まれて、利用者には被害が生じ、被害に遭った人からはもう二度と使いたくないという声が出ているようです。こうした利用者の声の報道は、一部の意見を過大に取り上げているものが多いことに注意すべきですが、課題は確かにあるのです。イノベーションと安心・安全の確保は世界中で議論されているテーマであり、優先すべき政策課題となっています。

デジタライゼーションにより生じた新たな課題

金融の世界でデジタル化が進む中で様々な事件が発生し、課題が生じていること、その対策が必要となっていることはご理解いただけたと思います。ここで、どのような課題が新たに生じているのかをまとめておきましょう。

まず、アンチマネーロンダリング、つまり資金洗浄防止問題があります。日本ではピンと来ないかもしれません。しかし、世界的には二〇〇一年に起きたワールドトレードセンターのテロ以来、ピリピリした状態だと言えるほど大きな問題なのです。あのテロ事件をきっかけに、資金がテロリストに流れないようにするにはどうすればよいかが、各国で議論されています。

例えば、銀行口座を開設するのに、何クリックで開けるか。こうした使いやすさ、気軽さを追求する動きがあります。二〇歳代の統計を取ると、もっとも人気のあるのはネット系の銀行です。一方、三菱UFJ銀行では色々うるさく聞かれるし手続きも面倒くさいから人気は高くありません（笑）。もちろん、利便性が高いのはいいことです。良いのですが、仮に、本人確認が確実になされないような状況であるなら、あるいは口座における資金の動きに異常があると気が付く仕組みが脆弱であれば、テロリストに利用されるんじゃないかと海外の当局からは言われます。これは国家安全保障に関わる問題だけに極めて重要で、あるフランスの金融機関はアメリカで約九〇〇〇億円の罰金を科されています（注8）。

（注4）マウントゴックスはビットコインの取引所の一つで、トレーディングカードの交換所として誕生した。二〇一一年にマルク・カルプレス（マウントゴックス事件の被告人）に買収され、二〇一三年には世界のビットコイン取引量の七〇%を占める規模に成長していた。二〇一四年にその取引所から巨額のビットコインと顧客からの預かり金が紛失した。マウントゴックスのサーバーが攻撃を受け、ハッキング被害に遭ったことが原因とされ、当時のレートで約四八〇億円のビットコインと売買資金として預けられていた現金二八億円が奪われた。しかし事件の真相はハッキングによるものではなく、代表であったマルク・カルプレスの着服であり、業務上横領との疑惑も出た。裁判は二〇一九年七月に初公判が行なわれた。

（注5）二〇一八年一月、コインチェック（大手仮想通貨取引所）から日本円にして五八〇億円のNEM（ネム）が流出した事件。

（注6）二〇一八年一二月にPayPayの「一〇〇億円あげちゃうキャンペーン」の最中、クレジットカードでサービスを利用した顧客のクレジットカードに不正利用が発生した事件。

（注7）二〇一九年七月、コンビニ系のスマホ決済サービスとしてリリースされた7Pay（セブンペイ）でサービス開始直後から登録クレジットカードやデビットカードの不正利用が発覚。多数の利用者に被害が出た事件。

それから、銀行システム以外のノンバンクによる与信の拡大です。これは中国が頭を悩ませている問題ですが、金融監督当局の監督に服さないプラットフォーマーによるオンラインレンディングがスケールすれば、過剰債務の問題を増幅しかねません。

また、管理者不在型の金融システムに対する監督をどうするか、という問題もあります。ビットコインに代表されるパブリック型のブロックチェーンには管理者がいません。利用者全員が管理しているという考え方、分散型のシステムによって成り立っていますから。言い換えれば、誰に管理責任があるのかがわからない。そうした中で、仮に何か問題が起こると、かつブロックチェーン型の決済システムが大きく世界の金融を変えるとすると、これが問題になるのです。つまり、金融システムの安全、安定性は、各金融機関の自己努力と規制によって守られていますので、それがない世界で増殖が始まると、誰が規制するのか、誰に規制をかければよいのかわからない状態が生まれることになります。

最後に、サイバーセキュリティ。これは金融に限ったことではありませんが、最も高い確度で標的になるのは金融であり、守りを固めるためには膨大なコストがかかります。ニューカマーたちがもっとも苦労しているのは、アンチマネーロンダリングとサイバーセキュリティ、そして、このあと触れるデータプライバシーの三つだといってよいでしょう。

ビジネスモデルと新たな独占

これらのデジタル化による課題が明らかになってきたこととは別に、デジタルプラットフォーマーのビジネスモデルから来る新たな独占という問題も出てきています。次はそれに触れておきましょう。

他業収益からの補填《ほてん》による金融サービスの価格破壊

まず、新しい市場参入者たちが金融サービスに参入する際の姿勢の問題です。一つは、持続可能性の視点での問題です。金融サービスは社会インフラですから、うまくいったら続けるけれども、うまくいかなければ簡単に引き上げるような姿勢では困ります。もう一つは、他の事業で稼いだ資金を金融事業に投入して一気に事業拡大を図るという手法。クロスサブシダイゼーション（相互収益補填）と呼ばれますが、そもそも、例えば、ペイメントのようにそれだけでは収益化できないことが明らかである場合に、そうしたやり方がフェアプレーなのか、また持続可能なのかも疑問です。

（注8）二〇一四年七月フランスの大手銀行BNPパリバがミャンマー、キューバなどのアメリカが経済制裁を実行している制裁国へ国際送金を繰り返したということで、およそ九〇億ドル（九〇〇〇億円）の罰金を支払うことになったという事件。

プラットフォーマーによるデータを利用した競争制限

次に寡占の問題です。最近、プラットフォーマーたちに対する国際的な規制が厳しくなりつつあります。従来は、無料でサービスしてくれるのだから、構わないと考えられていました。しかし、あまりにも大きくなり過ぎたシェアが問題になってきています。膨大なシェアを背景にした、さまざまな意味での競争制限的、独占的な動きが懸念されているのです。特にデータの利用です。これについては、Facebookのデータ流出が、アメリカ大統領選挙のときに使われたのではないかと話題になりました（注9）。利便性と引き換えに、プライバシーポリシーも読まないで提供している、個人のデータがどう使われているかという問題です。この課題に対しては各国の扱いがかなり異なっていますので、少しお話ししておきましょう。

EUによる個人データ保護の動き

この問題に対して特に厳しいのがEUです。GDPR（General Data Protection Regulation：EU一般データ保護規制）を二〇一八年五月より施行しました。いわゆるデータポータビリティや、忘れられる権利の問題（注10）など厳しい規制が入っています。GAFA（Google、Apple、Facebook、Amazonの四社を指す）に代表されるプラットフォーマーたちへの対抗策の一つという見方もあります。欧州には、個人情報は基本的人権だという考え方があります。個人の尊厳に関わるものは、国家も企業も、それを侵してはいけないという考え方が根付いているのです。

イノベーション促進や企業の成長促進に軸足を置くアメリカ

それに対して、アメリカはちょっと違います。アメリカは独立の経緯から言って、企業であれ、個人であれ、国家が民間に干渉することはよくない、民間がやることは民間に任せようという考え方があります。これがアメリカのイノベーションや経済的な発展を支えてきた原動力だとも思います。

ただそうなると、データの利用に関しても民間企業なら何をしてもいいのかという懸念が出てきます。

カリフォルニア州は個人情報の保護に関する厳しい規制が成立しました。二〇二〇年一月に施行予定の「消費者プライバシー法」です。ややヨーロッパ的なアプローチに近いと言ってもいいかもしれません。

中国では個人情報は国家のもの

中国は個人のデータを国が把握するのは当然という考え方です。国と個人の関係が日米欧とは大きく異なります。利便性と個人情報に対する価値観の違いと言っても良いかもしれません。しかし、二〇一九年六月から香港で起こっているデモ（民衆によるデモの目的は政府によって民衆の自由を奪われないための抗議）をきっかけに、今後どう変わるのか見ていく必要はあるでしょう。

（注9）Facebookから約五〇〇〇万件のデータが流出し、そのデータがイギリスにあるケンブリッジ・アナリティカという企業に渡ったとされる。ケンブリッジ・アナリティカはトランプ陣営の選挙コンサルティングを担当していたこともあり、二〇一六年にそのデータを利用してアメリカ大統領選挙時にトランプ大統領の有利になるように巧妙に仕向けた広告を出していたとされる事件。

（注10）二〇〇六年以降、インターネットにおけるプライバシー保護のあり方について、さまざまな検討がなされ、規制が施行されてきた。それらの取り組みによって守られてきた権利。

DFFTを推進する日本

日本では個人情報保護法の見直しによって個人データの取扱いがより精緻なものに変わります。また、日本政府は、DFFT（Data Free Flow with Trust：信頼ある自由なデータ流通）といって、国際的なデータの流通を一定のルールを守る国の間でやろうという動きを強めています。二〇一九年のダボス会議（毎年スイスのダボスで開催される世界経済フォーラム年次総会）で安倍首相が提唱したものです。

これは、経済活動がクロスボーダー化するなかで、個人情報を保護しつつデータの利活用を進めるために、一定のルールを守る国々のプレーヤーたちの間であれば、データの交換をしてもよいだろう、という考え方です。日本は、この分野でアメリカ、ヨーロッパ、それから中国を一つに何とかまとめようとしている、といえます。

AIがもたらす新たな金融排除

現在、AIを活用したビジネスが大きく進化しています。さまざまな機器、装置に情報通信機能が付加されることによって、ビッグデータが蓄積され、それを分析するのにAIが活用されているのです。

人間が行なっているさまざまな業務をAIが代行することによって、働き方が大きく変わると期待が高まっています。しかし、その一方で課題もあります。それは、倫理の問題です。例えば、個人のプロファイリングを利用したスコアリング。よく知られているのは、「芝麻信用（ジーマシンヨウ）」と呼ばれている、アリババ系列のアントフィナンシャルが提供しているサービスです。スコアリングとは、インターネットであらゆる取引の決済をするための個人信用を数値化するもので、ネット社会では言ってみれば、その人の社会的信用度がスコアリングによって左右されると言っても過言ではないでしょう。当然のことながら、スコアリングをする主体の影響力は非常に強くなりますが、それをＡＩが担うことによって不利益なスコアリングを付けられた人は、日常生活にも不便が発生してしまいます。そもそもＡＩに倫理は存在しません。そのため、インプットされたデータが差別的なものであれば、ＡＩは差別的な判断を下すことになるのです。

例えば、二〇一八年一〇月、アメリカの大手ｅコマースのあるプラットフォーム企業が採用活動用のＡＩを開発していました。ところが、ＡＩが選んだ人材は男性に偏っていたというのです。理由は過去一〇年間のデータを入力したときに、男性の技術者が多かったという理由です。女性という単語が経歴書などに書かれていると、選考から落とすという判断をしていました。このようにＡＩの使い方を間違うと性別や人種による差別を生み出す可能性もあることを忘れてはならないということです。

融資審査へのＡＩの利用でも同じようなことが起こります。過去のデフォルト率、要するに、債務不履行率を統計に取って、データを作成します。人種ごとの分布、職業、男女を区別し、金融機関がある融資態度を取ると決めた場合、インクルージョン（包摂する）どころか、ある人種、職業、性別などをエクスクルージョン（排除する）という事態になるかもしれません。ここはよほど考えないといけません。

もちろん逆に差別の排除が目的であれば、ＡＩの活用は有効でしょう。過去にも人が印象で抱いてしまう偏見を排除するためにＡＩが導入されたという事例もあります。具体的には、サンフランシスコ市検察において人種差別を起こさないために、訴追手続きにおいて人種や外見などの情報を取り除き、犯罪事実のみからＡＩが訴追すべきかどうかを検討するシステムを導入しています。こうして考えると、ＡＩの活用には、その判断の元となるビッグデータから、いかに差別的な要素を取り除いていくのかが大きなテーマと言えましょう。

金融機関が歩んできた歴史

ここで、金融機関が歩んできた歴史をお話ししておきたいと思います。ここまで、プラットフォーマーやフィンテックの登場によって既存の金融機関が大きな脅威に晒されていることをお話ししてきましたが、金融機関は過去の歴史において、数々の危機的な事態に見舞われてきました。図表３－６に示したのは各国で経験したバブル崩壊と金融危機、それと金融機関の与信行動をグラフ化したものです。金融危機はほぼ一〇年ごとに起こっています。

ここでは、青い線が非金融部門、つまり金融機関以外に対する貸出を示しています。企業や個人への貸出ですね。貸出が大きく増えた後に実質ＧＤＰの成長率が大きく落ち込んでいます。つまり金融危機が起こっているということがわかります。

これは、金融機関の行動と実体経済、あるいは金融市場の安定に強い相関関係があることを示しています。こういった問題に対応するために、一〇年前のリーマン危機以降、各国の規制当局は大幅な規制強化を行い、金融機関自身も過大なリスクテイクを抑えるための対策や、財務基盤の強化、さらにはビジネスモデルの変更

図表3-6｜金融機関が歩んできた歴史

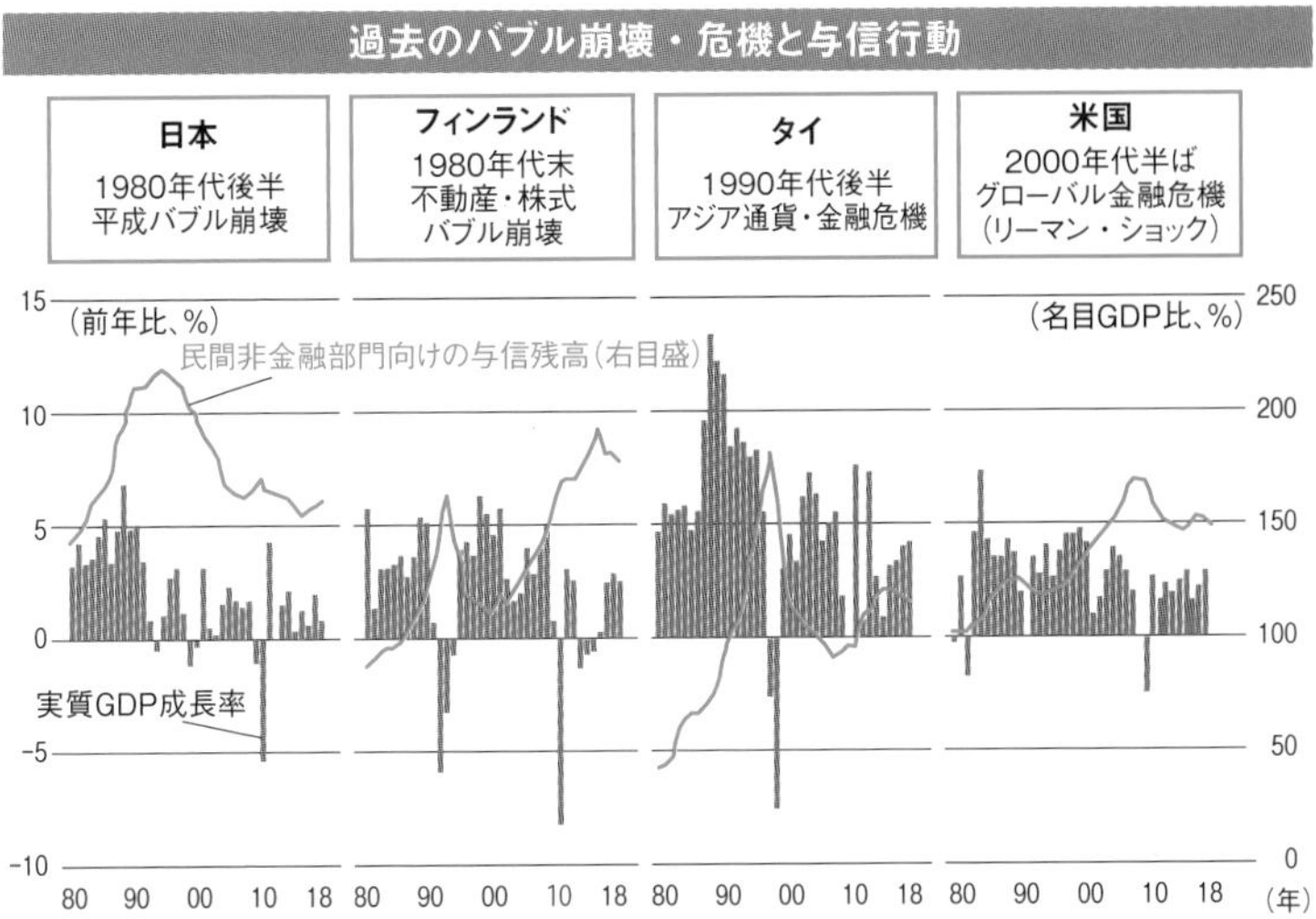

（資料）各国統計、IMF、国際決済銀行より三菱UFJ銀行経済調査室作成

などに取り組んできました。

この金融危機をもたらしたのは、私の言葉でいえば、金融の上に金融をつくる投資銀行の行動です。金融の一人歩きと言ってもよいでしょう。本来、金融機関というのは実体経済を支えるのが役割であり、人々の生活を助ける、企業の成長を支える、国の財政の健全な運営に寄与するための存在です。それを忘れたところから危機が始まったと言わざるを得ない、そう認識しています。

歴史的な経験から最近は投資銀行セクターの見直しが大規模に進んでいます。例えば、私が取締役の一人として在任している、モルガン・スタンレーというアメリカの投資銀行も、この一〇年間で八割程度あった投資銀行部門を半分に落としています。そして、資産運用として富裕層に対する、いわゆるウェルスマネジメントの比率を高めています。つまり安定的な事業にシフトして、ビジネスモデルを変えてきました。

デジタル時代に金融機関ＭＵＦＧがすべきこと

過去の教訓、そして、金融業界がデジタル化時代を迎えた今、金融機関は何をやろうとしているのか。そこをお話ししておきましょう。

三つのキーワード「競争と共創」「破壊と創造」「オープン・イノベーション」

競争と共創（competition and alliance）

私は、フィンテックは友だと言っています。切磋琢磨（せっさたくま）するために競い合い、そして機動的に手を結ぶ

破壊と創造（disruption and creation）

既存のビジネスモデルをある意味では捨てる、壊すという意味です。今のまま何もしければダメになることははっきりしています。それなら果敢な自己変革に挑戦しなくてはなりません。

オープン・イノベーション（open innovation）

内製化のカルチャーから脱却しなければいけません。外の人と一緒にやる。新しいアイディアをどんどん取

図表3-7｜アクセラレーター参加企業などとのコラボレーション

afero
- スマート家電等にIoTソリューション提供
- IoT社会における少額決済等のユースケースのプロジェクト化を進める

xenodata lab.
- AIにより決算分析レポート作成、個人投資家向けに配信

nnf no new folk studio
- スマートフットウェアでのデータ活用
- 情報信託DPRIMEの実証実験に参加

Alpaca
- チャート画像認識サービス提供
- 外資預金サポートツール
- AIによる相場予測モデル

freee
- 財務情報を融資や決済に活用
- クラウド会計との連携により、低コストで効率の良いサービスを提供

CreditEngine
- 2019年6月にオンラインレンディングサービスをリリース済み

り入れる。皆さんのような若い人たちを積極的に活用する、という取り組みをしています。

その他に、私どもはアクセラレータ・プログラムを実施しています。図表3－7にあります、六つの会社の大半は、このプログラムからスタートしました。スタートアップというのは豊富で優れたアイディアを持っています。しかし、マネジメント力は弱いですし、内部管理もあまりできていない企業が多いようです。それよりは、自分たちのものを早く世に出したいという気持ちが強いのですね。いいことだと思います。それがなければ始まりません。しかしそれだけだと、長続きしないことが多いのも事実です。ちゃんと育てないといけない。その辺のノウハウを、我々は結構、持っています。

ですから我々自身が持ってないものを、彼らから学び、我々が持っているものを彼らに提供する。アクセラレータ

というのは、彼らの成長をアクセラレート、加速するという意味です。そうしたアクセラレータ参加企業とのコラボレーション例として、例えばAlpacaは、チャート画像認識サービスなどを提供しているＡＩの企業です。私どもでは、じぶん銀行（インターネットバンキング）で外貨の買い時をＡＩで解析してお伝えするとか、ディーリングルームでは、金融機関相互間の債券、株式取引（トレーディング）のかなりの部分をＡＩに任せてやっています。また、クラウド会計をやっているfreeeとの協働としては、財務情報を提供してもらい、それをベースに融資をするような仕組みを作ろうとしている段階です。このように今、ＭＵＦＧではデジタルトランスフォーメーション施策への取り組みを加速しています。ペイメント、個人資産管理なども含め取り組みは極めて多岐にわたります。

さらに社内の効率化、生産性向上ですね。ＲＰＡ（ロボティック・プロセス・オートメーション）も有効なツールです。例えば私どもが持っている銀行には国内で約4万人のスタッフがいます。その規模での人的作業で行なっていたものを、六年間で九五〇〇人分の作業量の削減を目標に掲げました。私自身が二年前に打ち出して、波紋を巻き起こしました。これは、人を九五〇〇人減らすと言っているわけではなくて、やっているルーティンワークを自動化すると言っているのです。ペーパーワークやスプレッドシートにデータをインプットするのはロボットが代行するようになればいいのではないか、という意味です。スタッフには、よりクリエイティブな仕事に携わってもらいたいのです。さらに窓口業務に人材を使うのはやめて、そこを機械に置き換えてもいい。現在、都内では一部の支店で完全オートメート化しています。そして窓口業務に当たっていたスタッフを個人のお客さまの資産相談に振り向けていくなど、人は、クリエイティブな能力を発揮できるところに就いてもらう、ことを狙います。

金融とは何か：Be the world's most trusted financial group

最後に、いろいろと変革が進んでいるなかで、では、金融とは何であるのか、というところをまとめにさせていただきます。

金融機関が預かっている資金は膨大なものです。そこにお金が出たり入ったりしている。三メガバンク（三菱UFJフィナンシャル・グループ、みずほフィナンシャルグループ、三井住友フィナンシャルグループ）の個人の給与受取口座からの出金は年間で八五兆円です。図表3－8で見ると、シャドウがかかっている部分、これが銀行口座を起点にしたキャッシュレス決済ですが、米国等と異なり日本では口座振替やインターネットバンキングによる送金が発達していることから五〇％以上となっています。残りが現金で、よく使われる日本のキャッシュレス比率二〇％とは少し違った姿が見えます。

この背景には、三メガで一六〇兆円という個人預金があります。日本の個人の金融資産に占める預金の比率は五二％と欧米比非常に高く、これを前向きな投資に振り向けて、生きたお金にしていく必要があるのですが、

図表3-8｜キャッシュレスを土台として支える銀行預金

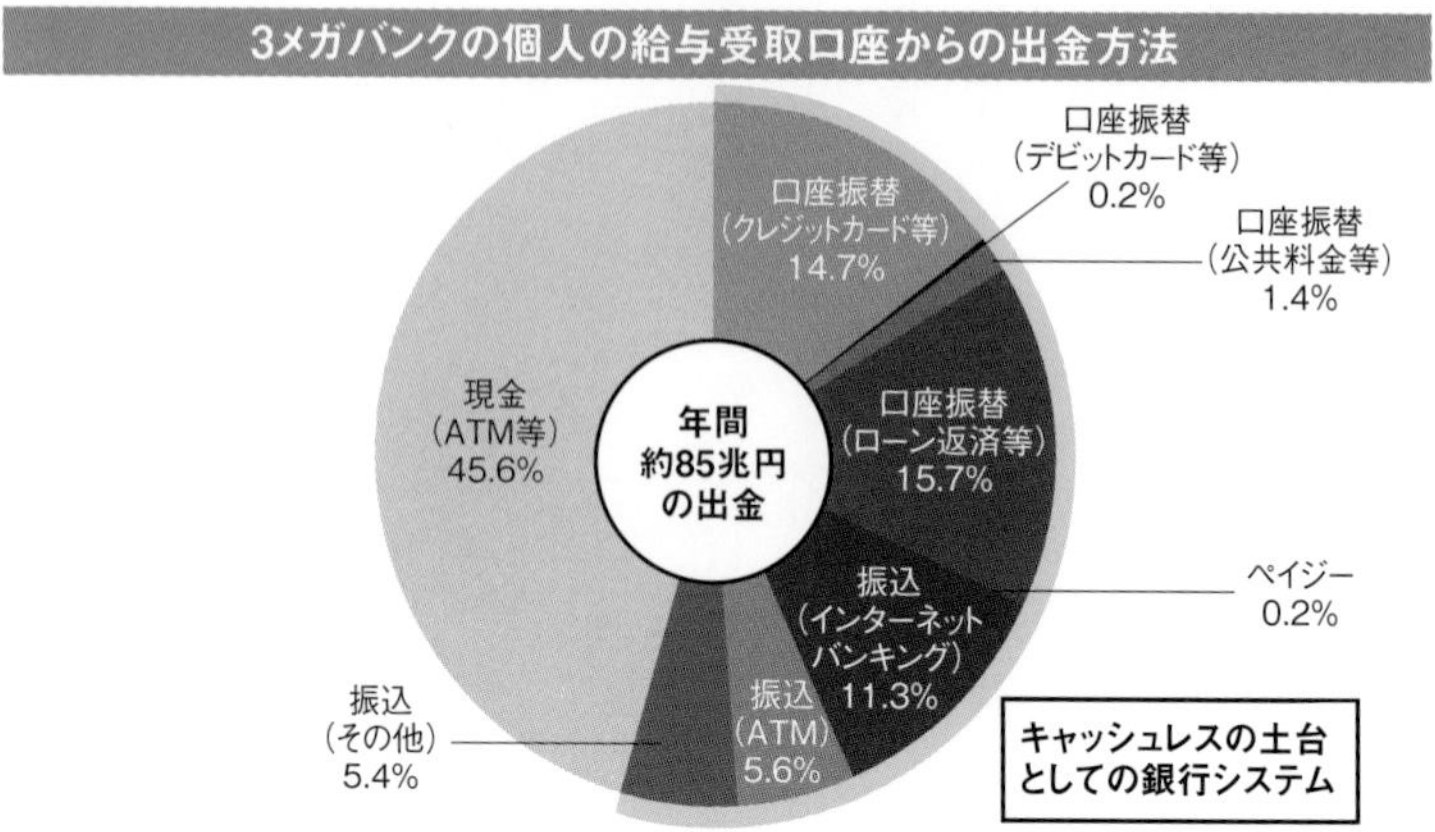

（注）３メガバンクの計数を基に金融庁が集計。2017年に給与を受取った口座における年間の出金状況。
（資料）金融庁「金融制度スタディ・グループ」（平成30事務年度第３回会合、2018年11月9日開催）資料より三菱UFJ銀行経済調査室作成

預金が金融機関によるリスクテイクと結びつくことで信用創造が行われる。新たな金融サービス事業マップができたとしても、これは変わることのない金融の重要な機能だと私は思っています。

よく、銀行は「晴れの日に傘を貸し、雨が降り始めたら傘を取り上げる」といわれます。確かにそういうことは起こります。これは我々も反省すべきだと思いますが、何でそういうことを言われるかというと、それだけ社会からの期待レベルが高いのです。

ずっと貸し渋っていたら相手にされなくなります。我々の過去の与信活動の中で、今は日本を代表する企業となったトヨタ、ホンダとの取引があります。彼らも創業期には苦しい時代がありました。そのときに、我々の先人たちが、相当なリスクをとってでも彼らを助けるという思いで、一緒になって苦労してやってきたわけです。金融危機が起こり、資本市場が麻痺した状態のときでも、経済の土台を支える役割を担ってきたわけです。

私のイメージだと、銀行はダムみたいな感じでしょうか。巨大なダムです。普段は満々と水をあたえて、日照りの日には水を下流に流す。嵐が来ても踏ん張って持ちこたえるというような存在なんじゃないかと思っています。

私が銀行のCEOに就任するときに、みんなとつくったキャッチフレーズです。「世界に選ばれる、信頼のグローバル金融グループ—Be the world's most trusted financial group—」こういう姿をめざし、新しいデジタルの技術や、新しいプレーヤーたちとオープン・イノベーションの精神で柔軟に協力しながら、新しい時代、明るい未来を切り開くために頑張っていく。それが金融機関の使命だと思っています。

［質疑応答］

世界の情勢を見ながら課題の本質はどこにあるのかを見極め、金融機関のなすべきことを考えることはどの時代においても基本

——フィンテックの活動が活発化する中、新しい通貨がドルの脅威になり得るのかどうかについて教えていただきたいと思います。

平野　いろんな捉え方があると思いますが、話題になりつつあるのが、Facebookが立ち上げたLibraです。Libraプロジェクトが始動し始めるとドルだけでなく、他の通貨も同じように脅威に晒されることになるでしょう。通貨主権の侵害につながりますから、各国の中央銀行の総裁たちは発表があったとき即座に反応しましたね。

それからもう一つは、これはグローバルな経済圏が、今やデジタル企業によって、国境を超えてつくられ、加速されようとしている、ということです。それに対して、国がどこまでコントロールできるか。あるいは、するのがいいのかしないほうがよいのか。実際のところ、どうなのか答えが導き出せない状態です。ただ、例えば、課税の問題です。今日は省きましたが、G20で問題になったのはデジタル課税です。つまり、どこで稼いでいるのかわからないわけですよ。低税率国に拠点を持って、そこに低い税金を払うことで、アメリカの消費者から利益を上げているのにもかかわらず、アメリカの消費者のための税金を払っていないという批判があるわけです。誤解を与えないように言いたいのですけど、私はAmazonの人とも親しいですし、GoogleのCFOは昔の同僚ですし、決して彼らを否定しているわけではないです。彼らはすごいことを成し遂げていると思っていますし、学ぶところはいっぱいあると実感しています。要は、各国が直面しているこの課題を、どうやって一緒に考え、乗り越えていくかということだと思います。

――個人対国、あるいは個人対大企業という立場ですと、交渉に負けることがあります。そういう中でちゃんと自分の利益を守るための主張はしつつも、仲良く、いがみ合わずにやるコツを教えてください。

平野　日米財界人会議の日本側の議長をやっています。私の相方は、シスコシステムズのチャック・ロビンス。まさにデジタル企業ですね。今年の秋も彼を相手に共同声明の交渉をすることになります。確かにおっしゃる通りで、それぞれの国、経済圏によって、利益が大きく異なることはあります。特に今は、国家間の分断が激しく進んでいるわけです。そういう中で、国と国の対話は成立しにくい。そこで、活躍しているのが、日本です。日本は相手の立場をよく理解するんです。インテリジェンスとは諜報《ちょうほう》活動、スパイみたいな意味に使われることがありますけど、要するに情報収集です。相手が何を考えているのか、どこが急所なのか、どこが共通なのかを全部マッピングするのです。その後、違うところに関しては、どこまで双方の利益をうまく取り込めるかを想定すること。特に国際的な交渉の場合はそこが重要です。基本になるのはインテリジェンス。相手の立場を理解することです。

――老後の備えとして二〇〇〇万円は必要だとの発表がありました。これにより預金はさらに拡大。一方、金利は低い状態が続きます。国内金融機関として、今後どのようなことをやっていくべきなのか。メガバンクのトップとしてのお考えを伺いたいです。

平野　日本の金融の難しさは、結局のところ、日本の成長率の低さにあると思います。数年前に日本銀行の黒田総裁がマイナス金利を発表された。多くの人はその判断を批判したのですが、日銀があれだけ金利を下げなくてはならない理由を考えると、インフレ率が低いからという答えが見えてきますよね。

では、何でインフレ率が低いのかといえば、成長力が低いからです。だから、そこを変えないと問題は解決しないわけですね。例えば一八〇〇兆円にのぼる個人金融資産をどう活用するか。さっきも申し上げたように、五〇％以上は預金ですよね。それをどうやって成長投資に振り向けるか。必ずしも、振り向ける先は国内でなくていいと、私は思っています。

金融資産の多様化、分散化を進めていく。かつ、より長期の投資に振り向けていくという努力を、アセットマネジメント会社も含めて、我々金融機関はやっています。要は長期分散型の投資に変えていく。その点では、いろんなリスクをみんなが取れるような形の商品を設計することが大切です。株とか債券ではなくて、それに代わるもの、例えば、航空機とかインフラへの投資。そういうものに振り向けていくことも重要でしょう。さまざまな資産を幅広く、長期的な視点で日本の国民に提供していくことです。それがひいては、日本の国内の投資の増加につながるだろうし、あるいは海外からの金利とか配当収入が増えることで、日本の国民が豊かになることにつながるわけですよ。

しかし、やはり本質的には、〇・八％程度といわれている日本の潜在成長力を引き上げるための努力が不可欠です。そのためにはやはり、公共セクターではなく企業セクターの取り組みが優先されるべきでしょう。民の力の活用です。特に、重要なのは新たなイノベーションを生み出すことです。私どもでは、先ほどの話でも紹介しました、アクセラレータ・プログラムのような方法もありますし、コーポレート・ベンチャー・キャピタルといって、自前の投資ファンドを通じてスタートアップの企業に、投資することもやっています。成長力を回復させるためのさまざまな取り組みを継続することが重要だと思っています。

株式会社三菱UFJ銀行本館外観（東京都千代田区）

株式会社三菱 UFJ フィナンシャル・グループ

「新しい信頼をつくろう」その合言葉の下、経営環境が厳しくなる時代においても常に顧客のニーズや期待に応えるサービスの提供と開発をめざす金融界のトップランナーとしての注目度は高い。日本国内にとどまらず世界の経済情勢の未来を常に予想しながら業務改革に取り組み、ネットワークを進化させ続けている。

平野信行（ひらの・のぶゆき）

株式会社三菱 UFJ フィナンシャルグループ
取締役 執行役会長

京都大学法学部を卒業後、三菱銀行に入行。国際派として知られ、欧州、ニューヨークをはじめとする海外駐在歴も長い。日本の事情のみならず、世界の動きに敏感な金融マンである。また、京都大学OBとして現総長・山極壽一氏の応援団としても活動する、根っからの京都大学精神の持ち主でもある。株式会社三菱UFJ銀行取締役、株式会社三菱UFJフィナンシャル・グループ取締役執行役会長を現職とする。

Column

ブランド力

テクノロジーの発達によって、今金融業界は大きな転換期を迎えています。しかしながら、講義でも述べられているとおり、特に金融業界においては「イノベーション」と「安心・安全」を両立させるということは難しく、実際に仮想通貨業者やキャッシュレス決済サービス業者による不祥事は数多く発生していることも事実です。

既存金融機関のサービスのクオリティが低い新興国と比較して、日本ではキャッシュレス化の動きが遅いと言われています。

その要因は様々あると思いますが、当社をはじめとした日本の大手金融機関によるクオリティの高いサービスに「安心・安全」を感じている日本人が、キャッシュレスに移行するということに対してスイッチングコストを感じているということも一つの要因かもしれません。

逆に、ケニアで電子決算サービス「M-PESA」が急速に普及しましたが、そもそも銀行口座を有していない人が圧倒的に多いケニアでは、キャッシュレスに移行するスイッチングコストは極めて低かったともいえるでしょう。

上述した「安心・安全」というイメージのように、長年築き上げてきたブランドは新規参入企業が一朝

図表3-9 ｜ Rollins社の業績推移

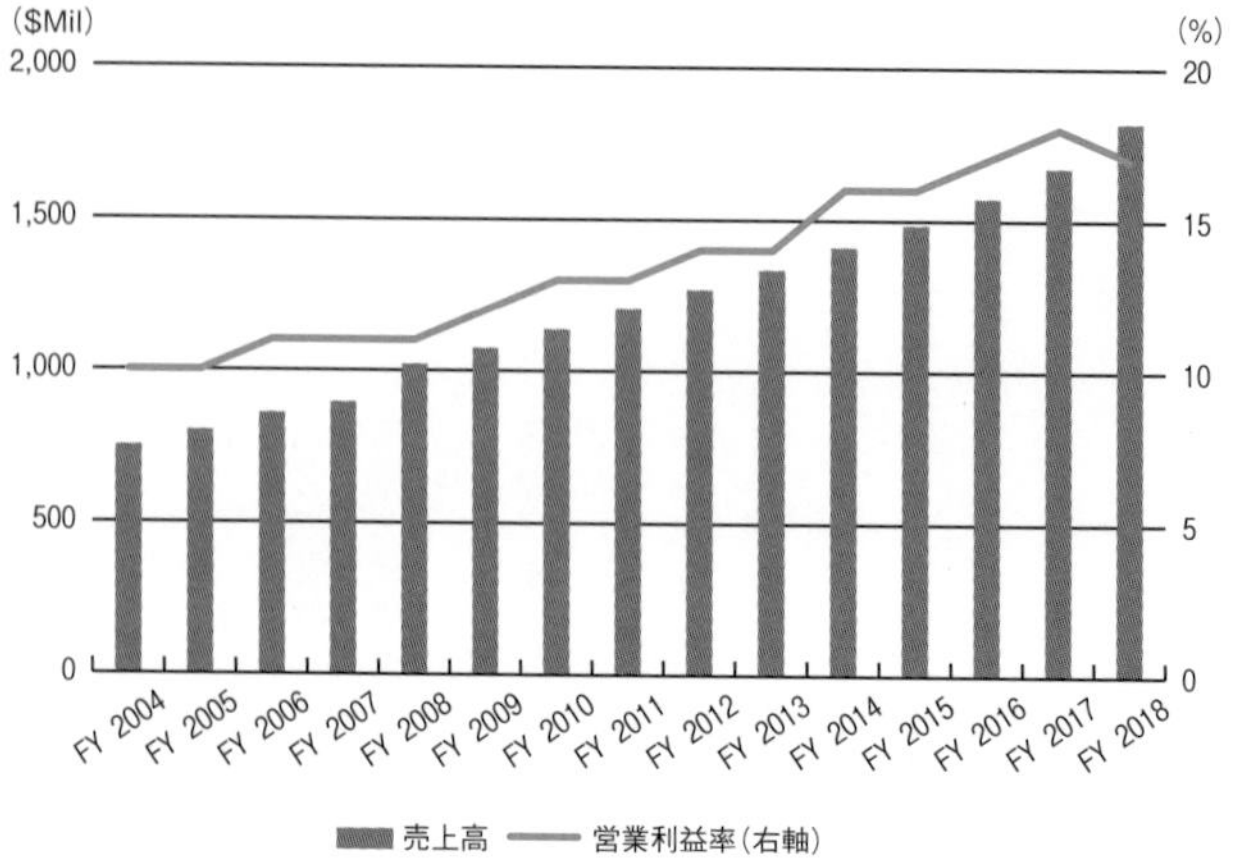

一夕に覆せるものではありません。長期投資の観点からも、このようなブランド力に起因したスイッチングコストが存在しているということは、企業が長期に渡り競争優位性を発揮し続けることができるかを判断するうえで非常に重要な要素です。

例えば、米国の害虫駆除業界トップのRollins社です。害虫駆除業界は大きく個人向け（住宅向け）と法人向け（飲食店向け）があります。個人（住宅向け）にとっては、赤の他人である害虫駆除の作業員が家の中まで入ることから、よく知っているブランド力のある業者に作業を依頼します。また、法人（飲食店等）にとっては、客が食事をする場に一度でも虫が出てしまうと大きなレピュテーションの低下に繋がってしまうため、確実に害虫駆除をしてくれるブランド力の高い業者に依頼をする傾向があります。

害虫駆除自体は、薬剤さえあれば誰でもできるため参入障壁は低く、小規模業者の新規参入は数多くあります。しかし、上述したようにブランド力が重要視されるという性質があるなか、ブランド力では Rollins 社に太刀打ちできない小規模な新規参入業者は、ブランド力を手に入れるために大手害虫駆除業者の買収を受け入れざるを得ない状況にあります。結果、新規参入の多い米国害虫駆除業界において、業界トップの Rollins 社は主導的に M&A を進めることができ、業績は安定的に推移しています。

米国の害虫駆除業界の例のように、ブランド力を持っていれば、多くの新規参入があったとしても競争優位性を維持することは可能であり、重要なのはこのブランド力をいかに維持していくかにあります。このような視点で、日本の金融業界を見てみるのも面白いかもしれません。

企業価値向上についての考え

東京エレクトロン株式会社　取締役相談役　東　哲郎
※二〇一九年六月に退任。本講演は二〇一九年五月に行なわれた。

四〇代で社長に抜擢《ばってき》される

皆さん、こんにちは。ただいまご紹介いただきました東です。川北先生とは日本取締役協会（注1）で一緒に研究会をやったご縁で、ここにお招きいただきました。私は企業価値をどういうふうに向上していくのかについてお話ししようと思っています。

まず、私のプロフィールから簡単に自己紹介いたします。一九四九年八月生まれですので、今年の夏には七〇歳になります。

一九七三年に、国際基督教大学（ICU）の社会科学科を卒業しました。大学二回生まではギリシア哲学について学びました。大学には五年おりまして、後三年が、いわゆる欧州経済、特にオランダ経済史を勉強しました。大塚久雄（注2）先生というマックス・ウェーバーの手法を取り入れて歴史経済を分析しておられる教

講演者・東 哲郎氏

授に教えていただき、その後、別の先生の元で日本経済史、特に明治維新以降、第二次世界大戦ぐらいまでの経済史を勉強しました。

一九七七年の四月、二七歳で、東京エレクトロンに入社しました。このとき、続けていた研究を一旦やめまして東京エレクトロンに入ったわけです。

それから一九七七～一九九〇年まで一三年半勤め、取締役に就任しました。その六年後の一九九六年、ですから東京エレクトロンに入って一九年半ぐらいのところで、代表取締役社長となりました。

東京エレクトロンは一九八四年に一部上場をしております。当時、上場会社で、四六歳の若造を社長にするという会社はごくまれでしたので、新聞等では相当騒がれ

（注1）経営者、専門家、研究者、社外取締役、機関投資家など、経営に携わる人が集まり、日本企業の成長を目的とした活動を行なう団体。二〇〇一年に発足し、二〇〇二年四月に有限責任中間法人（現・一般社団法人）となる。

（注2）一九〇七～一九九六年。経済史学者。マックス・ウェーバーの社会学とカール・マルクスの唯物史観論から大塚史学を構築。国際的な評価は高い。

ました。あれから二三年たちました。CEOとして一九年間、働いたのが今でございます。

私がこうだったっていうよりは、むしろ東京エレクトロンという会社が非常に変わった会社であったということですね。四〇歳ぐらいの人間を取締役にしたり、四六歳で社長にしたり、とにかく思い切って若い人をどんどん採用することをためらわなかったということです。そして、何でも思い切ってやる、そういうような会社だったのです。

今日は、そういう特徴のある東京エレクトロンが、どのようにして成長していったのかに関して、成長の要因を中心にお話ししたいと思います。これから皆さんが会社を選び、会社生活をしていく上で、いくつか参考になると思います。

研究開発費に多くを投じる

東京エレクトロンの設立は一九六三年です。二〇一九年三月期の売上が一兆二七八二億円です。売上構成は半導体製造装置が九一％、FPD（フラットパネルディスプレイ）製造装置が九％で、売上のほとんどが半導体製造装置という数字が出ています。

私が会社に入った一九七七年は、売上高二〇〇億円ぐらいでした。当時、従業員は二〇〇人ぐらいです。現在は従業員数一万三〇二一人（二〇一九年四月一日現在）。世界で一七カ国と地域に拠点を持ち、その数は七七拠点です。これが現在の規模です。次に、何をしているのかということについて、お話をしましょう。半導体の製造装置やフラットパネルディスプレイ製造装置のグローバルサプライヤーです。

今、グループ全体で一一三九億円の開発費を投じて、事業展開をしています。売上高が一兆二〇〇〇億〜一兆三〇〇〇億円ぐらいの規模の会社で、研究開発への投資額が一一〇〇億円余りというのは、決して少ない金額ではありません。これが東京エレクトロンの成長の一つ、大きなファクターになっているということです。

先ほども言いました、売上構成は半導体製造装置が九一%、残りがＦＰＤ製造装置ですけども、地域別では海外への売上が、今だいたい八十数%で、日本が圧倒的に少なくなっています。アメリカ、台湾、韓国、中国などへの売上が増えています。

図表4-1の青い部分は、東京エレクトロンの売上を表しています。一九六三年に設立されてから現在に至るまでの売上です。非常に山と谷を繰り返しているのがおわかりになると思います。昔はシリコンサイクルといわれましたけども、需要の山と谷が激しいため、他業種からの新規の参入が難しい業界とされてきました。しかしながら、その中で大きく伸びてきているのが東京エレクトロンです。

では、なぜそういう成長が実現できたのか、そこをお話ししていきたいと思います。

技術だけでなく、ビジネスモデルを付加価値に

一般的に、我々のような製造業ですと、技術中心、技術を深めていくことで、あるいは先進のものを扱っていけば会社が大丈夫だと考えられています。しかし、東京エレクトロンは、いわゆる技術革新だけでなく、時

図表4-1 ｜ 当社変革への挑戦

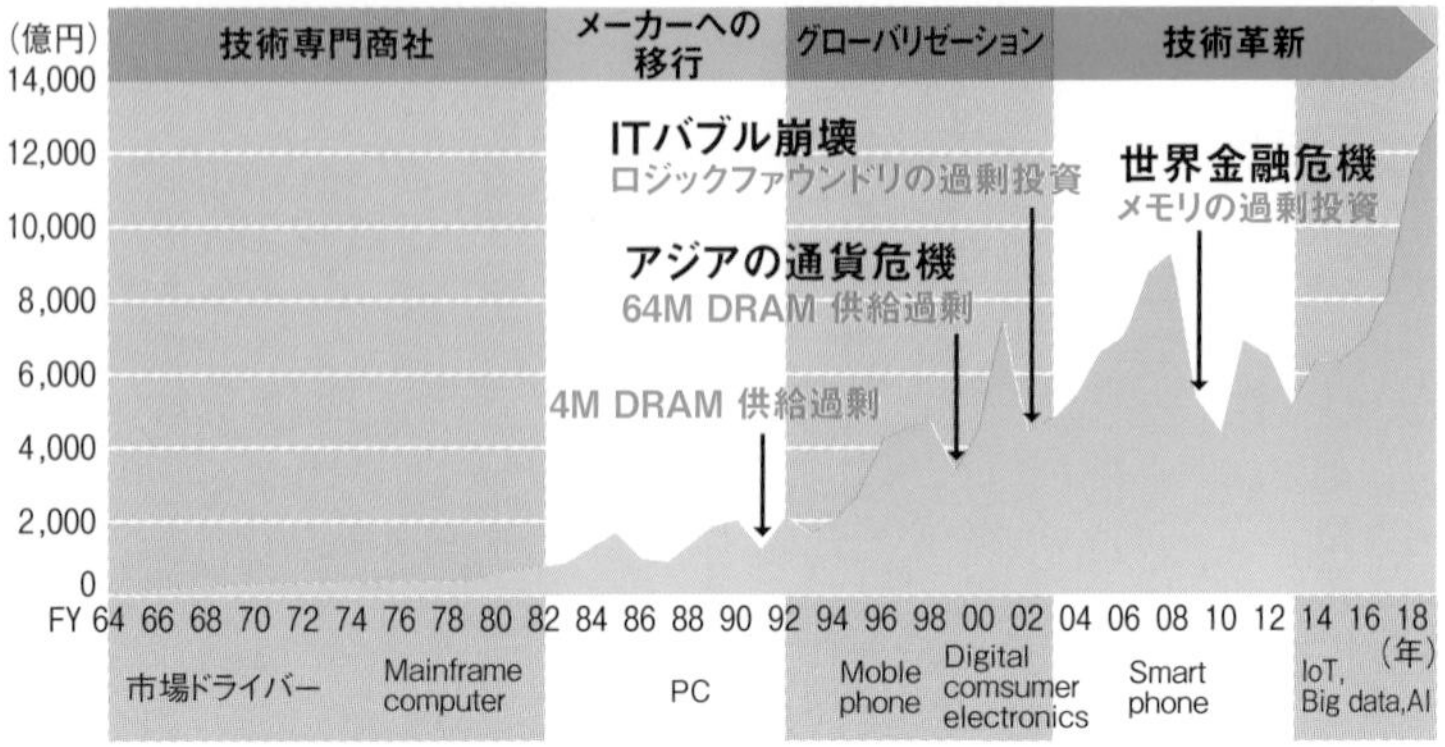

技術革新だけでなく、時代の変化に合わせて
ビジネスモデルと組織オペレーションを進化させてきた

東京エレクトロン調べ

代の変化に合わせてビジネスモデルと組織オペレーションを進化させてきました。やはり技術革新だけではもうダメだと判断したわけです。やっぱりビジネスモデル、時代の変化に合わせてビジネスモデルとオペレーションを変えていくことが重要です。

ビジネスモデルを考えるというのは、企業が生み出す付加価値をどういう形で実現していくかと考えを巡らせることです。技術によって付加価値は上がりますが、それと同時にビジネスモデルなどを通じて、付加価値を上げていく。そういうようなことを戦略的に考えていかないと、会社としては伸びません。

東京エレクトロンは技術の専門商社でした。そして一九八〇年代、日本で半導体が非常に伸びていく時期になりますと、メーカーに移行しました。アメリカの会社とジョイントベンチャーを形成して、メーカーに移行したわけです。もちろん開発もやっていました。

一九九〇年に入って、日本が世界的に半導体市場において大きく生産を伸ばしてからは、グローバリゼーションを意識して、海外にお客さんを求めていくようになりました。ちょうど、この頃は日本のメーカーも海外に行く傾向が強くなってきた時期ですね。また、海外のお客さんも日本に相当来るという動きもあり、グローバルな動きが活発になってきたわけです。それに合わせて東京エレクトロンもマーケットを世界に求めるようになりました。

その後、いわゆるＩＴバブル崩壊、それから世界的な金融危機（二〇〇八年のリーマン・ショックに端を発する一連の金融危機）が起こりました。この頃は特に我々としては世界の中で技術をリードしていくことをめざしています。技術革新が非常に重要であると認識し、世界各国に開発拠点、特に世界をリードするメーカーとの共同開発をやるような場を作って、技術革新をし続けていく戦略を進めてきました。

このように、時代の背景に合わせながら、ビジネスモデルを組み合わせて会社を伸ばしていくことが特に重要だと考えています。

現在の半導体製造装置メーカーの世界ランキング、いわゆるトップ一五社を見てみると、七社は日本の会社です。それからアメリカが四社。ヨーロッパの会社が二社。それから、アジアが二社という構成です（図表4-2）。

こうやって見ますと半導体製造装置という観点では、日本のメーカーがまだかなり活躍していると言えます。ただし、東京エレクトロンを含めて上位四社で全体の半分以上の売上を占めているということで、寡占化が進んできているといった状況ですね。

つまり、いかに成長分野に注力しながら成長していくかが、今後、特に重要になってくるわけです。

図表4-2 ｜ 半導体製造装置メーカー トップ15

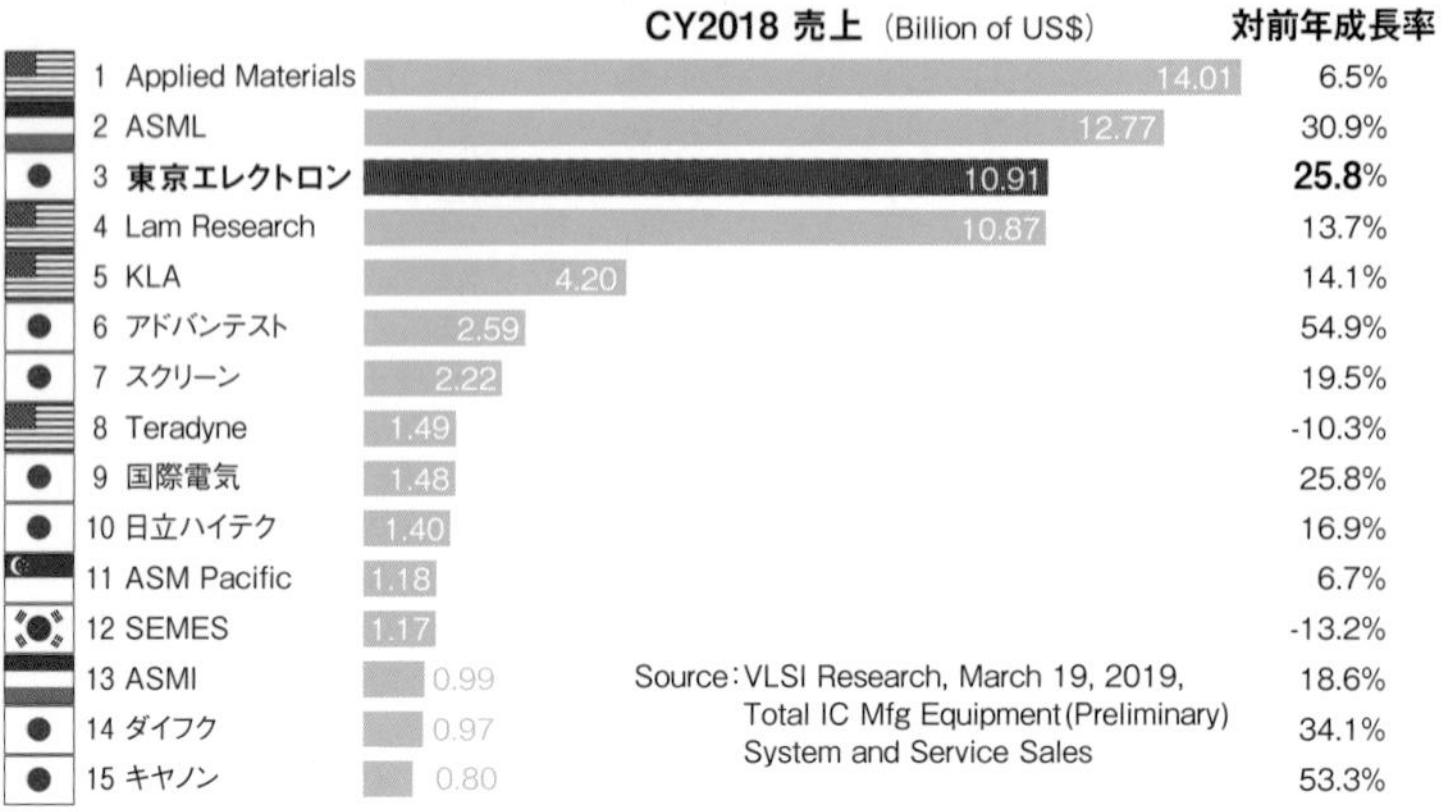

成長分野へ注力し、売上成長率で同業他社を凌駕

VLSI Reserchデータを元に東京エレクトロンで図表を作成

営業利益率＝世界で競争する力

次に、注目しておくべき主要財務データを見ながら、東京エレクトロンの今までを見ておきましょう。

会社の成長において「売上高と売上総利益率」、「営業利益と営業利益率」、「純利益とＲＯＥ（自己資本利益率）」が重要な指標になる数字です。

それでまず「売上高と売上総利益率」を見ますと、二〇一七年以降、トントン拍子で伸びています。半導体のマーケットが伸びているということです。いわゆるＡＩ（人工知能）、ビッグデータを中心として、業界がどんどん伸び始めているのです。これは当面、続くであろうとみています。

今まで半導体というとＰＣと電話が中心でしたが、ありとあらゆる分野、例えば健康分野、医療分野もそうですし、ファクトリーオートメーションもそうでしょう、

AI、ビッグデータを活用するようになってきています。つまり躍進期に入ってきているのです。

次に「営業利益と営業利益率」についてですが、これらの数字が何を意味しているかというと、世界で競争する力です。我が社の二〇一九年度の営業利益率は二四・三％です。日本の場合には、この数字がかなり低いです。多くの会社は十数％の営業利益でしょう。あるいは一〇％に満たないところもあります。我々の業界で言いますと、二五％ぐらいが世界レベルといいますか、これくらいの営業利益率で戦っていかないと負けてしまいます。つまり、この数字を見るのは、世界で競争する力といいますか、その辺りを確認する指標になっています。もう一つは、この営業利益が上がって初めて株主やステークホルダーに還元できるわけですから、この営業利益率は重要なポイントで、会社経営の指標にもなります。もちろん社員への還元も、この営業利益が高ければ高いほど多くできるわけです。

それから「純利益とROE」。二〇一九年度で三〇・一％になっています。ROE、つまり自己資本をいかに効率的に運用して利益を生み出しているかという数字ですが、これで見ると世界レベルが三〇％程度です。東京エレクトロンも世界レベルになっているということですね。ここも日本の企業の場合は非常に低いです。ROEが低いということは、営業効率が悪いということですから、株主への還元が非常に弱いのです。逆に言うと、投資家からの資金が集まりにくいということにもなります。

さらに純利益が高ければ、税金を通して、国あるいは地方に還元する割合も大きくなるわけであって、いわゆる会社のベースをつくっているステークホルダーに対してどれくらい還元できているかが、この数値で把握できるということです。

成長の要因を探るために世界を知る

では当社の成長の要因についてお話ししていきましょう。当社が成長した要因を大きく分けると三つ、「グローバル化とビジネスモデルの変革」、「企業文化」、「利益への強いこだわり」があります。

まずグローバル化とビジネスモデルの変革であります。世界の半導体生産の地域別構成比を表した図表4-3を見てもらうとわかりますが、ジャパンアズナンバーワンといわれた時期から、どんどん下降し、現在ではアジア地域が伸びてきているといった状況です。

まず一九八〇年代後半から一九九〇年代初頭にかけて、日本が世界一になる、上り詰めた時期があったわけですが、そのときアメリカは一旦落ちます。その後、アメリカが伸び始めた一九九〇年の前後、このあたりで日米貿易戦争といわれる状況になってくるのです。今の米中問題みたいな感じですけれども貿易戦争があって、それで日本はアメリカにかなり厳しい条件をつけられたわけです。その後、アメリカが伸びて、もう一度、世界一になります。

この背景にあったものは、貿易戦争だけではありません。アメリカをリードしていたインテルが、以前はメモリーの会社だったのですが、メモリーから撤退しまして、いわゆるマイクロプロセッサーに事業転換したのです。それが完璧に功を奏しました。アメリカが世界をリードするきっかけをつくったのです。これに大きな転換があったと思います。

図表4-3 | 半導体市場の変化

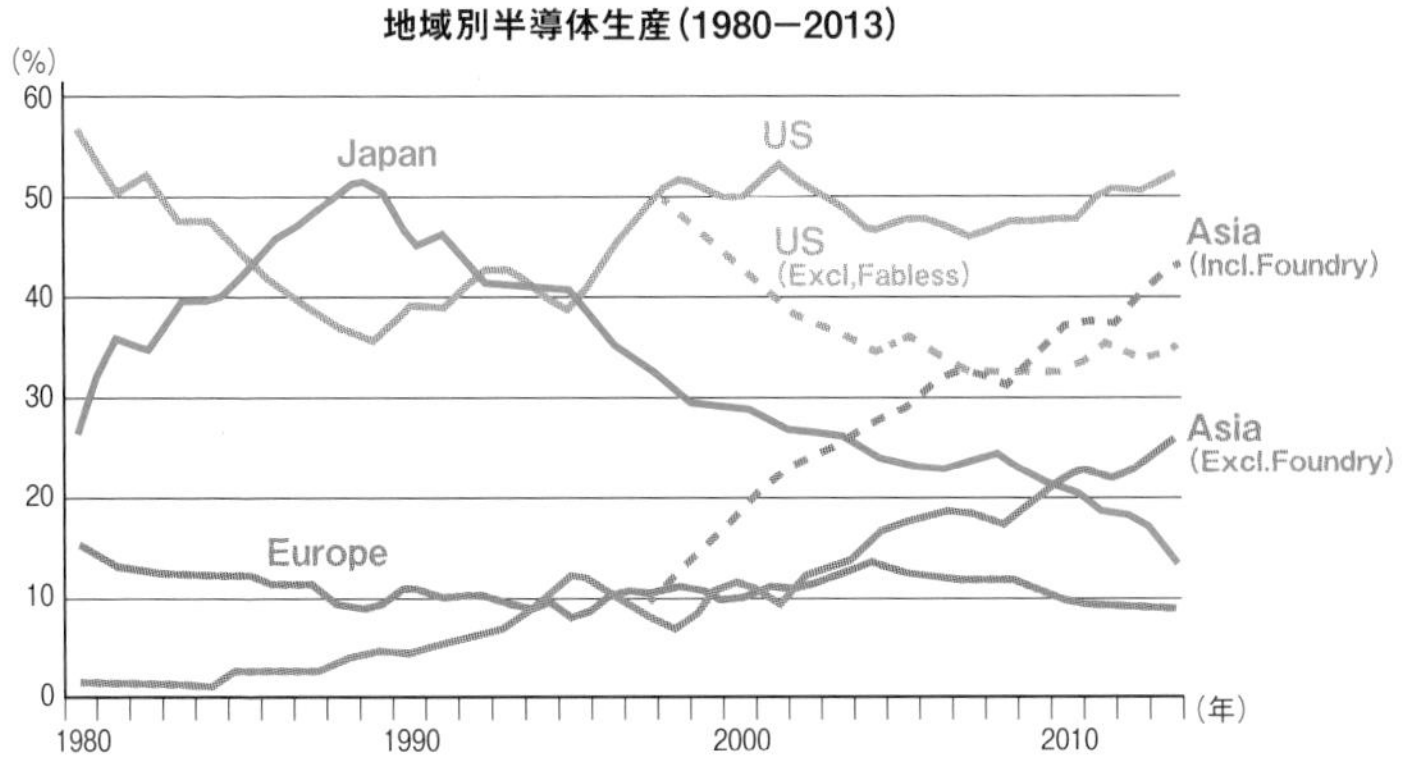

日本の競争力の衰退と半導体製造拠点のアジアシフト

出所：WSTSデータを元に東京エレクトロン推定

ヨーロッパはずっと横ばい状態ですが、日本がどんどん落ちていく中で、アジア地域が伸びています。注目すべきは韓国です。有名なところではサムスンが、どんどん業績を伸ばしていますね。アジア地域を示す緑の線が二つに分かれていますね。点線で示しているのが台湾でTSMC(Taiwan Semiconductor Manufacturing Co., Ltd)をはじめとした、ファウンドリーモデル(注3)といわれている、製造だけして開発はしないという企業です。製造に徹するというファウンドリーモデルでどんどん製造をしています。一方、ファウンドリーを委託している会社のほうに注目すると、アメリカの太い線に示されています。つまりアメリカでは製造はしないけど開発するという会社があるわけです。それで、その製造はしない部分の売上を引くと点線のアメリカになるわけです。こういうような形で、二〇〇〇

(注3)ビジネスモデルの一つで、他社から生産委託を受けて製造のみを行なう企業のこと。高い製造技術を売りにして、多数の企業と事業を行なうことが多く、特に半導体産業で一般的になりつつあるビジネスモデルといえる。

～二〇一〇年近くになると、いわゆる生産・製造は、完全にアジアにシフトしたと言えると思います。日本の競争力の衰退と半導体製造拠点のアジアシフトという図が見えてくると思います。

これが意味するものは何かといいますと、以前は欧米とアジアの間に日本が存在していた、架け橋的な役割をしていたわけです。欧米の技術を日本が吸収して、それを使ってアジアに販売する。そういうビジネスモデルで欧米とアジアを結んでいたわけですよ。ところが、近年は完全に日本が脱落して、欧米とアジアが直接ビジネスを始めたということです。要するに、ファウンドリーモデルとファブレスモデル（注4）っていいますけれども、いわゆる開発を中心とするアメリカ、それから製造拠点としてあるいは製造を中心とするアジア、それが一緒に動くという構造になってきているのです。このような動きは半導体だけではなくて、いろんな分野で現れてきています。

こうした状況の中で日本がリーダーシップをとるためには、真の技術リーダーシップをとれる力を持たないとダメだということです。つまりアジアの要求を満たす技術・スピード・コストが重要です。ＩＴ、ＩｏＴの世界では、いわゆる「The better,The sooner,The cheaper」と表現されるように、「より良く、より早く、より安く」ということが重視されるわけです。日本もそうした世界のリクワイヤメント（要求）に応じられるように変化していかないとダメなのです。

成長の要因1：グローバル化とビジネスモデルの革新

当社のグローバル化という観点でざっと振り返ってみたいと思います。創業当初、当社は商社でした。技術専門商社です。付加価値の高いものを日本のマーケットに売るというビジネスモデルですね。その後、メーカーになりました。もともとの付加価値の高いものを自分たちが作るということを始めたわけです。メーカーになったことで会社が得る付加価値の領域が増えたわけですね。

そして世界を視野に入れたグローバリゼーションです。それまでは、ほとんどが日本中心のビジネスでした。マーケットを世界に広げることによって、利益が生まれる場を増やすことを考えたわけです。それから、さらなる技術革新です。これは世界的な競争関係の中で、世界トップの会社と開発を一緒にしながら、技術的なリーダーシップをとって、それによって利益を得るようなあり方を模索するという方向へと進んできたわけです。

当社がグローバリゼーションを意識し、進展させていったのが一九八〇年代後半から一九九〇年代にかけてです。私が社長になったのは一九九六年です。ちょうどその辺りが面白いところなので、そこを中心にお話ししましょう。

（注4）ファンドリーが製造のみを行なう企業であるのに対し、開発に特化した企業やそのビジネスモデルをファブレス（ファブレスモデル）と呼ぶ。

初めは、グローバリゼーションといっても、販売あるいは売ったものをサポートするようなサービスでした。ステップ1といいますか、一九九三年あたりからの動きですね。

ステップ2としてはコーポレートガバナンス強化を図りました。それが一九九八年くらいからです。コーポレートガバナンスは、会社の根本的な体制といいますか、株主とか、ステークホルダーの利害、あるいはお客さんを含めて、そこからの利害に対して応えられる体制をいかにつくっていくかということです。ですから、当社を支援してくれている人たちの声が反映できるような会社の組織づくりをするということになります。非常に透明な形で会社がオペレーションできていることを示すということです。ステップ1のグローバリゼーションというのを世界から見て、いかに信頼されて期待されるような形で推進していくかという観点で、構造を作り上げることを目的としていた、これが二番目です。

ステップ3は海外開発拠点の拡充を図った時期です。二〇〇九年からの動きですね。世界的レベルでリーダーシップをとるためには、どういった体制でやっていくかを検討したわけです。そして、世界をリードしている会社と一緒に、開発体制をつくっていくことを決めました。こうしたステップがそろって、初めて真の意味でグローバルな会社であるといえると考えています。

ステップ1：ダイレクトオペレーション決断までの道筋

グローバル化といっても当初はすんなりと、先にお話ししたようなステップが見えていたわけではありません。実は、一九八七年、私が営業部長だった頃ですが、「アメリカマルチメディアの旅」が企画されました。

当時、東芝の副社長だった川西さんが業界の若手を一〇人ぐらい集めてアメリカに行こうと計画をされたのです。一〇日くらいの日程で、音とか視覚、画像認識、文字認識などを全部一緒にしたような技術ができているというので、マルチメディアを見学に行く旅が計画されたのです。今で言えば、VR（仮想現実）とか、AR（拡張現実：人の知覚をコンピューターにより拡張する技術）とか、そういうものの最初のとっかかり的な技術ですね。アメリカは、どんなふうに動いているのかを実際に見てみようということで行ったわけです。

最初に訪ねたのはカリフォルニアのシリコングラフィックスという会社でした。シリコングラフィックスは、映画「ジュラシック・パーク」を作った会社です。これが一九八七年、今から三〇年前です。三〇年前に、そういうVR、ARみたいなものが、そこでできていたということです。そこには多くの研究者が来ていました。日本からも東芝のエンジニアが十数人参加していました。そういう世界の英知を集めて、今のAR、VRみたいなものの元になる技術が、ここで形成されていたということです。

次に訪ねたのは映画会社とか、IBMとか、インテルとか、モトローラとかでした。そして、これは大変なことが起きているなと実感したのです。一九八〇年代の後半っていうと、世界ナンバーワンになったことで、日本の半導体業界は有頂天になっていた時期ですよ。その時期に、こんな技術がアメリカでは生まれてきていたのです。実感として日本は近い将来、世界の半導体業界から置いていかれると思いました。

それから、五年くらいがたっても、実際グローバリゼーションは進んでいませんでした。そうしている時に、一九九二年のことですね、アメリカの半導体メーカーから、「本気で自分たちとビジネスをやる気があるのであれば、間接ではなく直接取引をしないとダメだ」と言われたのです。それまで東京エレクトロンはアメリカの代理店を通じてアメリカの会社とビジネスをやっていたのです。ビジネスの割合を見ても、二五％ぐらい海外で、日本が圧倒的に多い状態でした。そういうことで開発も日本中心になっていたのです。そして、現地のセールスもサービスも代理店に任せるというやり方を続けていました。

確かに、日本から何人か派遣をして現地で仕事をしていたのですが、アメリカのお客さんが自分たちのやり方に不満を持っているということを常に感じていたのです。

ここで、やり方を変えなくちゃいけないと実感しましたね。世界のお客さんと一緒にやっていけるような体制を築かなくちゃいけない。これが当社のグローバリゼーションへの一歩になったわけです。

現地の優秀なトップを迎え、現地採用の社員のモチベーションを高める

動きだしてからの当社の勢いは驚くほどのスピードでした。アメリカ、ヨーロッパ、韓国、台湾で会社をつくり、海外拠点も増やしていきました。一九九〇年当時は代理店を通じてやっていたので、海外拠点は一カ国だけ、海外従業員数も八人、海外売上比率が一二％という規模でしたが、一〇年たった二〇〇三年を見ますと、拠点が一一の国と地域にあります。そして海外従業員は二四七五人、海外売上比率が七三％に成長しました。

ダイレクトオペレーション体制を敷き、ゼロから仕事をスタートさせたわけですが、極めて短期間で軌道に乗せることができたのです。

まず短期間で軌道に乗せられた理由の最大のものは、現地の優秀なトップの人を迎えたということでしょう。業界で、かなり有名な人を、相当お金を使って、現地のトップになってもらいました。そういう人が現地

会社のトップに就くと、アメリカでも韓国でも、台湾やヨーロッパでも、その人を慕って、また現地の優秀な人が入ってくる循環が生まれました。もし、現地の会社のトップに日本から派遣した日本人を立てていたら、優秀な社員は入ってこなかったでしょう。社員のモチベーションが全然上がらなかった可能性があります。そういった先着も、当社が大きく伸びていった一つの要因だと思います。

日本からは優秀な若手を派遣

そしてもう一つ、心掛けたことがあります。それは日本から現地へ派遣する社員は、優秀な若手にしました。そして現地の人と一体になって、事業を進めていく体制を作り上げました。これも海外で基盤を築くためには大切なことです。

東京エレクトロンでは、営業やサービスに関してはディストリビューター形式（委託契約）ではなく、レプレゼンタティブ形式（社を代表する体制の契約）を採用しました。会社を代表している自覚を持って、現地スタッフと日本人スタッフが一体となって働ける環境をつくったのです。これは非常に重要なことです。実は、海外拠点を作る段階で、どういった体制にしようか、ずいぶん考えました。アメリカの友人とも相談をしました。そして、現地のアメリカに完璧に任せるのか、あるいは日本人も入るような形にするのか。そこで、まず、何で東京エレクトロンが直接、海外の企業と一緒に事業をやろうと思ったのかという動機を考えました。そしてやはり一体となってやれるような仕組みを構築しておくことが、日本にとっても、あるいは世界のお客さんにとっても非常に重要だと結論を出したわけです。

ステップ2：コーポレートガバナンスの強化として経営者が会社を私物化できない体制を構築

次に取り組んだのがコーポレートガバナンスの強化です。世界の一流の顧客と付き合うためには経営から変わらないとダメだということで、経営の骨格を変えていきました。

まずは、取締役会と執行体との機能分離を実行しました。これは一九九八年に東京エレクトロンが最初に日本でやったことで、報酬委員会というのをつくりました。それから、倫理担当取締役、ストックオプション制度（社員や役員があらかじめ定められた価格で株式を購入できる権利を認めた制度）の導入にも着手しています。今では当たり前のようにどの企業も取り組んでおりますが、こういうのを始めたのは東京エレクトロンなのです。

当時、私はCEOで、報酬委員会は取締役三人だったんですけれども、CEOは入らない形で報酬委員会をつくりました。というのは、株主の観点から評価すべきだということで、こうした体制が成立したのです。実際にCEOが報酬委員会に入ると、どうしても権力構造ができて、評価自体が公平ではなくなる可能性が否定できません。ですが当時、CEOが入らない報酬委員会って何だ、CEOは自分の給料も決められないのか、なんていろいろなところから揶揄《やゆ》されましたけれど、基本的には、これが正しかったと考えています。そして、一九九九年に個別報酬を開示しました。当時はCEOの報酬といっても非常に低かったです。その後、徐々にバランスがとれるようになり、世界並みの給料が出せる会社になるという確信がありました。さらに、二〇〇〇年に指名委員会を設置しました。

こういう形で、欧米がやっているようなやり方とまったく同じではありませんが、それに近い形で体制を構築し直し、非常に透明度の高い会社のガバナンスを提示していったということです。そこが高く評価されました。

日本の企業の体制というのは、経営者が会社を私物化する傾向が非常に強くて、いろんな問題が起きました。こんなこと起こり得ない体制づくりが重要になります。

ステップ3：海外の研究開発拠点を拡充

この取り組みは世界のリーディングカスタマーとの共同開発をするために、海外に拠点を設けていったということなのです。まずは、ニューヨークに作りました。東京エレクトロンはIBMと非常に強い関係があったので進んだ話でした。アメリカで起きた同時多発テロ、9・11（注5）で、アメリカのツインタワーに飛行機が突っ込み、壊滅的なダメージを受けましたね。そこから、いかにニューヨークを復興させるかという動きが立ち上がり、IBM、ニューヨーク州、それから州立大学がまず動きだしました。そして彼らが東京エレクトロンに声をかけてきまして、一緒にやらないかと言ってくれたのです。最先端の開発拠点をニューヨークの周りに作る。それによって雇用を増やしていきたいという内容でした。当社も「では一緒にやりましょう」と動きだし、IBMが約一〇〇億円、ニューヨーク州が約一〇〇億円、東京エレクトロンが約一〇〇億円、それぞれが資金提供をしてスタートしました。当時一〇〇億円というのは、かなり大きな金額でしたけども、そこに開発拠点を作るという大きな一歩になったわけです。

（注5）二〇〇一年九月一一日、アメリカ合衆国でテロ事件が同時に多発的に実行された。実行犯はイスラム過激派テロ組織アルカイダ。

そういうリーディングカスタマーと本当に一体となって開発していく体制ですね。本当に魂の入ったことをやるという動きが大切なのです。今、韓国にも台湾にも、もちろん日本にも、そういった体制で作られた開発拠点があります。もちろんヨーロッパにもあります。ヨーロッパではｉｍｅｃ（注6）という研究組織の中に入ってやっています。

共同開発なんですけれども、そういった囲い込みがうまくできる体制が確立すると、それで常に先端の技術に触れることができるので、大変重要な拠点になるのです。今、いわゆるＡＩチップなどを作るための研究開発も、こういった海外拠点で行なっています。

パートナーとしての顧客との関係を構築

従来の日本の会社と顧客の関係をここで少し振り返っておきましょう。日本ではカスタマーオリエンテッドといいますか、「お客さまは神様です」という感覚が非常に強かったと思うのです。我々もそうでした。それは受け身で仕事をしているということです。お客さまが言うことを、いかにうまくやるかという、顧客密着型だと言えます。しかし、今後は我々がいろいろ提案していく形です。つまりピッチャー型と言えるでしょう。それによって単なる顧客密着型を超え、顧客の唯一無二のパートナーになっていくのです。

特に、この関係性が重要になってきているのにはアジア地域の企業の台頭が関係しています。こうした状況で技術的なリーダーシップをとれる会社と付き合っていくためにも、顧客の声に対応した姿勢を持っていないとダメなのです。

つまり顧客は世界一の技術を提案してくれるサプライヤーに期待しているわけですから。こういうスタンスは非常に重要なのです。

成長の要因2：企業価値を向上させる企業文化を醸成する

成長の要因の大きな二つ目は企業価値を向上させる企業文化です。今までお話ししてきたように、世界から支持される会社になるためには、技術革新を繰り返しながら成長を続けなくてはなりません。会社の体制、組織のあり方、世界情勢への対応、すべてが非常に激しい変化をくぐり抜けなければなりません。言い換えれば、変化に挑戦するエネルギーが会社の中になくてはいけない。そういうエネルギーのある会社とはどういう会社なのだろうか、と考える必要があります。一つは、私は夢と活力に満ちた会社だと思っています。それは標語にもしています。これは管理の連鎖ではなくて、やる気の連鎖なのです。やる気に繋がるような、そういう会社であることが重要なのです。

（注6）一九八二年に創設された国際的な研究機関で、太陽電池技術、エレクトロニクス技術、有機エレクトロニクス技術など次世代に繋ぐ技術の開発研究に取り組む組織。ベルギーのルーヴェンに拠点を置く。

風通しのよい環境とは何か？

ではどういう具合に、そうした会社にしていくか。それは、まず風通しをよくすることです。いろんな情報がトップだけに握られているのではなく、下部組織にまでスーッと伝達されるような仕組みが必要です。あるいは横の情報も行き来する環境が必要です。そういう環境が構築されて初めて社員は安心して働けるのです。情報が共有されにくい環境では、社員は何をしていいのかわからなくなり、自分から自発的に行動しようとしても、必要な情報が手に入らないと、不安なまま行動を起こすことになります。逆に、十分に情報が提供され、全体を見渡せる環境の中で行動を起こすのであれば、常に自分の考えや、行動を客観的に見ることも可能ですから、自信を持って行動できる、あるいは客観的な意見を取り入れながら進めるという点でも全然違ってくるわけです。

若い人に仕事を任せる体制づくり

次に必要なことは、任せるという体制です。若い人たちに仕事を任せる、あるいは若い人たちの能力を信じるということです。これも非常に重要でありまして、こういう環境で働く社員は、モチベーションが非常に高まります。働くことへの満足感も違ってきます。

失敗から学べる環境をつくる

そして、人と同じことをやらないことに価値を置くということです。後を追って人と同じようなことをやっている限り、会社としては利益率も低いですし、利益も伸びない。いつも他社から追われているような会社になるべきなのです。あるいは、追っていくような姿勢で事業をすることです。ですから、人と違ったことをやることを後押しするような会社でなくてはなりません。

人と違ったことをやる場合には、必ず失敗はつきものです。失敗しないことなんてあり得ないと言ったほうがいい。ですから失敗を恐れるんじゃなくて、失敗はするものだと言い切れる環境が必要です。しかし、ただ失敗するのではなく、失敗から学んで、次の新しい展開を考える。そういう姿勢や気持ちを尊重するような会社であることが重要なのです。

正当な評価を与える

当たり前のことではありますが、自分の能力、やった実績、そういうものを正当に評価して、それが報酬にも反映される会社でなくてはなりません。そういうことは重要であります。こういうような会社をつくっていかなくちゃいけないと考えています。

東京エレクトロンが歩んだ歴史からの学び……会社と社員はお互いに与え合う関係

こういう会社の体制構築が重要であると自覚したのは、東京エレクトロンが歩んだエピソードからのことでした。それは、ITバブルが崩壊して、二〇〇一～二〇〇二年くらいの時に、当社は初めて約一〇〇〇人を解雇（注7）するような事態になりました。会社がとったその行動は、社員からすると、裏切り行為だと感じられたでしょう。その後、社員のやる気がなくなり、仕事に対するモチベーションが湧かないという意見を耳にすることが多かったと思います。会社がロイヤリティーを求めても、それに対しては不信感を持っているという状態が続きましたね。それをもう一度、根底からやり直さなくてはいけない、という思いで、こうした会社の体制づくりを進めてきたのです。

二〇〇五年から東京エレクトロンの各工場を、三年間かけて何回も、すべての事業所を回りました。そして、東京エレクトロンが成長した原点は何なのかをまとめ、それを伝えて回ったのです。回った先の事業所では、社員と直接対話をすることも繰り返し行ないました。そして、経営会議で愛社精神を訴えていったわけです。そのときに私の友人が「愛社精神を求めるのも重要だけども、まず会社が社員に対して何をすることができるのか。まず会社が愛社員精神を見せないといけないんじゃないか」と苦言を呈してくれたのです。そうすれば、社員はおのずと会社についていくよと。まさにその通りだ、と思ったわけです。

さらに、聖路加国際病院の前理事長であった日野原さんがNHKの番組に出演されたときのお話がリンクしました。日野原さんは番組の中で、「大人は自分の大切な命の半分、あるいは三分の一か、命の時間を他人のために使っているのです」と語られました。家族のためであり、会社のためであり、社会のために使っていると。

そこで、命の尊さと同時に、会社に入って働くということの意味を考えさせられたのです。社員が自分の命を使って、会社に貢献してくれているのだという意識があるのと、ないのとでは、大違いだな、と感じたわけです。そして社員を守れるのは会社のトップであることも実感しました。そこを自覚することが非常に重要だと。これは原点だと思いました。

当社は東北にも拠点、工場があり、熊本にもあります。両方とも、大震災、津波といった被害に遭った地域です。社員も被災しました。家族が亡くなられたり、家がなくなったり、大変悲惨な状況が続きました。しかし、そうした中でも、社員は会社に来てくれるのですよ。まずは自分のことを優先しなさいと言っても、会社、工場再建のために、働いてくれるのです。こうした姿を見ると、社員を守ることがもっとも重要な会社の役目だと痛感するのです。そういう姿勢をトップマネジメントが持つ会社であることが重要だと考えています。

これが一つの大きな企業文化ということになると思います。

成長の要因3：利益への強いこだわり

最後になりますが、東京エレクトロンの経営理念に関してのお話を進めましょう。

「社会や産業の発展に貢献すべく企業価値の向上をめざします」。これが普通の会社が書く経営理念の文言だと思います。ところが東京エレクトロンの場合は、「社会や産業の発展に貢献すべく、利益の追求を重視し企業価値の向上を目指します」と「利益の追求を重視し」という言葉が明記されています。要するに、社会や

（注7）二〇〇一年にＩＴバブルが崩壊し、二期連続の赤字となった東京エレクトロンでは、初めて一〇〇〇人の人員削減を決断した。当時の最高経営責任者であった東哲郎氏も職を退き、会長となり、執行の現場から離れた。

産業の発展に貢献するためにも利益追求が非常に重要なんです。それを実現するために企業価値の向上をめざす、と繋がるわけです。

どういう考え方かといいますと、利益は、自分を実現する、例えばエンジニアであれば、自分の技術、営業であれば自分の顧客への働き掛け、そういう具合に、自己実現をする、あるいはグループで自己実現する、あるいは会社で自己実現していくことと、お客さまからの評価の掛け合わせであると考えているわけです。自分だけが満足していても、お客さまから評価されなかったら利益は生まれないのです。

例えば、他の人と同じことをやる、あるいは他の人の後を追うというやり方では、お客さまからの評価は低いです。他と同じぐらいでは、利益は低くなる。これ、どういうことかというと、やっぱり評価が低いということです。

つまり、次のようなことです。

利益＝自己実現×お客さまからの評価（顧客満足度）

これを高める。それで利益が生まれるという考え方なのです。

顧客満足は顧客が抱える重要な課題が本当に解決されたときに最大化されるものです。

このことが社会にも貢献することになると考えています。利益が大きくなると、「もうけ過ぎなんじゃないか」と言われることがあります。日本の社会ではそういう傾向が多いようですが、それは逆です。いかにお客さんに貢献しているかということを表しているのが利益ですからね。利益を高めるということが重要なのです。

経営統合計画準備から学んだこと

ご存知の方もいらっしゃるでしょう。当社は、二〇一三年にアプライドマテリアルズ社（注8）（アメリカ）との経営統合を計画しました。世界ナンバーワンの会社と我々で経営統合をして、別の会社をつくってやっていこうという計画でした。両社が一体化して、日米双方にわたる会社をつくろうじゃないかという形で準備をしていたのです。今までとはスケールの違う変革になると確信していました。成立すれば日本企業で初めてのケースになるはずだったのです。しかし、アメリカの司法省との間で、見解に隔たりがあり、成立しませんでした。とても残念に思っています。

この背景は、世界の半導体市場における地域別シェアを見たとき、日本が落ちていったという現実にありました。しかし、今度、産業構造上の変化があります。二〇〇〇年以前は、インテル社とマイクロソフト社がウィンテル連合して、これが業界のリーダーとして、ハイテクと半導体産業、製造装置産業を引っ張っていく構図ができていました。

それから二〇〇〇年以降から最近では、Google、Amazonとか、いわゆるサービス、ネットワークプロバイダーが業界をリードしている構図が生まれています。必ずしもハードウエアとかプロセスとかが重視され

（注8）世界最大の半導体製造装置メーカー。

ないような構造になってきました。

いうならば、我々みたいな装置メーカーや半導体メーカーから、Amazon とか Google とかへ価値が移行したのが、この二〇〇〇年以降から最近までの動きです。

これによって、技術革新におけるコスト圧力が、メーカーにとって非常に増加したわけです。そうした背景の中、日本のメーカーがシェアを維持できなくなってきたと言えるでしょう。

我々としては装置産業にバリューを取り戻したいと考えています。そこで出てきたのがアメリカのトップと日本のトップが一体になって、強い開発力と豊かなリソースを活用できる環境をつくろうということだったのです。そして顧客が抱えている問題の解決能力を増やしていくことをめざしたわけです。

膨大な夢を持って進めたのですが、経営統合は二〇一五年の四月に成立しないことになりました。

しかし、統合をめざして準備をした過程を経て、「東京エレクトロンは意外と強い」ということが再認識されました。

具体的に言いますと、お客さまからの絶対的な信頼は、アメリカの企業に比べると圧倒的に当社が強いということがわかったのです。それから我々が持っている製品の価値、技術力。これらもかなり優れていると実感いたしました。なにより、チームワークは抜群にあることがわかったのです。社員の可能性を信じるという点でも、アメリカの企業とは比べものにならないくらい、非常に強いということが再認識されて、これは絶対、伸ばさなくちゃいけない特長だと認識した次第です。

見えてきた弱点

同時に、やっぱり弱点も再認識することになりました。相手がすごいってことなんですが、真のグローバル企業のあり方、それから利益に対する徹底的な姿勢、こういう点では先方の企業は圧倒的に強いと実感しました。グローバル企業のあり方で言いますと、会社の人材において、アプライドマテリアルズ社は世界の優秀なタレントを集めているような会社です。

一般的にもそうですが日本の企業の場合は、圧倒的に日本人社員が中心になっているでしょう。それでもって世界と戦おうとしているわけです。ところが先方の場合には、内部がもう、そのままでグローバルなのです。内部の人たちは、社内においてすでにグローバルな中で切磋琢磨《せっさたくま》していて、それだけの力を持っているのです。最初からそういう人材、才能を集めているということもあります。この辺りは、やはり今後、日本の企業も、世界の才能を集めることを考える必要があると思いました。

またグローバルという視点では経理システムなどについても言えることです。各国で展開している事業に関しても、状況を把握できるシステムを構築する必要を感じました。

それから利益に対する徹底的な姿勢が違います。本当に顧客の役に立つのか、どれだけ顧客の問題を解決できるのかをずっと吟味し続ける。そういった姿勢に非常に刺激を受けました。

こうした世界のトップ企業のあり方を、我々含め、日本の企業は徹底的に学ばなくちゃいけないのです。

日本企業の課題とは？

日本の企業文化の側面から見た問題点として、今、感じていることは、世界で主導権を取るという気概が見られない点です。それから利益への執着心も弱い。内向き思考で、多様性を認めない、変わることへの抵抗感が強い。これらの問題点は変えないと世界に太刀打ちできません。

逆に、非常に強い点で言いますと、技術の要素になるようなものがそろっている。つまり多様なものをしかも豊富に持っているということが日本が圧倒的に強い点です。しかしながら、この強さを活かせていないのが現実です。

例えば、一例ですが、自動運転とか遠隔医療とか、日本が技術的に優れたものを持っている分野を使い、ハードウエアの価値を重要視する方向でうまくやれば日本の強みがより有利に働くのではないかと考えています。

もう一つ、日本が変わらないといけないと考えているのが、ネットワーク、繋げる力の強化という点です。研究開発における人的ネットワークが日本は孤立的で希薄であると感じます。これがいろんな意味で競争力に影響を及ぼしているのではないか、と感じます。

課題は世界レベルで強者《つわもの》連合が組めるかということです。日本だけで実行しようとすると敗者への道が続いているだけです。そして、コアテクノロジーとしての半導体を強化していくことが重要だというのが、私の結論です。

これから5Gネットワークの世界が始まります。ますます膨大なデータの送受信が可能となり、想像を超える未来が始まるでしょう。それに伴いデータセンターの分散配置化が進み、サーバーの性能向上、さまざまな変化が加速度的に現実化していくでしょう。こうした技術革新がある限り市場は拡大していきます。
そうした未来が始まっているのです。

［質疑応答］

社員の能力を伸ばすこと＝社員を守ること

――社員を守るとは、どういうことなのかをお聞かせください。

東　雇用は保証できないという言い方も一つあると思うんですけれども、我々の姿勢としては、やっぱり雇用を極力守ることが第一だと考えています。そうでないと社員も会社の中で生き生きと働くことができないでしょう。

やはり、日本はアメリカに比較すると会社間の流動性は非常に低いです。アメリカの場合は、キャリアを積み職場を移った場合には必ず高いポジションに移っていくわけですね。アメリカにはそういう社会が確立しているわけですが、残念ながら日本はそうではない。だとすると、会社の中で社員を伸ばしていく。そのためには教育にも徹底的にお金をかけることが必要になってきます。

東京エレクトロンの場合に、TEL UNIVERSITY（注9）というような、大学ではないですが、会社の中で教育のチャンスをつくっています。社員の能力をどんどん伸ばしていくことに取り組んでいます。その後、その社員が東京エレクトロンを離れることを選ぶのは、社員の自由です。だけども、そういうふうに社員を伸ばしていくっていうことが重要だし、いい働きに対しては社員に還元していく姿勢が必要だと考えているのです。ボーナスも今、東京エレクトロントップクラスです。社員を重視していく会社であることが重要だと思っています。

――今後、アプライドマテリアルズ社との統合話が、再燃することはあるのでしょうか。

東　あり得ないと考えています。どうして統合が成立しなかったのかを考えると、いわゆる現実に出ている製品のレベルではなくて、開発の部分で、ダブっている部分が非常に多いというのが理由だったのです。

今は、当時開発していたものがだんだん世の中に出るようになってきていて、競争が激しくなってくるだろうと予測されるわけです。そういう意味合いで言うと、アプライドマテリアルズ社との統合というのは無理だと考えるのです。ただ、いわゆる技術を持っている別の小さい会社、国外国内を問わず、そういう会社との統合を考えることはあり得ます。

重要なのは、今後ＡＩをはじめ技術が加速度的に進む中、最先端の企業と、どれだけちゃんと一緒にやっていけるかは、東京エレクトロンの能力が問われるところだろうと考えています。

――海外の事業所においても社員を重要視する、社員のエンゲージメントを高めるような労使関係といいますか、そういう関係をめざすというのは、共通の考え方なんでしょうか？

東　そうですね。統合のときも、実は私はアプライドマテリアルズ社で話をしたのです。そうすると、社員の反応が変わるのです。何ていうか、経営が変わるのではないかと思うのでしょう。要するに海外で働いている人の中でもアジア人が多いのです。そういう人たちは、上ばっかりを見ている仕事で、非常にストレスが高い状態で働いている環境でもあるわけです。言い換えれば、安心して働き続けられる環境で働くほうがいいと考えている社員も少なくないわけです。そういう背景もあり、社員を大切にする企業文化については、期待される部分が大きいと感じています。

（注９）社員がキャリアを形成し、自己実現することを目的として、社内共通教育機関として設置。

――海外現地のトップが短期志向で経営を進めてしまう懸念について教えてください。

東　海外現地のトップクラスに立つ人というのは、我々の考え方を本当に理解してくれる、そういう人ですね。その人と我々が本当にコミュニケーションをとっていれば、我々のめざすもの、そして現地の価値観、そういうものを互いに共有できる関係を維持、構築しながら運営することができます。ですから、現地の優秀な人をトップにして、任せれば何でもいいっていうんじゃなくて、やっぱり我々と価値観を共有できる関係を構築することを怠ってはいけないということです。

東京エレクトロン株式会社本社内観（東京都港区）

東京エレクトロン株式会社

1963年11月に設立してから半世紀。技術革新を繰り返しながら時代に応じた組織編成、ビジネスモデルの展開をし、半導体製造装置メーカーとして世界に注目される企業となる。社会、社員、顧客に貢献することをめざすために利益追求に強いこだわりを持ち続ける経営姿勢も日本企業においては特筆すべき特徴であり、世界を視野に入れたグローバル企業の姿勢を感じさせる。

東 哲郎（ひがし・てつろう）

東京エレクトロン株式会社　取締役相談役

1973年に国際基督教大学教養学部社会科学科を卒業後、東京都立大学大学院社会科学研究科修士課程を修了し、1977年に東京エレクトロンに入社。27歳まで学者になろうと勉強していた彼だが、46歳で社長に就任し、2016年まで経営の第一線で活躍し続けた。日本の半導体メーカーが衰退する中、東京エレクトロンを世界的な半導体製造装置メーカーに成長させたカリスマ経営者と呼ばれる。

Column

顧客目線で価値を考える

東京エレクトロンは、シリコンサイクルに左右されやすく、一般的に業績のボラティリティが高いとされる半導体製造装置業界において、長期に渡り高位安定した営業利益率を維持することができている数少ない企業の一つです。そして、このような高位安定した利益率を維持し続けることができている背景には、「利益」に対する当社独自の考え方があるように思います。

一般的に「利益」というと、「利益＝売価－原価」の方程式が思い浮かびます。このような考え方においては、利益を最大化させるために「いかにして安く仕入れて、いかにして高く売るか」ということに意識が集中しがちです。

一方、本稿でも述べられているとおり、東京エレクトロンでは、「利益＝自己実現（自分自身の仕事）×お客様からの評価（顧客満足度）」と定義しています。そして、「顧客満足度」は、顧客が抱える重要な課題が解決されたときに最大化されるとしています。

前者と後者の違いを意識して内容を少し言い換えてみると、前者では「原価がいくらか」を起点に売価や利益が決まる一方、後者ではその製品・サービスを提供することによって達成される「顧客満足度」を起点に売価や利益が決まると言えます（図参照）。前者と後者の決定的な違いは、「顧客目線で価値を考えているか」という点にあると思います。

図表4-4 ｜ 一般的な売価の考え方

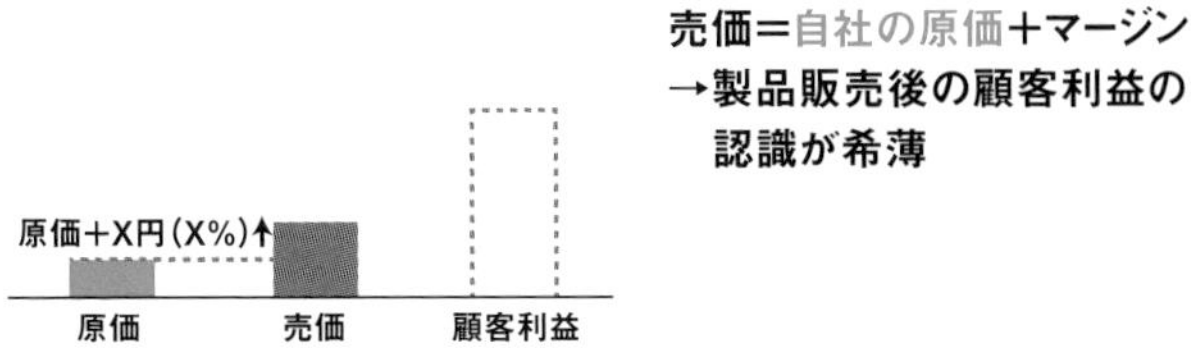

図表4-5 ｜ 明確に“価値”を提供できる企業の売価の考え方

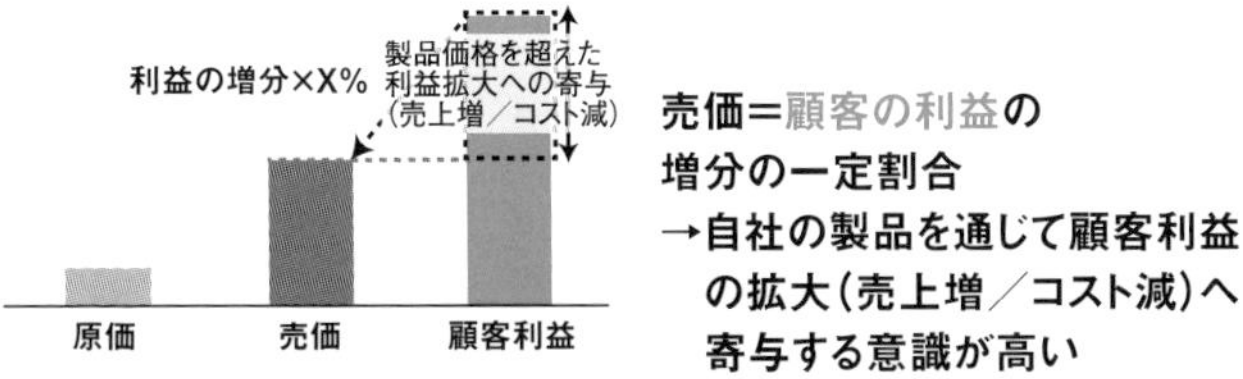

顧客目線で価値を提供している企業の例として、米国のEcolabという企業があります。

Ecolab社は一九二三年、ホテル向けのカーペット洗浄剤の製造・販売から事業がスタートしました。顧客であるホテルは、これまでカーペットの洗浄はホテルを閉館させてから行っていましたが、同社が販売する洗浄剤を使用することで汚れた部分だけを局所的に洗浄できるようになり、閉館時でなくともその都度洗浄作業ができるようになりました。

また、性能の良い洗浄剤のおかげで、洗浄時に必要な水の量も減り、毎月支払う水道代を削減することができるようになりました。

そして、上記のように顧客であるホテルのコストを削減するソリューションを提供していることにちなみ、同社の社名はEconomic Laboratory

図表4-6 | Ecolabのセグメント別営業利益・営業利益率の推移

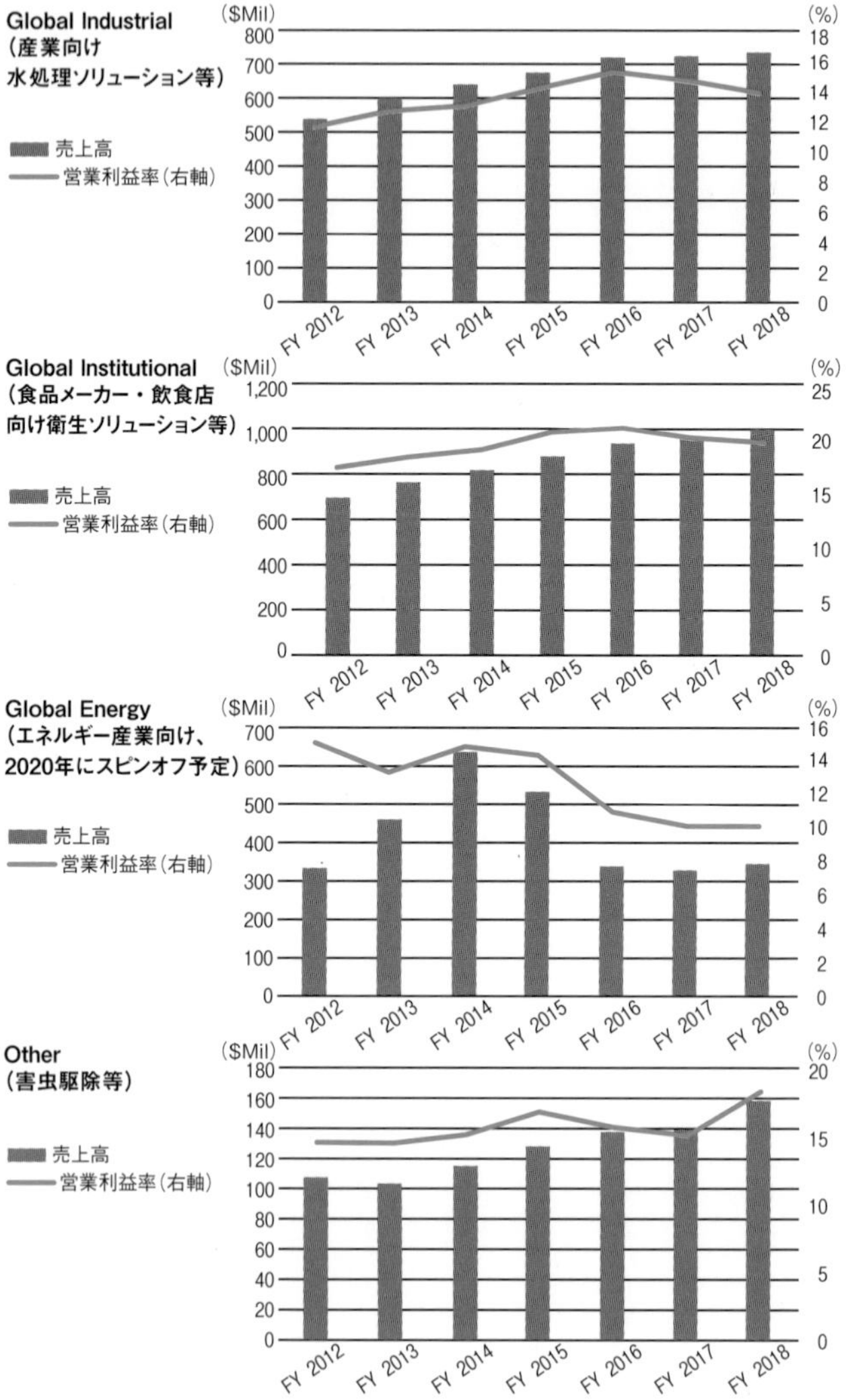

（のちに改名してEcolab）と名付けられました。

創業から間もなく一〇〇年となる現在の同社の事業は、買収等を経て非常に多岐に渡りますが（産業向け水処理ソリューション、食品メーカー・飲食店向け衛生ソリューション、害虫駆除等）、いずれの事業においても安定した高い利益率を実現することができています。そして、それぞれの事業で一貫しているのが、「顧客のコストを削減するソリューション」を提供しているという点です。

東京エレクトロンとEcolabで共通しているのは、言うまでもなく「顧客目線で価値を考えている」という点です。そして、講義でも述べられているように、この考え方は顧客の要望は全て受け入れる「お客様は神様」という考え方とは全く異なります。「お客様は神様」という考え方では、一見すると顧客のニーズに丁寧に応えているように見えますが、結局は顧客の期待以上のことはできないため、他社との競争に巻き込まれ価格競争に陥り、収益性が低下します。

一方、この二社のように顧客目線で自分たちに何ができるかを考え次々とソリューションを提案することができれば、顧客の新たなニーズを呼び起こし、高い価格を払ってでも買いたいと顧客に思ってもらうことができ、結果として収益性を向上させることができます。このような考え方は、企業経営に限らず、様々なビジネスの場面においても活用できる考え方ではないでしょうか。

地域を豊かにして、一緒に豊かになる

日本植物燃料株式会社　代表取締役　合田 真

京大探検部でビジネスの神髄を学ぶ

皆さん、おはようございます。日本植物燃料の合田と申します。私は京都大学法学部に一九九三年に入学いたしました。この法経第7教室にもよく来ていたので懐かしいなと思っています。といっても、授業で来ていたわけではないんです。実は私、ほとんど授業に出席していません。なぜかというと、当時の大学の授業は教科書の中身を伝えるのが中心で、それだったら授業に出ても意味がないと考えていました。

もちろん、九〇分の授業のうちの一、二割ぐらいは本にも書いてないことも教えてくださると思いますが、そのためだけに学校に行くのはバカバカしいと考えていたのです。

法経第7教室に来ていた理由は、一九九六年当時、文部科学省（当時は文部省）から副総長を派遣して大学の管理を強化するという動きがありました。管理を強化した教育などされたらつまらない人間が育ってしまう、そう思った私は、それに反対する活動をしておりました。その司会役で、この教室を使ったのです。何かご縁を感じますね。

そのような感じで私は一九九九年まで大学に在籍していましたが、大学は中退して二〇〇〇年に自分で食べていくためにビジネスを始めます。そのビジネスをやる上で非常に勉強になったのが探検部の経験でした。

もともと探検自体、大航海時代の商業主義を体現しているところがあります。お金持ちから探検をするためのお金を引き出して、ライバルに負けないように独自の航路を開拓して、東南アジアまで来て、当時、黄金の粒といわれたコショウを仕入れて大もうけしようというマインドがある。根っからの商人のマインドなのかなと思います。

もう一つ、探検部で学んだことがあります。それはリスクの取り方です。ビジネスを始めたら、失敗したらどうなるか、莫大《ばくだい》な借金を背負うかもしれないとか考えるわけです。普通に考えればとても怖いことなのですが、借金を負っても死にはしないと思っていました。

実は私が現役の頃に後輩が登山中の事故で三人亡くなりました。私の四つ上の世代では一一人ぐらい亡くなっている。ある意味、死を身近に感じていたところがあるのです。失敗したら死ぬという世界にあって、自分がビジネスで失敗しても死ぬわけがない、そう思っていました。探検部のおかげでリスクテイクの耐性ができたのはよかったのですが、少し取り過ぎるきらいがあるので、そこは気を付けねばと思っています（笑）。

さらに探検部の人は、文化人類学系の人たちがフィールドワークするのがとても多い。だから、現場の観察

講演者・合田 真氏

力に優れているわけです。情報やデータをメモに残し、その集めたデータを分析するノウハウを学びました。

後ほど、詳しく紹介しますが私は二〇〇六年あたりから、アフリカでビジネスをやっているんですね。当然、日本とは感覚も違うし、常識もまるで違う。例えば一〇時三〇分から授業をスタートすると言ったら、私たちは一〇時三〇分から授業が始まるというのは当たり前だと思うはずです。ところが、アフリカだったら二、三時間後にバラバラと集まってくるというのが常識のところもあります。これは生きている世界観の違いなんで、時間を守れと怒っても意味がないんです。

もっと重要なことは、表面的に現れていることではなく、もっと深い価値観の部分だと思います。私たちは時間をきちんと守ることが当たり前だと思っているけれども、彼らはそこにこだわる理由がわからない。その感覚の違いには文化や価値観がある。そういうことを学ぶことができたと思います。

価値を知っていただくには、情報を真摯《しんし》に伝えることも必要

私は六回生で大学をやめて商品先物取引の会社に営業職として就職しました。二〇年ほど前のことですが、一般的には、多分嫌われている業種です。株取引の営業も昔は株屋っていわれていた時代がありましたね。信用がないわけです。

しかも、私たちの時代は、先物商品に対してお客さまの買い付けの依頼は、ほとんどありません。営業マンがマーケットの情報をお客さまに提供して取引の決断をしてもらうという営業スタイルでした。マーケットの情報を深く調べているお客さまもいらっしゃいましたが、ほとんどのお客さまは営業マンが提供する情報を信じて取引をすることになります。ですので、取引が決まるか決まらないかは、担当者を気に入ってもらうしかない。「お前が言うのだったら、その取引をする」というように、担当者との人間関係で成り立っているところがありました。相手に信頼されるためにはどうすればいいのかということを身をもって学びました。

ある石油会社の社長に一億五〇〇〇万円くらいの資本を出してもらったことがあります。私たちがやっているバイオ燃料のビジネスは、パームや菜種、ひまわりなどの植物から搾油した油を精製して燃料にし、それを販売してお金を稼ぐビジネスです。

当初、その話を社長にしたところ社長は「果物を搾ったジュースで車が走るような話にはついていけない」

とほとんど聞いてくれませんでした。しかし、それだけで諦めずに、三カ月ごとに、私たちのビジネスの進捗《しんちょく》状況を伝え続け、ちょうど三年くらいがたったとき、「君が言っているような燃料が世の中で回りだしたな」と言ってくれ、資本金を出してくれたのです。その企業の価値やビジネスの価値を知っていただくのは、事業計画書や決算書といった客観的な事実やデータで書かれた書類も、もちろん重要です。しかし、ビジネスを真摯に伝えることも重要だと思うのです。そうしたことを私は商品先物取引の営業の時に学びました。

「マイネーム・イズ・チーズ」

私は、海外の人が集まる国際会議に参加するときには、必ずひと言は何か発言をすると決めています。私たちは中小企業ですから、黙っていたら何の影響力もありません。でも、そういう場所で、自分の存在を相手に記憶してもらうことは大切です。

例えば、アフリカではプライオリティー（優先度）が高くなる基準が友達にあります。行政機関に仕事の書類を提出するとします。普通に提出すると担当者がいつ処理するかは不明です。なぜならば、担当者は自分と仲のいい企業の書類から処理をするからです。だから、行政の担当者と仲良くなることは非常に重要です。そして、そのためには自分が何者であるのか、誰なのかということをアピールする必要があります。

逆のことを想像するとわかりやすいかもしれませんね。大勢の人が出席する会議で、何人もの人から名刺をもらっても覚えきれない。しかし、その中でも長い付き合いが始まる人もいる。一方で、その場限りで忘れてしまう人もいる。この違いはアピールの違いだと思います。自分から相手に伝える努力をしなくてはいけません。私は海外で自己紹介するときによくやるのですが、「マイネーム・イズ・チーズ」というのですね。多くの人は、それを聞いて興味をそそられる。そして、ゴーダチーズを示します（笑）。ヤギのチーズですね。GOUDAと書かれていますから、覚えてもらいやすいのです。

これでだいたい「あのチーズのやつね」と、何百人いる会議のところでも、これをやっとくと覚えていただけるんですね。

アフリカでバイオ燃料のビジネスをスタート

私が飯を食べるために起業した会社は日本植物燃料という会社です。バイオ燃料、再生可能エネルギーを柱にしてビジネスをしています。再生エネルギーが可能なバイオ燃料だと半分農業みたいな要素があります。そのため、努力をしても付加価値を付けるのが難しいという面があります。もちろん、CO_2を削減します、というのは、一つの付加価値ではあるのですが、一方でウリはそれしかないとも言えるのです。私たちは、有機無農薬で生産した植物から作ったバイオ燃料を販売しています。有機無農薬で作っている野菜は、普通の農法で作られたトマトと比べて五〇円高い、一〇〇円高いのは当たり前です。ところが、バイオ燃料の原材料にすれば最終的に燃やしてしまうのでそこで付加価値を付けるわけにはいかない。付加価値を付けられないのであれば、コストを下げて利益を上げるしかありません。

生産の段階でコストを下げるとすれば、土地代や人件費が安い所で生産をするしかない。そこで私たちはアフリカに行き着いたというわけです。

アフリカじゃなくて東南アジアという選択肢もありました。しかし、土地が狭い。また、東南アジアは雨も十分に降るので、バイオ燃料の材料として農作物を作らなくても、食料として売れる作物が十分に作れるわけです。わざわざ、エネルギーの材料のように薄利の仕事をする必要はありません。

一方、アフリカの土地は広大にありますが、気候条件が厳しい。乾燥していますから、作れる作物が限られている。バイオ燃料の農作物でも喜ばれるという事情もあって、私たちはアフリカでスタートしました。スタート時点で一万人ぐらいの農家でバイオ燃料の原料となるヤトロファ（Jatropha）という作物を作ってもらっています。

インフラの概念を変える発想力

私たちの活動の中心はモザンビークという国です。マダガスカル島の向かい側に位置します。南北二〇〇〇kmぐらいですから、日本の南北ぐらいの距離感ですね。その国の北東部でスタートしました。今は中部とか南部のほうでも仕事をしています。

アフリカに行った日本人はあまりいないみたいですけど、ぜひ行ったほうがいいと思います。アフリカは今、テクノロジーサイドをどんどん受け入れて、新しいインフラをつくっているんですね。アフリカに注目をしている企業はいくつもあって、その一つがZipline（注1）という会社です。Ziplineという会社をご存知の方もいらっしゃるかと思います。ドローンを使って、さまざまなビジネスを展開していますね。もともとはアメリカの会社ですが、今、ルワンダで事業を展開しています。彼らがアフリカを選んだのもアメリカではできなかった事業が可能だったからです。アメリカでドローンを飛ばすのには、いろいろとレギュレーション（規制）があって、そう簡単に思い通りのビジネスを展開できなかったのです。そこで彼らはルワンダでやりたいことをやり始め、今はガーナにも活動を広げていますね。

ご存知の通り、アフリカは十分に道が整備されていません。車も十分にあるわけではありません。そういう環境で、各村々は離れた場所に存在しています。例えば、ある地域の病院で輸血用の血液が必要だということになっても、都心にある病院から車で運ぶにも運べない事情があるのです。道も整備されていないし、何時間かかるか予測ができない。そんな状況で血液を待っていられないでしょう。そういう場合に、都心の病院からドローンで血液を運ぶというサービスを提供している会社がZiplineです。

ドローンを使ったこうした事業は、これから世界各地でどんどん広がると思います。でも、日本だったらドローンを飛ばすことを考えるよりも、アフリカと異なり、距離が短いので拠点を結ぶ道路を整備したほうが早いということになります。ここで問題になるのは地域環境です。一旦道路を造ったとしても、そのまま

（注1）アメリカのシリコンバレー発のスタートアップ企業。ルワンダで二〇一六年一〇月に医薬品配送センターを運用開始。輸血用血液やワクチン、医療器材などをドローンを使って二〇もの医療機関・病院に届ける役割を担っている。機体の設計から製造までも手掛けている。

放置するわけにはいきません。定期的に整備しないとすぐにボロボロになってしまいます。アフリカの道路も引いたことはあるようですが、アスファルトなんかすぐにボロボロになってしまうんです。それを使える状態で維持しようとすると、かなりのコストや管理が必要になるでしょう。そういう意味では今までの我々の、日本で考えている常識的なインフラの考え方とは違うことが必要になるのです。

既存のインフラにこだわる日本、こだわらないアフリカ、そして中国

同じように広大すぎる土地柄なので、固定電話のように線を引いて成り立つような通信手段は使いません。携帯電話が主流です。電気もそうで大型の発電所を造って、送電網を造り、すべての村に送電するという考え方はもとよりありません。太陽光なのか小水力なのか、バイオ燃料を含めて、基本的には送電網を構築しない方法で成り立つモデルが現実になっています。また、アフリカでは銀行が各支店のコンピューターネットワークを繋ぐ必要があるので、電力が安定供給されていないエリアには支店は出せません。そこで携帯電話でモバイルマネーを活用することが普通になっています。

今まで日本で常識、当然だと思っていたインフラのあり方、日本が過去二〇年、三〇年、五〇年と積み上げてきたインフラとまったく同じものをアフリカでつくらないといけない、と考えると、相当大変なことになります。逆に日本では、今まですでに積み上げてきたインフラを、これからも維持していく必要があるわけです。

しかし、テクノロジーという視点で考えると、日本が時間をかけて積み上げてきたインフラのあり方は必要

ではないと言えます。現実的には、積み上げてきたものに紐付く雇用もあれば、産業も成立しているので、もっとシンプルで安上がりに維持できるインフラに切り替えられるといっても、そう簡単に今のあり方を止めるわけにもいきません。

そう考えてくると、ある意味ではアフリカのほうが、困っている課題がたくさんあって、その困っている課題を解決できるテクノロジーがあるのだから、それを使わない理由はないという発想ができるのです。言い換えれば、アフリカという地域は、とてもイノベーティブな会社が集まってきて、未来型のインフラを実装しつつある地域ということになるのです。

実は、こうしたアフリカのような例は、二〇〇〇年の中国でもありました。当時、日本の携帯電話会社は、中国は人口が多いので魅力的なマーケットだけど国民所得が低いから、携帯電話を売るのは実際には難しいと言っていたんです。日本で常識的に考えれば、携帯電話を使うまでに長い通信手段の変遷があるわけですが、最初から通信手段が携帯電話しかない場合、それが爆発的に広がってメインの通信インフラになるということは予想だにできなかったというわけなのです。このように日本は携帯電話を活用した次世代インフラの成立という視点では遅れることになりました。

図表5-1 | 資源生産拡大期の考え方について

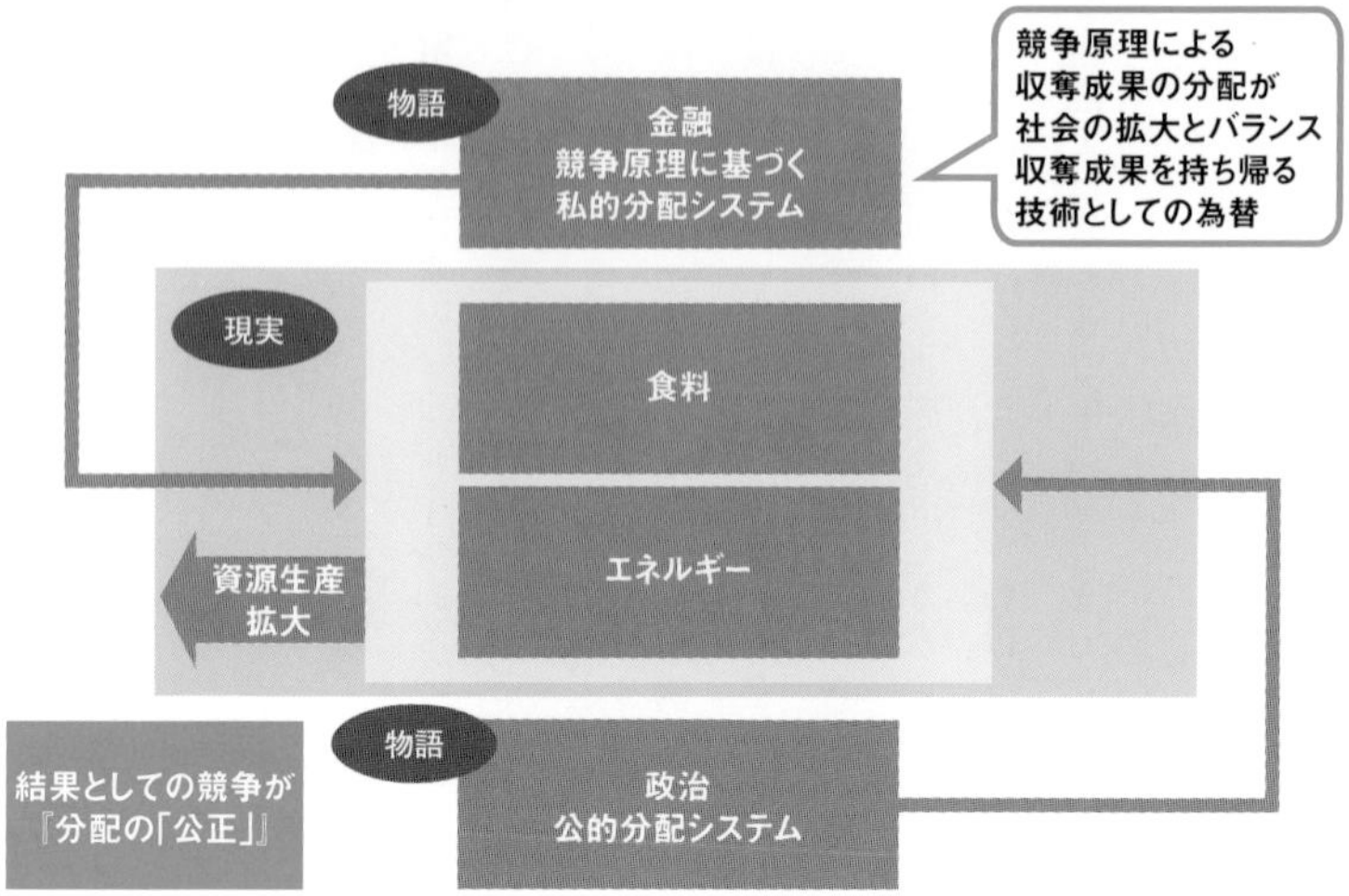

エネルギー争奪戦にならないためには、どうすればよいのか？

私は高校卒業まで長崎で育ちました。長崎の小学校では毎年八月九日、原爆が投下された日は夏休み中なのですが登校日になっていました。学校で原爆で被爆したけれど生き残ったおじいちゃんやおばあちゃんたちが小学生だった当時の話を聞かせてくれました。

子どもですからね。自分の考えに刷り込まれています。そういうこともあって、自分の仕事はピースエンジニアリング。つまりどういう状態になれば紛争が起きずに平和と言えるような状態をつくれるのかという視点で物事を考えるようにしています。例えば、第二次世界大戦はエネルギーとしての石油を巡る戦争として起こったわけですけども、そういうエネルギー、あるいは食料、水などが十分に供給できる世界はどのようなものなのかを考えています。

図表5-2 ｜ World oil production by type in the New Policies Scenario

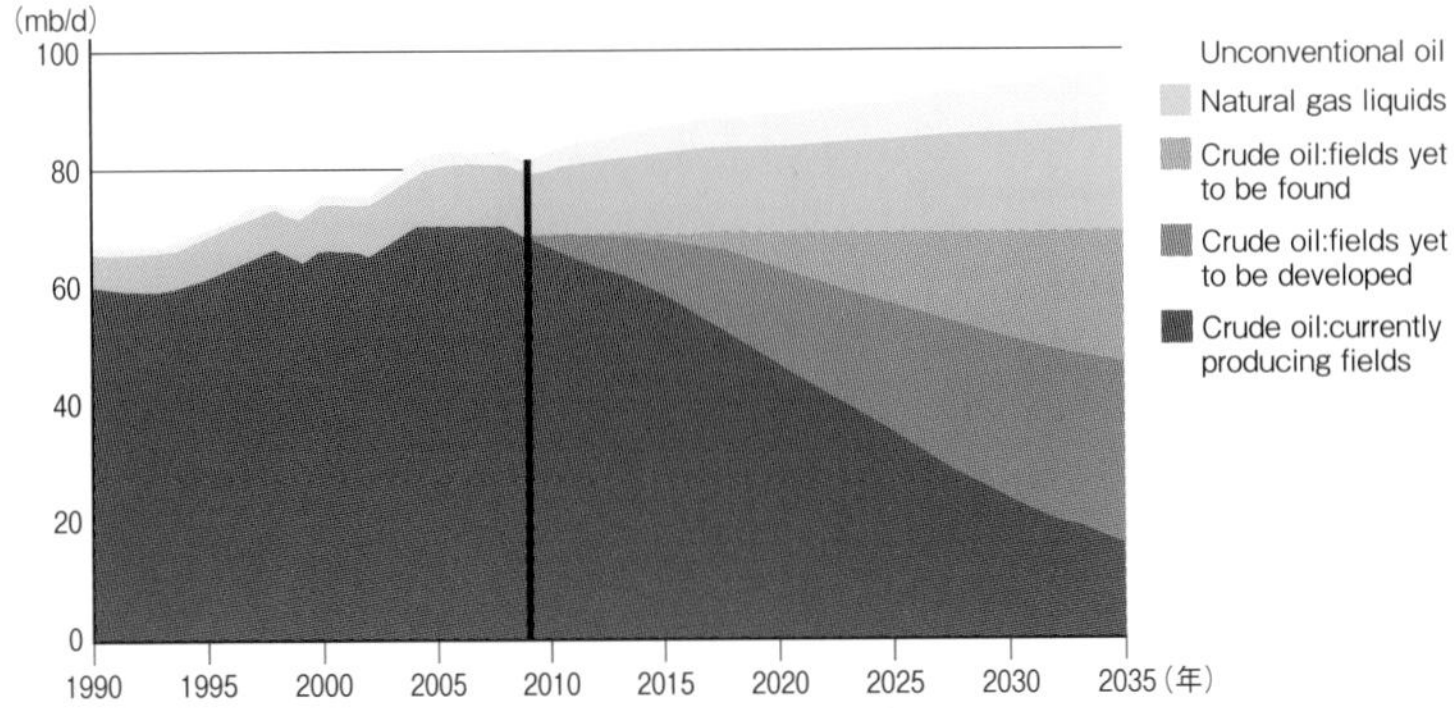

IEAは、「World Energy Outlook 2010」（2010年10月）において、
2006年が原油の生産量ピークであったと宣言。
既存油田の生産量は（■）、上記グラフの通り、著しく低減することを認めている。
他方、既発見未開発油田の開発（■）及び未発見油田の発見・開発（■）により、
現状の生産量は維持される見通しを示している。

例えばエネルギーが自給できる、そして十分にある状態。あるいは食べ物が十分にあるかどうか。そして、交換手段としてのお金です。お金はエネルギーや食料を分配する道具として使われているわけですが、そのお金が公正公平に分配されているのかどうか。それに加えて宗教の存在もあります。そういった要素をどう組み上げるのかが自分の仕事だと思っています。

現実は私たちが動かせないものです。一方で、物語は例えば法律、お金、宗教といった私たち人間が考え出しているものです。人間が考え出しているものが強くなって、いわゆる常識が出来上がるのですが、変えていけるものもあると思います。

私はエネルギーから仕事をスタートしているので、その現実と物語を次のように見ています。現実としての食料、エネルギーというものがあります。で、これは例えば大航海時代以降、ヨーロッパ的な視点から言うと、ずっと広がり続けて資源生産を拡大してきた。

図表5-3 | 資源制約期についての考え方

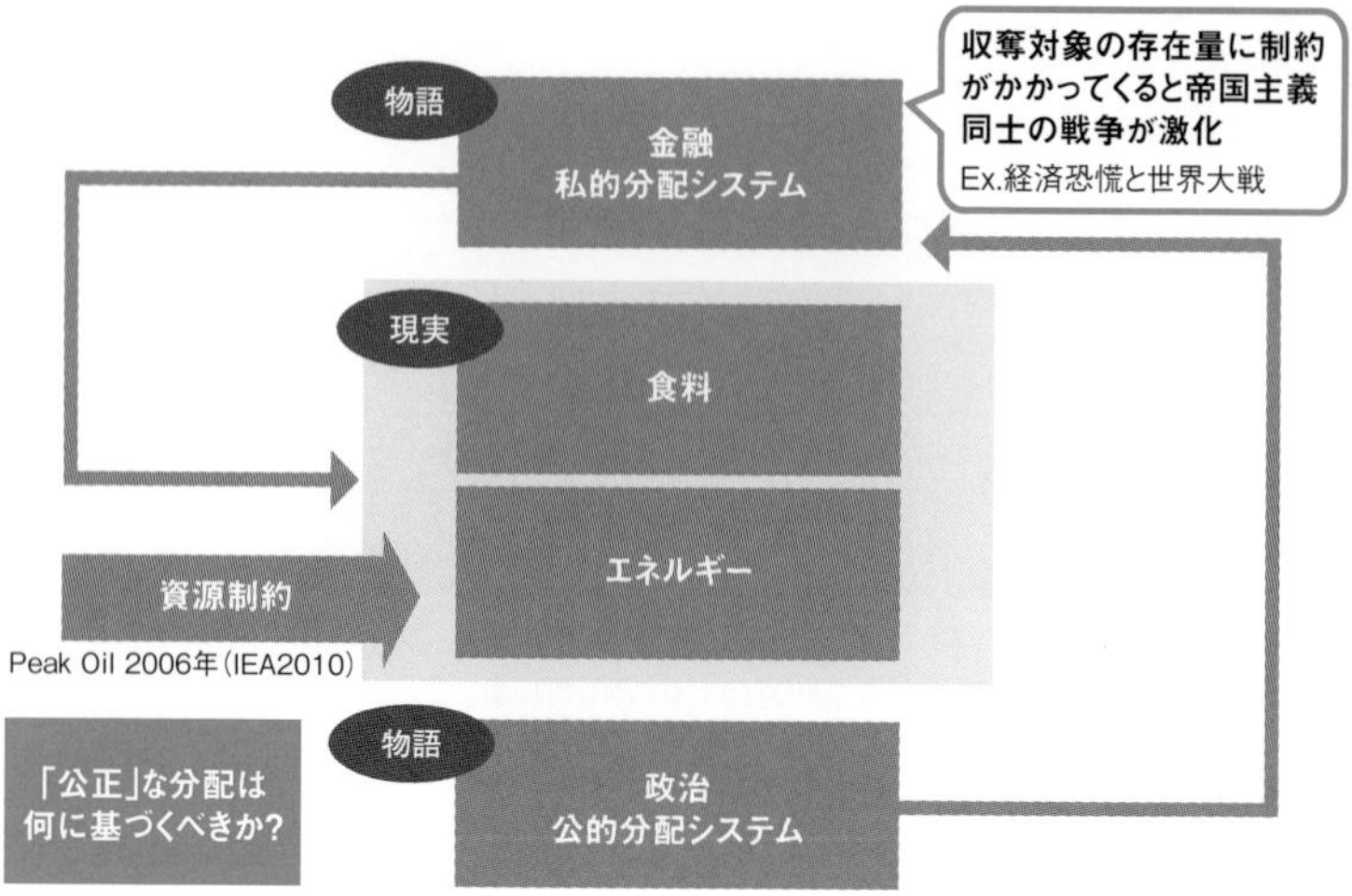

それを分配するために、お金という仕組みを使って、競争して勝負して勝ったほうがいっぱい取っていくという感じになっていきます。

勝ち組とか負け組とかよく言いますけれども、勝ち組がいっぱい持っていったとしても、負け組であっても全体のパイが広がっているので、負け組の取り分も増える。それで、明らかに世界中の人口っていうのは伸びてきていた。資源生産が拡大期にある時には、この仕組みでうまく機能してきたのかなと思っています。一方、資源拡大には限度があります。そうなってくると、今まではこの仕組みで問題は起きなかったけれども、うまく機能しなくなる可能性が出てくるのです。

資源制約期に入る、つまり、資源のパイは無限に広がるわけではなくて、どこかで限界が来ます。石油に関して言うと、二〇〇六年が生産のピークだったと国際エネルギー機関(IEA)(注2)が伝えています。

全体のパイが縮小していくと、取り分が極端に不公平になります。競争に負けた側は今年の取り分は一だったけれど、来年は〇・五、その次の年は〇・二五ということにもなりかねない。全体が膨らんでいるときは、負けていても勝っていても問題にならなかったけれど、全体のパイが膨らまない事態になってきているのに、今までと同じように、勝つか負けるかで分配をするのが公正なのかが疑問になるわけです。そうなると不公平なルールを壊そうという人たちが出てきて、社会が不安定になってきます。こういう流れが見えてきますね。

だから、私は、仕事も資源制約期に入ったときの分配ルールをどうするのがいいのか、という視点で考えているのです。

モザンビークに渡ったきっかけとは?

二〇〇六年にアフリカでビジネスをスタートしたと言いましたが、最初からアフリカに興味があって行ったわけではありません。それまでは、東京都の都バスとか、神奈川中央交通とか、公共交通機関にバイオ燃料を卸していました。その時に石油会社と組んで仕事をしていたのです。

(注2) IEA (International Energy Agency:国際エネルギー機関)は、第一次石油危機後の一九七四年に、キッシンジャーアメリカ国務長官(当時)の提唱を受けて、経済協力開発機構(OECD)の枠内における自律的な機関として設立された。事務局所在地はパリ。メンバー国はアメリカ、イギリス、日本など三〇カ国。エネルギー安全保障の確保(Energy Security)、経済成長(Economic Development)、環境保護(Environmental Awareness)、世界的なエンゲージメント(Engagement Worldwide)の「四つのE」を目標に掲げ、エネルギー政策全般をカバーしている。

その石油会社がバイオ燃料においてアップストリーム側、つまり産油するだけではなくて、農園まで手掛けたいという希望を持っていました。そこで、モザンビークという国が良さそうだということになったのですが、彼らは植物のこととか農園のこととか知識がない。その時に、私たちに手伝ってくれないかという相談がありました。

前述しましたが、アフリカはコストを下げるための条件に合ったこと、次世代のインフラを活用して地域が変わりつつあり、可能性に満ちていたことなどもその地を選択した理由の一つです。二〇一二年には現地に法人をつくりました。

農作物を作ってもらって燃料にして村に供給する

最初は農業従事者一万人を組織して、ヤトロファという植物の苗木を配って、植えてもらうところから始めました。そして種を私たちが買い取って、搾油、精製し、燃料にします。燃料になったら、各村に宅配するのです。村の人たちはバイオ燃料を使ってエンジンを回します。そして、トウモロコシの製粉機、米の精米機を回し、昼間は精米や製粉をするのです。夜は発電機をエンジンに繋いで発電をします。

また、アフリカではほとんどの場所で携帯電話が通じるのですが、ただし、送電網の電気は、どこにも来ていません。ではどうやっているかというと、だいたい、携帯電話の電波塔に対する電力供給の五〇%ぐらいは、発電機が横に置いてあって、電波塔をオペレーションするという形です。そういったところにも私たちが燃料供給をしています。

エネルギーをサービスに変える「キオスク」を展開

他にもいろいろなことをやっています。例えば、冷蔵庫を完備したキオスクを何カ所かでやっています。そこでは日用品などを販売しています。なぜ、キオスクを始めたかというと、燃料を作っていますから、発電機を動かせば電力供給はもちろんできますけれど、もともと電気がない村なので、電化製品を持っている人はいないわけですよね。村人のほとんどは電化製品を持っていないから、冷蔵庫とかも当然ありません。彼らにしたらとても高価な商品なので買うことはできません。そうなると、例えば飲料水、常温だったら一〇〇円で販売されているけれど、冷やした飲料水は三〇円プラスできるわけです。エネルギーをサービスの形で提供するということを考えました。

その他に、充電式のランタンを必要なときに借りてもらうことをしています。レンタルですね。今日必要だという日にお店に来て借りてもらって、翌朝返してもらう。また充電しておいて、他の人が借りる、というシステムです。つまり、エネルギー供給の拠点としてのキオスクでもあるのです。

各村にバイオ燃料の顧問に宅配している様子

現金が消える事件から電子マネー経済圏へ

このシステムはサービスとしては人気が出てきたのですが、問題も出てきました。例えば、そこのお店を日本人が管理すると、その村に住まないといけないでしょう。その村に住むと、確実に三カ月以内に病気になって倒れると思います。そういう環境の地域なんです。なので、その村に住んでいる人の中から店番を雇っています。

ところが、キオスクのすべてのお店で現金が消えるという問題が同時に発生しました。売上が一〇〇あるところが、二週間に一度の棚卸しで数えると七〇しかないという事態がすべての店で起こりました。

やはり現物があると、簡単にポケットに入れたりできるから、困ったねという話になったのですが、店員

写真左上：キオスクの入口に並ぶ人たち、右上：設置されている発電機とレンタルされているランタン、右下：商品を保存している冷蔵庫、左下：エネルギー供給の要となっている発電機

たちの言い訳といいますか、回答がまたユニークなんです。

私たちがやっているキオスク以外にもお店はあるのですが、エネルギー供給などのサービスが他ではないので、他のオーナーからはねたまれている状態だというのです。それで他の店のオーナーたちは呪術師のところに相談に行って、妖精たちが私たちのキオスクから夜中に現金を持ち去るように仕向けたというのです。それが現金がなくなる原因だと。ただし、悪い呪術師だけじゃなくて、そういうものを防いでくれる白呪術師もいるから、そちらに頼みに行こうということを言いだすわけです。そんなことを実際にやってもどうかと思いますし、他にできることがあるだろう、ということで、電子マネーのオペレーションを始めました。

今はNECの電子マネー決済システムを導入して、携帯電話の通信ネットワークに乗せることで電子マネーのオペレーションをしています。このシステムで必要なものはタブレットかスマホ、それと充電するための小さいソーラーパネルが一枚あれば、どういった場所でも使えるようになります。私たちはバイオ燃料の原料も、他の農作物も農業をしている人々から買い取っています。そして農家のみんなにNECのカードを持ってもらっています。日本でも使いますよね。電車に乗るときに利用できるカードと基本的には同じシステムのものです。

彼らが農作物を売りに来るときには、そのカードを持ってきてもらって、米を何kg幾らで買い取るから、収入は幾らになったということを記録しています。一方、私たちがキオスクでモノを売るときも、農業資材を売るときにも同じカードから払ってもらいます。つまり、いつ、何を、幾らで売ったのか、買ったのかという記録を残しているのです。

このように収入と支出がはっきりとわかってくると、この人には例えば三万円ぐらい貸せるねとか、五万円ぐらい貸せるねと、そういうことも分析できるようになるわけです。それを踏まえて少額の融資も始めました。

ケーススタディ：ビジネスのための少額融資

少額融資の事例を紹介しましょう。自分でキオスクを経営していた男性の例です。彼は順調に商売をしていたのですが、ある時泥棒に入られて、商品や資金のすべてを失ってしまいました。それで商売ができなくなったことを相談に来られたのです。私たちとしては彼がどれくらいの規模の商売をしていたかは把握していましたから、もう一回在庫を仕入れるためのお金を提供しますということで、融資をしました。彼は商売を再開して二カ月くらいで軌道に乗せて、返済の目処が立ちました。同じような被害に遭うといけないから、すぐに使う予定のない現金はデポジットして電子化することにした、という結果になりました。

FAOにも利用された電子マネーオペレーション

私たちがこのように電子マネーをオペレーションして、農家の人々や村の人々の収入管理ができている状況は、国連食糧農業機関（FAO）（注3）の目に留まりました。それまでFAOでは農民への補助金支給を行なうとき現金を渡して、用紙にサインをしてもらって記録を残すという方法をとっていたのですが、それだと一〇万人分のサインを本当に本人がしたのかどうかなんて照合できないわけです。それを電子化していきたい、ということで、一緒に補助金支給をやることになりました。実際には、電気がない農業資材店もあるので、そういったところにはソーラーパネルを用意して、タブレット端末から操作をします。NECに外注をすることもありますが、システムは私たちが担当している状態です。FAOがオペレーションで我々が受けて現場を回すというパターンですね。

以前はFAOから現金が振り込まれるまで一～二カ月くらいかかっていたのですが、今では基本的に毎週、現金が入ってくるように回せています。FAOでは二〇一五年に一州でおよそ一万人にサービスを提供し始め、二〇一六年には四州に広げ、二万人へのサービス提供を目標に進めてきました。現在も進行中です。これ以外にも、天災が起きた地域への緊急支援や生活保護などの配布も電子マネーで行なうことをやっています。

（注3）設立は一九四五年（日本は一九五一年に加盟）加盟国は一九四カ国。世界経済の発展及び人類の飢餓からの解放を目的に活動している。

アフリカに農協を作る　ビジネスモデルとしてのMペサ（M-PESA）

今進行中で、次に仕掛けようとしていることが、「Mペサ」です。Mペサというのをご存知でしょうか。携帯電話から携帯電話にお金を送金するシステムです。ケニアで二〇〇七年にシステムをつくり、そこから広がりました。

それまでは電気が来ていない地域には銀行はないので、ほとんどの人たちは口座を持っていませんでした。そこに携帯電話さえあれば、お金を送金したり受け取ったりすることができるシステムが出来上がったのです。ケニアの七割ぐらいの人々は、このモバイルマネーのシステムができて初めて金融アクセスができるようになりました。

このシステム、実はイギリス外務省が資金を出したのです。現在、日本も中国も開発支援としてアフリカの各地に資金を出していますね。中国が五〇〇億円支援したら、日本はもうちょっと頑張って七〇〇億円支援みたいに、金額競争的な側面も感じられます。ところがイギリスは物理的に橋を架けるだとか、道を整備するだとか意外に、システム立ち上げに資金を出したわけです。

今、このシステムはサファリコム（注4）というケニアの会社がオペレーションをしていますが、そのサファリコムの三五％をボーダフォン（注5）が持っていて、ここから上がる利益は一部イギリスに還流していきます。

そういう意味では、彼らのポジションからすると日本が政府開発援助（ODA）で橋を造ろうが、中国がODAで港湾整備をしようが、ケニアが豊かになったらモバイルマネーのトランザクションも当然増えるわけですから、増えた結果、イギリスにも多く還流することになるわけですよ。これは一つの理想形かなと思っています。国として現地に貢献しつつ中長期的にも自分たちにも利益が戻ってくるようなモデルになっていますね。

アフリカにビジネスを立ち上げる土台を作る

そこで、そういうパターンのモデルは他にないかと考えてきた中で、今、日本の中でアフリカ開発会議（TICAD）（注6）というのが三年ごとに開催されています。二〇一九年八月二八〜三〇日の期間に第七回のTICADが横浜で開催されました。

その中で、アフリカビジネス協議会という枠組みが立ち上がりました。

（注4）サファリコムは、ケニア電信・電話会社（Kenya Posts & Telecommunications Corporation）の一部門として発足。一九九七年四月に民間有限会社として独立し、二〇〇二年五月一六日には公社化された。

（注5）イギリスに本社を置く携帯電話事業を行なっている企業。日本では携帯電話事業から撤退している。世界各国にネットワーク企業が存在する多国籍企業でもある。

（注6）日本政府が主導し、国連、国連開発計画（UNDP）、アフリカ連合委員会（AUC）及び世界銀行と共同で開催するアフリカの 開発をテーマとした国際会議。

今までの支援というのは国が中心でしたけれど、これからは国がODAで支援するだけじゃなくて民間投資を充実させる必要があるという考えが出てきたわけです。アフリカとしても、国からの支援だけではなくて、ビジネスをアフリカで立ち上げてほしいという希望があるわけです。そうすると、可能性が広がりますからね。そうした新たな考え方、動きとして立ち上がった協議会なのです。

その中に、例えばヘルスケアに関するワーキンググループや、スタートアップのワーキンググループといった各ワーキンググループを立ち上げられています。私は農業ワーキンググループをお手伝いさせていただいています。

この動きの中で、私たちは農協をコンセプトに動いています。現在のアフリカを見ると、農協に加盟している農家は全体の四%ぐらいです。ほとんどの人が農協には入っていません。取引も個別にバラバラでやっている状況です。そうなると、農作物を作って、収穫したものを販売しないといけないのですが、その年にその村に仲買人が来るかどうかも不安定なわけですよ。もし来たとしても今シーズン最後の訪問かもしれないですし、個別の販売となるとまとまった量にもなりません。価格も当然、低くなる可能性が高いわけです。

もし、例えばゴマを収穫していた個人としては五kgしか売れないけれど、二〇〇km離れた村には同じように五kg販売できる農家を知っているということになったとしましょう。でも、個別での取引だし、行ってみないとわからないという状況では、仲買人にしてもゴマを五kg買うためだけに二〇〇km離れた村を訪ね歩くことは不可能に近い。

こういう状況だとゴマの生産をして収入に結びつける、確実な仕事になることは期待できないでしょう。そこに農協が機能して、ゴマを生産している人をグループで一〇〇人まとめて管理して、価格交渉もするという組織が出来上がったら、共同販売の仕組みとして成立するし、そうなると安定した収穫、収入源という見通しに繋がりますよね。販売だけではありません、農業資材を買うときにも共同購入という仕組みもつくれます。共同購入、共同販売の仕組みが、少なくとも農協に入ればそういうシステムが使えますという組織をつくろうと考えました。

日本企業の販売ルートにも

これは農家にとってだけメリットのある組織ではなくて、日本企業が例えばトラクターを売りたい、あるいは肥料を売りたい、種子も売りたいといった販売ルートにもなるわけです。売る企業側も、一件一件の農家を相手にする場合、個別には五〇〇〇円しか余裕がありません、という個人農家に対してのビジネスは成立する可能性は低いでしょう。そこは農協が窓口になって、ある程度まとまったボリュームでビジネスを考えられるようになることで、解決できます。

さらに、先ほど私たちは少額融資をしているという話をしましたが、これも個別だと金額も少額になるのは当たり前ですし、手間もかかります。できれば組合で一人頭一〇万円じゃなくて一〇〇人で一〇〇〇万円お貸ししましょうとなると、手間は一回で済みますし、ボリュームも出てきます。例えば、先ほどのゴマ農家の場合、個人だと五万円ぐらい借りて、人雇って畑広げました程度が現状です。これが一〇〇〇万円を農協として借りて、共同でトラクター一台買いました、となると、作付面積は格段に広がるわけです。しかも加入しているグループ全員が同じようにメリットが受けられることになります。私たちは、そういったところをめざしているのです。

日本にも環流できるモデルにする

こういった仕組みをつくるとき、よく国はオールジャパンで、といいます。でも現実的にオールジャパンで作り上げるのは難しい場合も少なくないのです。そこで、少なくともこの農協というプラットフォームをみんなで一緒につくりましょうという部分においては、多国籍企業も参入できるということにして、一緒になってやっていきましょうということにします。

そこに情報通信技術（ＩＣＴ）をかませることで、この農協と取引するときには、このマッチングプラットフォームを使ってくださいというルールにし、決済とマッチングフィーに関しては、仮にもっともたくさんの肥料を売る企業が中国企業になったとしても、一部は日本にちゃんと還流するようなモデルをつくっていくことをめざしています。

農協を切り口にビジネスフィールドを開拓

日本の農協を見ていただくとわかると思うのですが、農協というのはなにも農作物の売買や農業資材の取り扱いだけをしているわけではありませんね。例えば農協のガソリンスタンド、病院、葬儀まで、いろんな地域のインフラを支える産業を担っています。私たちも農協という組織で農業資材の売り買い、農作物の売り買いを最初の切り口にしますけれども、結果的にアフリカのそれぞれの村々のインフラを支えていくようなビジネスに展開していきたいと思っています。

農協組織化をデジタルで運営して、その次に、マーケットプレイスをつくることを考えています。今、私たちは農家の人々の実際の売り買いとか、生活データをきちんと把握して、それによって無理がない範囲で融資をしています。その土台を活かして、今年（二〇一九年）の後半から、立ち上げる準備をしているところです。大まかにお伝えすると、農協を組織して、デジタル的に把握できる形にして、マーケットプレイスを国連機関である国連世界食糧計画（国連ＷＦＰ）（注7）と一緒につくる準備をしているという段階です。

ＷＦＰというのは、緊急時支援として、シリアで食糧緊急支援をやっているのですが、緊急時ではないときには、その地域で作られた農作物を買い取って、学校給食で使う取り組みをしています。モザンビークでも、年間に二〇億円ぐらいの農作物を地域で買い取っています。マーケットプレイスをつくるのはいいんだけれど、バイヤーがいないと農家の人たちが入ってこないかもしれないという懸念もＷＦＰとの協働ということになれば解消するわけです。農家にとっても売れることが見えるから加入する意義が出てくるわけです。

（注7）国連ＷＦＰは、飢餓のない世界をめざして活動する国連の食料支援機関として毎年約八〇カ国 八〇〇〇万人に支援をしている組織。国連ＷＦＰの活動の重要分野は、緊急支援、復興支援、開発支援及び物資輸送で、活動の三分の二は紛争の影響を受けている国で行なわれている。中でも、開発支援は栄養支援、特に母親と子どもに重きを置き、学校給食プログラムを通じて支援されている。

日本で見ると、農協の中にどうやって運営していけばいいのかについて教育を担当している機関がありま す。他にも国際協力機構（ＪＩＣＡ）が農協と連携をして、市場志向型農業振興（ＳＨＥＰ）（注８）という取り組みをしています。

ＳＨＥＰというプログラムは、村の農家の人たちを市場まで一緒に連れていって、こういう野菜を作ったら、こういう値段で売れているという現場を見せて、ビジネスとして成り立つ農業に触れさせる経験を提供しているのです。そうすることで、うちはトマトを作ってみるか、といった具体的な発想を引き出す頃になるのです。つまりモチベートするプログラムなんです。今回の活動も、一緒にやっていこうという話になっております。

現地地域を豊かにできないものは広がらない

これまでお伝えしてきたように、当然、現地の人たちにとって役に立たないものは受け入れてもらいようがないのです。それは当然のことです。ただ、それだけじゃなくて、同時に日本にとっても、あるいは我々自身にとっても、やっぱりメリットがあるモデルを考えていかなければならない。それがビジネスだと思っています。

［質疑応答］

お金を稼ぐにはリアルではない場所の方が稼ぎやすい

――電子マネーの導入に物理的、技術的以上に心理的に困難な面はなかったのでしょうか？

合田　最初に今まで紙のお金で売り買いをしていた人たちが、現地の政府機関でもない私たちが持ち込むカードを信頼するかどうか、という話ですよね。私たちが提供するＮＥＣのカードにあなたの全財産を入れておけば安心です、という言葉、よく信用を得られましたね、と質問されます。一つは、最初にスタートした場所で、いきなり電子マネーを始めたわけじゃなくて、もともと一緒にバイオ燃料のプロジェクトをやっている村々であった、ということです。日頃の商売において、私たちが彼らの作物の買い手であり、きちんとお金を払って買い取りが成立してきていた、というのは安心材料になっていたと思います。つまり関係性での

（注８）二〇〇六年から始まったケニア農業省と国際協力機構（ＪＩＣＡ）の技術協力プロジェクトにおいて開発された小規模園芸農家支援。野菜や果物を生産する農家に対し、「作って売る」から「売るために作る」への意識変革を促し、営農スキルや栽培スキル向上によって農家の園芸所得向上をめざしている。ケニアでは、このアプローチを実践により、二〇〇七年からの二年間で２５００の小規模農家の収入を倍増させた。

信用が成り立っていた場所からスタートしたのです。で、新しいエリアに関しては、多分ですが、国連機関との連携であるパターンが多いので、我々というよりかは国連機関の信用があったとも感じます。あるいは携帯電話会社と一緒にやっているエリアもあるんですけれど、携帯電話会社の信用が大きかったとも言えますね。多分、まったく活動したことがないエリアに、我々だけで単独で乗り込んで始めていたなら、それはうまくいかないことが出てきただろうと想像できますね。

――現在モザンビークで展開されていることを、将来、アフリカ全土に広げる計画はされているのでしょうか。展望をお聞かせください。

合田　我々は二〇〇六年から基本的にはモザンビークオンリーで一〇年以上活動をしています。国連開発計画(UNDP)が毎年、人間開発指数を発表しています。モザンビークは一八七カ国ぐらいの中で、過去一〇年ぐらいの間で見ると、常に下から五番以内をキープしている国です。そういう意味では世界の中でももっともお金が回っていない国です。そこでモデルをつくるのは非常に難しい面があります。ただし、日本企業も含め、海外からアフリカに進出する場合は、ケニアのナイロビ、南アフリカのヨハネスブルク、ケープタウン、あるいはナイジェリアのラゴスといった、都市として発達しているところに進出するというのが通常のパターンです。

一方、五四の国がアフリカにありますが、ここでもモザンビークは経済的に下位に属します。ただ、どこの地域をとってもですが、それぞれに比較対象によってレベルにバラツキがあります。例えば、ナイロビでうまくいった商売がモザンビークの首都マプトでそのまんま横展開できるかというと、これは難しいと思っています。都市部ではなくて農村部で仕事しているモデルパターンは、ケニアの農村部だろうが、ナイジェリアの農村部だろうが、モザンビークの農村部だろうが、基本的にはライフパターンにほとんど差はないので展開しやすいでしょうね。

その上で今年、先ほどお話しした農業ワーキンググループの中で五、六カ国に対してポテンシャル調査をしています。来年度からパイロット活動として三カ国ぐらい追加してオペレーションをしていく予定です。そのときにアフリカの中に数個の経済共同体があるのですが、その経済共同体を取り込むことを視野にパイロット活動を展開するのか、あるいは言語圏で選択するのか、いろいろと攻め方を考えています。

モザンビークはポルトガル語圏です。英語圏、フランス語圏がアフリカにはあります。

私の中では英語圏を攻めるとしたらケニア。あるいは南アフリカを検討する余地があると考えています。南アフリカは白人の手掛ける大規模農業と、黒人の小規模農家が混在して、レベルの差があるのですが、南アフリカ政府からはやってほしいと打診を受けています。隣の国なので非常にオペレーションしやすいという利点もあります。あるいは、農協プラットフォームをつくったときに、日本企業から提供してほしいもの、例えば肥料とかがあるので、ケニアよりは南アフリカのほうが日本企業が進出している数が多いというのも要素になっていますね。つまり、日本型の農協パッケージをモデルとしてつくるときには南アフリカも一つポテンシャルがあるのかなと考えています。あとはフランス語圏をどこから攻めるかなんですけれど、セネガルを念頭に置いていています。ただ、これはちょっとまだこれからの検討余地のあるところです。

――店からお金が消えるというエピソードがありました。日本に比べると治安のリスクが高いと感じますが、リスク評価はどうしていますか？

合田　リスクはもちろん日本でのビジネスと比べるとあらゆるところに存在します。しかし、ただトラブルが多いというのは、リスクはその地域の課題でもあると考えられるわけです。現金で財産管理をするのではなく、電子マネーにすることで、お金に関する課題、リスクは解消することになります。もちろんハッキングされるといった、別の課題が将来出てくるかもしれませんけれど。そういうトラブルが多いところでビジネスをやっていくのはリスクが高いのですが、私たちはリスク管理された地域にすでにパイを持っている立場の会社ではないので、リスクがあってもまだ新規参加ができるところに、いち早く自分たちの足場を作る必要がある会社なんですね。言い換えれば、トラブルがあって、多くの企業が手を出していないということは、我々にとってチャンスがあるということです。むしろそれをどう見るかですね。私たちは、それでいいと思って、だからこそビジネスを新しくつくる意味があると思ってやっています。利益のことで言うと、落札している金額規模は二〇億円くらいなんですけれども、そのうちの八割ほどは公共事業、要は、橋造りますとか、道造りますとかと同じように、こういうシステムを用意してオペレーションしますという形での、国連などからの売上です。

投資という観点からだけ考えると、アフリカに一〇億円投資することを考えると、アジア圏に一〇億円投資するほうがビジネスという意味では収益が上がると思います。でも、世界中で、アフリカで誰がビジネスポジションをどういう形でとるかという競争は、すでに始まっているわけです。でも実際のリスクがありますから、ほとんどの企業が、何でわざわざアフリカに進出する必要があるのという段階で進展しなくなるのです。そこは官民の組み合わせで、例えば農協というプラットフォームを用意してあげることで、今までアフリカに出ていきづらかった企業も、アフリカを視野に入れられるようになりますね。

株主との関係という点では、少し独特なので、一般例にはなりませんが、うちに出資してもらっている株主は、「自分が生きている間に合田君が世の中でどうにかなるとは思ってないので、マイペースでやりなさい」というスタンスの方なので、経営方針がどう、今期の売上がどうということを気にしているわけではありません。言い換えると、どういう人に株主になってもらうかということが、経営をどう回していくかという点で重要になってくると言えます。

――二〇一九年六月にイスラム系の武装集団の攻撃がモザンビークで起きました。かなり危険な地域だと思いますが、その対策はされていますか?

合田　私たちがいるのは、モザンビークのカーボ・デルガード州。タンザニアとの国境です。現在、三井物産がここで一〇〇〇〇億円以上の天然ガスに対する投資をやっています。

二〇一七年の一〇月に最初のテロが起きてから、日本人駐在員はゼロです。現地スタッフ、ローカルスタッフだけでキオスクのオペレーションも、バイオ燃料の生産、販売もやっています。テロとは関係がないのですがサイクロンの被害も出ました。うちのスタッフはこの中部エリアに住んでいましたので家屋は全壊。その他、搾油工場や倉庫も破壊されました。もちろんオペレーションも止まっている状態なのですが、もう一度設備投資をして、工場を建て直して再スタートをかけるのかどうかは悩んでいるところです。

テロの首謀犯はＩＳとかイスラム原理主義とかいわれていますけれども、個別に我々が対策を立てられるというレベルではなく、非常に難しいと考えています。私はピースエンジニアリングということをうたっています。エネルギーが十分にあって、食べ物が十分にあって、その分配が公正公平で行なわれていれば争い事にならないだろうと思って、このエリアで仕事をしてきたんですね。

仕事をしてきて、確かに村はちょっとずつ豊かになってきたと思いますし、食べ物も得られるようになってきたと思っています。しかし、イスラム原理主義かどうかは別として、宗教が絡むテロ行為となると、エネルギーとか食料とかお金が十分にあったとしても、抑えられないものがあるな、と感じているのも現実です。地域を豊かにするのとは別に、紛争が外側から仕掛けられてくるという現実を見て、宗教も考えなくては平和にはならないのか、と感じています。ですから現地での対策としては嵐が通り過ぎるのを待っているような感じです、今のところ。ただ、どうやったらそれを解決できるようになるのかに関して、頭には留めてないということです。具体的なアクションがまだ自分の中で見つけられていません。

――現地のスタッフの管理はどう工夫されていますか？

合田　あまり明確な答えはありません。ただ、五年以上の間、日本人スタッフが一緒に働いて、一緒にフィールドを回っているので、感覚的には我々が何を考えているのかをわかっています。少し昔の話になりますが、月に一回、全員が集まってミーティングをして、その場で給料を渡すということをやっていました。まだ現金で給料支払いをしていた時期です。

そんなあるとき、スタッフの一人が遠隔地へ出掛けていてミーティングに参加できなくて、お給料を手渡しできなかったのです。それで、他のスタッフに彼が戻ったら渡しておいてください、と頼んだのです。ところが、後で聞いたら給料を預けたスタッフは他の人の分までポケットに入れて、遠隔地へ仕事に出ていたはずのスタッフは辞めていたという事件がありました。私はそれを日本人スタッフから聞いて、「警察に突き出して、給料を余分に懐に入れたやつはクビだ」と言ったのですが、それでは解決にならないし、そんなことをしたら明日から現地スタッフは全員クビですよ、と言われました。

ではどうするのか、ということです。私たちは全員を集めて、こういう事件があったのだけれど、どう思う、どうしたらいいだろう、と相談したのです。すると、給料を懐に入れた本人は、必ず毎月返済する、ということで、自分たちでルールを決めて、そこは守ってもらうという仕組みにしたのです。つまり、自分たちで解決策を決めて、挑戦し直せるようにしたわけです。これは価値観の違いだと思っています。日本社会では、こういった類いの事件を起こして、そのまま仕事を続けられるかといったら、それはあり得ないですが、アフリカではやり直すことは恥ではないのです。価値観の擦り合わせというか、一つひとつお互いが学んでいくことが重要だと考えています。

ただ、現状でも、基本的に全部が遠隔地オペレーションなんですね。現地スタッフだけではなくて、私と日本人スタッフとの関係も常に遠隔でのやり取りになっています。二週間に一回程度の割合で、全体で会議をする機会を設けてはいますが、現地スタッフも含めて考えると、言語の問題もあり、直接のやり取りが少ないと言えるでしょうね。

ビジネスを成り立たせていくという観点では、次の国に展開していくときの、ネックになっている部分です。

――二〇〇六年にアフリカで起業したビジネスの構想を教えてください。

合田　頭の中にあったものは、具体的なビジネスモデルというものではありませんでした。トラブルがある都度、これをどうやって解決していくかということが、具体的な動きに繋がるものです。ただそれだけではなくて、自分にとっての重要なテーマとしての存在があって、それをビジネスにするために最初はエネルギーからスタートして、そこで作り上げた関係を活かしながら次は農協プラットフォームへと繋げるといった流れが生まれました。

例えば電子マネーにするだけのことを考えると、盗難事件が発生して、それを解消するために電子マネーを導入しようということになるのですが、その段階で、どういう性質、どういうルールを持ったお金にしようかとか、という点を考えました。世界的な背景としては、最近ピークオイルに関する議論は出なくなりましたが、二〇一〇年まではピークオイルに関する議論は盛んに行なわれていました。

我々は意識するかしないかに関係なく、石油文明の中で暮らしています。その石油が頭打ちになったときに、どういう分野にどういう影響が出るだろうかという議論は盛んにされてきたわけですよ。その中で、一つはお金に関するシステムが最初に影響を受けるのではないか、といわれました。二〇〇六年ピークオイルが来て、二〇〇八年にリーマンショックが来て、その後EU、ヨーロッパの金融危機が来て、という世界の流れを見ていく中で、どのようにお金に関わるシステムを再構成するのがよいだろうか、と議論されたわけです。

うちの仕事と関係なく、世界でそういう議論をしているという背景があった。それとは別に、うちの現地スタッフの八割ほどはイスラム教徒なのですが、彼らの価値観、特にお金に対する考え方と自分の価値観が違っていて、それを実感していくという経験があった。そこへもってきて、売上が盗難に遭うという事件が起きた。こうした別の要素が私の周りに存在して、それによって、電子マネーを導入してみようか、という発想になったというのが現実に近いでしょうね。もともと頭の中には漠然としたものがあって、現実的にそれぞれのピースをどうはめていくかという段階になって、具体的なきっかけが現場にあって、という関係で動き始めるという感じです。

——将来的な構想、事業計画をお聞かせください。

合田　収益を上げるという点では九五%近くが電子マネー関連の事業で成り立っています。バイオ燃料に関しては、売上の数字が出ないわけではありませんが、薄利多売の傾向にあります。リアルなものがそろっていないと生活は変わらないけれど、お金を稼ぐのはリアルではないところのほうが稼ぎやすいというのが現実です。会社の収益はどうしても電子マネー部分の成長スピードのほうが速いので、バランスとしては圧倒的に電子マネー部分が大きいですね。ただ、今後はどうするかという点では、農業、バイオ燃料は原点なので、やめるとか変更するといったことを考えているのではありません。

―― 次の国では電子マネー関連のビジネスがメインになっていくのですか。

合田　はい。他の国に展開していく上では、電子マネーかデジタル農協をキーワードに考えています。表現は検討中です。デジタルファーマーズというか、ワードはまだ考え中ですが、この農協を柱に考えています。農協をやっていくと、日本でもそうですけれど、その地域の基盤になるインフラ全体を扱っていけるのです。農協という切り口で、ICTを活用した売り買いのマッチング、農協の運営のオペレーションをするためのシステム、ここがまず柱になりますね。それでそれぞれの村に入っていけたら、もう一回、そこから、今度は逆方向ですけれど、バイオ燃料や、個別の地域での農業に対して入り直しをしていけるだろうと考えています。

本店が入っているFINOLAB（東京都中央区）

日本植物燃料株式会社

2000年1月に設立し、2006年からアフリカ・モザンビークでバイオ燃料製造・販売事業に取り組む。その事業をスタートに、電子マネーを導入、さらには現地の農業を支える取り組みとしてデジタル農協のプラットフォーム運営、また農協運営を切り口にマーケットプレイス立ち上げと、活動内容は連続的にして、多岐にわたる。現地を豊かにして一緒に豊かになることをコンセプトにアフリカを舞台に活動を展開しているユニークな企業である。

合田 真（ごうだ・まこと）

日本植物燃料株式会社 代表取締役／
モザンビーク現地法人 ADM CEO

1975年長崎生まれ。京都大学法学部を中退。2000年に日本植物燃料株式会社を設立してアジア・アフリカを主なフィールドに事業を展開する。2003年にバイオ燃料の生産を開始。2012年モザンビークに現地法人ADMを設立して、無電化村で「地産地消型の再生可能エネルギー、食糧生産及びICTを活用した金融サービス」の開発に取り組む。医療ベンチャーも立ち上げるなど、アフリカを舞台に幅広く活躍。

Column

企業の変化と参入障壁

日本植物燃料は、二〇〇〇年に設立された比較的若い企業ですが、非常にユニークな歴史を持っています。モザンビークへの進出、バイオ燃料の原料栽培に始まり、燃料の販売、日用品の小売店、蓄電池の貸出、そして電子マネーのプラットフォーム提供と、二〇年弱の間に実に多くの挑戦と変化を経験してきました。講義録を読むと、それぞれの事業が、アフリカという土地で事業を営む上で、現実に目の前に起こっている顧客の課題を解決するために開始されたことがわかりますが、現在では社名と一見関係のない電子マネー事業がドメインとなっていることにまず驚かされます。

このようなケースは、一〇〇年を超える歴史を持つような長寿企業では珍しくありません。本講義録に収載されているスリーエム社（Minnesota Mining & Manufacturing に由来）などが好例でしょう。本稿では、比較的短期間に事業ドメインを大きくシフトしてきた企業として Roper Technologies 社をご紹介したいと思います。

同社は、一九世紀半ばに創業された産業用ポンプメーカーを源流にしています。一九九〇年代までは、ポンプ、バルブなどを作るメーカーでしたが、二〇〇一年に就任したCEOの下で、買収による事業領域拡大に舵を切ります。

具体的には、二〇〇〇年代前半は、元々のポンプに近い領域の流量計や水圧計に加え、高速道路の料金所などで使用されるＲＦＩＤ（非接触式情報読み取りシステム）関連企業を買収し、その技術を取り込みました。二〇一〇年前後には、ヘルスケア分野で医療用の消耗品やシステムを提供する企業を多く買収しました。二〇一〇年代半ば以降は、ソフトウェアの分野により注力し、特定の業種の顧客を対象とするニッチな業務支援ソフトウェアの企業を多く買収しています。二〇一五年には、Roper Industries という名前から現在の社名に変更し、かつての産業材のみの企業ではないという立場を明らかにしています。

さて、一見関係なさそうなこれらの事業ですが、実は共通項があります。

それは、ニッチな領域で高いシェアを持ち、アフターマーケット（交換パーツやメンテナンスサービス、ソフトウェア更新など）の存在により、安定的なキャッシュフロー創出力を備えていることです。現在、同社は五〇ほどのビジネスユニットを保有していますが、一つ一つは小さいものの高いキャッシュフロー創出力を持つ企業群によるコングロマリットとなっています。

企業を買収するという行為自体は、一定の資金があればできるため、同社のようなビジネスモデルが参入障壁を持っているといえるのか、という点については議論の余地があるかもしれません。

我々は、同社が二〇年近くかけて、既存事業の近接領域から徐々に買収対象を拡張する中で築いた目利きと買収後のコーチングのノウハウに加え、買収した企業に直接手を加えることをせずに永続的に保有する「終の棲家」になるという評判から買収先に「選ばれる」構造にあるなど、買収者としての競争優位性を持っていると考えています。

合田代表の講義録を読むと、買収か新規事業開発かという違いはあれ、日本植物燃料のここまで事業展開もまたステップバイステップで進んでおり、一足飛びに実現できるものではないことがわかります。バイオ燃料事業があったからキオスク事業で付加価値（=冷蔵品の販売や蓄電池の貸出）を提供できたわけですし、これらの事業による信用の蓄積があったから電子マネー事業に参入できたわけです。

合田代表は、今後は農業者への融資や農業資材購買プラットフォームなどを提供し、アフリカに「農協」を作ることを構想されています。これらの挑戦が当社の持つ事業の参入障壁を更に高めていくことになるのかどうか、当社への興味は尽きません。

地域が展開する光応用産業のあり方

浜松ホトニクス株式会社　代表取締役社長　晝馬　明

光技術を高め、その応用を広げる

皆さん、こんにちは。

「浜松ホトニクス」という会社をご存知の方は多くはないでしょう。社名にある通り、浜松にある会社です。では、社名の「ホトニクス」って何だと思われますか。簡単に言いますとそれは「光」なのです。光には二面性があります。まず、光は波である。そして、光は粒である。光源やレンズの設計をする場合には、光を波として考えます。そして、我々のように光を計測する仕事をしている場合は、粒として計測しますので、光は粒だと考えます。この「光の粒」のことを「光子　フォトン」といいます。「フォトン」が何で「ホトニクス」になるんだ、とよく聞かれます。もともとは我々は「浜松テレビ」という会社でした。社名を変更するときに、「浜松フォトニクス」とすると、写真の会社、写真と関係している会社だと思われる可能性が高くなると考えたのです。そのことを嫌って先代の社長が、「浜松ホトニクス」と決定しました。

京都はイノベーションが活発に行なわれている地域ですが、後でもお話ししますが、浜松も京都に似たところがありまして、京都を少しスケールダウンした街だというふうに思ってください。そんなおもしろい街に我々の会社はあります。

我々は光をセンシングする、あるいは光を出すご覧のようなデバイスを作っている会社です。ただ、光はいろいろな性質を持っています。波長、強さ、そして感度。そういったさまざまな面を持っている光を、どのように検出していくかを考えながら研究を重ね、製品を開発しています。

我々の製品を使って、お客さまは非常にたくさんの種類の製品を生み出します。ですから、我々はそのお客さまに合わせた技術を開発し、製品を作っていく必要があります。ですから、多くの研究と開発が必要となりますので、我々は、自分たちを研究開発型企業と考えています。

二一世紀は光の時代と呼ばれています。私たちの社会や暮らしを支えているさまざまな光技術は、想像を超えるスピードで進歩する医療や自動車などの産業、社会システム、そして新たな産業創出にも欠かすことができないものです。

当社が担う光技術を使った光の応用産業の構造は、一般的な産業構造に見られるピラミッド型ではなくて、逆ピラミッドを描きます。逆ピラミッドの下部の要となっているのは当社が開発する光センサーや光源などのデバイス、つまり光のコア技術です。そこからそれを用いたモジュールやシステム、そしてサービスへと光の

講演者・晝馬 明氏

応用産業が広がっていきます。この広がりは無限の可能性を秘めています。

そのために我々が重点的に取り組んでいることが二つあります。一つ目は光におけるコア技術の強化。そして二つ目が光技術の新しい応用です。

前者のために二〇一八年から全社的な組織として「化合物材料センター」がスタートしました。事業部横断の共通技術とスペシャリストを集約し、材料開発、技術開発のスピードアップを図っています。

後者については、市場の進化を促すイノベーティブな製品開発において光技術がその実現可能性を秘めていると考えています。我々は、まだ誰も気付いていない光技術の可能性、ユーザビリティーの高い光技術ソリューションなど、光の先端的な応用を常に探索しているところです。そのため、世界各国のさまざまな大学や企業、研究機関の人達との連携によって、お客さまもまだ気づいていない「先取りニーズ」を発掘していきたいと考えています。

創業当初の工場と製品

創業当初の社屋（お蔵）

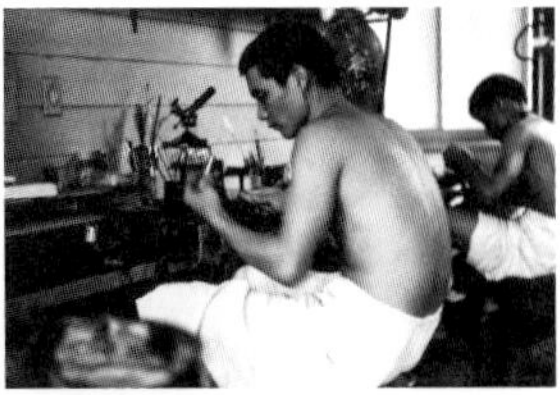
ガラス管の製造作業

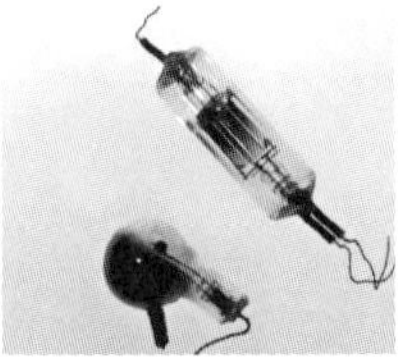
初期の光電管

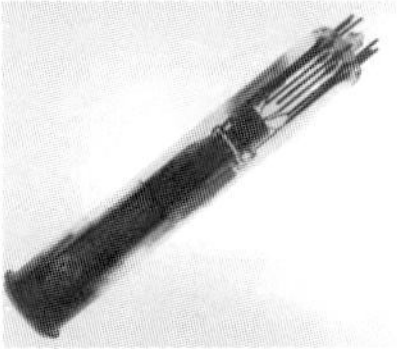
初期の撮像管

駆け足になりましたが、我々が取り組んでいるもの、近い未来に実現しようとしていることについて、お話ししました。では、ここでちょっと、我々の歴史的な歩みを振り返っておきましょう。

蔵から始まったベンチャー企業

今の会社の前身は「浜松テレビ」だと申しましたが、一九五三年設立のベンチャー企業です。ベンチャーといいますと、アメリカでは、だいたいガレージから始まるものだそうですが、一九五三年の当時に日本にはガレージはありませんでした。そこで、どこで始めたかといいますと「お蔵」です。我々の会社は「お蔵」の一つに看板を出して、手作業で光電管（真空管タイプの初期の光センサ）を製造していました。

浜松ホトニクスは変った会社なのですが、そのような会

当社のルーツ

高柳健次郎 博士

堀内平八郎　初代社長

晝馬輝夫　第二代社長

社にした張本人がこのスライドにある三人と言っていいと思います。

一人目は高柳健次郎（注1）博士。「日本のテレビの父」といわれる方です。日本でというより世界で初めて電子式のテレビの実験に成功しました。まだ音声の放送が本格的に始まっていないときに、音声が届くなら画像も送れるはずだと、自分独自の技術でテレビジョンの研究を始めたのです。当時の日本は、欧米の技術を取り込んで発展させるという考え方が多かったようですが、高柳健次郎博士は、前例のないまったく独自の技術でやるんだという精神で研究を進められたのです。

その高柳健次郎博士の弟子が初代社長の堀内平八郎です。まさに光に魅せられて、光がこの世界にとって非常に重要なものになるといって、二代目社長の晝馬輝夫とともに浜松ホトニクスの前身となる浜松テレビという「光子（フォトン）」を扱う会社を立ち上げました。

晝馬輝夫は私の父です。とても厳しい父であった彼は、私がまだ非常に小さい頃から、「日本一じゃダメだ、我々は世界一をめざすんだ」という方針で、とにかく世界中を飛び回っていました。おかげさまで世界一の製品ができるようになりました。世界一になったら次はどう言ったかといいますと「人類未知未踏をめざす」というわけです。今まで人がやったこと、知っていることをやるのではなく、人がやっていないこと、知らない未知のことをやれと。前へ未来へと向かって研究開発に取り組む姿勢を築いたのが堀内平八郎、そして晝馬輝夫の二人でした。

二回のノーベル物理学賞を支えた超高感度光センサーへの挑戦

会社設立時からの売上高の推移を示した図があります（図表6-1）。非常に長い低空飛行の時代がありましたが、二〇一九年九月期予想では、おかげさまで売上高は一四〇〇億円を超える見通しです。この図で注目していただきたいのは一九八〇年ごろです。我々の売上は、八〇億円ぐらいでした。

この時に当社はとても大きな挑戦をしました。皆さんがよくご存知のカミオカンデ（注2）とスーパーカミ

（注1）一九二六年一二月二五日、世界初のブラウン管を用いた電子映像表示に成功した。映像を電子的に撮像・表示することを研究し、一九二四年に独自に開拓した熱陰極ブラウン管の試作を芝浦電気（現東芝）に依頼。一九二六年に雲母板上に書いた「イ」の文字をブラウン管上に電子的に表示させた。

（注2）岐阜県神岡鉱山地下一〇〇〇mに建設された観測装置。一九八七年のニュートリノの観測をはじめ、観測から一カ月で一六万光年彼方の超新星1987Aから放散されたニュートリノを捕まえた。このことによってニュートリノ天文学という学問研究が本格的に開始された。

図表6-1 | 会社設立時からの売上高推移（連結）

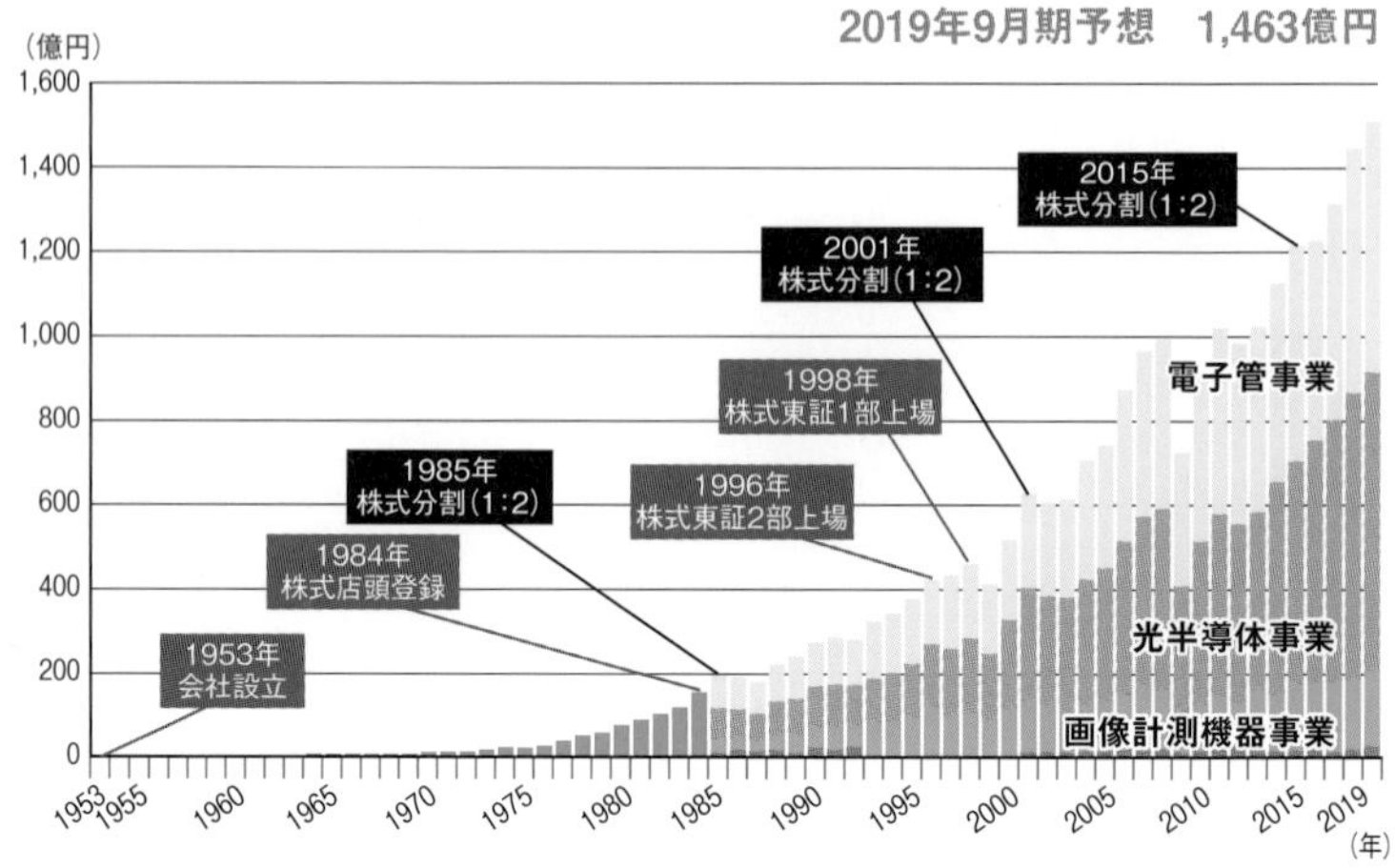

オカンデ（注3）に大きく関わる仕事を受けることになったのです。

一九八七年二月二三日、超新星爆発からのニュートリノを観測するというノーベル物理学賞に繋がる史上初の世界的偉業がカミオカンデにおいて成し遂げられました。一六万光年離れた超新星爆発によって地球に降り注ぐニュートリノを捉えたのは、我々が技術開発した口径二〇インチ（約五〇cm）の光電子増倍管です。

このカミオカンデを構想し、実験を指揮したのは東京大学の小柴昌俊（注4）教授でした。我々との出会いは、教授から相談を受けたことに始まります。当時ヨーロッパで取り組んでおられた観測に用いられていた、世界に出回っている検出器では満足できず、ぜひとも国産の技術で観測をしたいという思いをおもちでした。そこで我々がその検出器開発を引き受けることになったのです。週単位で改良試作品を作り上げるという驚異的なスピードで開発を続け、やっと納得できる大口径の光電子増倍管ができました、これが後にカミオカンデに使われる二〇インチの光電子増倍管へと繋がるわけです。その後一九八三年に、岐阜県神岡鉱山の地下一〇〇〇mにカミオカンデは完成し、世紀の観測がなされるのですが、我々にとってこの挑戦はかなり思い切ったものでした。

神岡の鉱山の地下一〇〇〇mの所に、直径一六m、高さ一六mの円柱形の観測装置を造り、中に三〇〇〇tの水を入れた巨大な水槽のようなものです。そこには一〇五〇本もの二〇インチ光電子増倍管が必要でした。実はカミオカンデは最初はニュートリノを観測するための装置ではありませんでした。当初は陽子崩壊を確かめる目的でしたが、それは確かめられず、途中、ニュートリノの観測を可能にする改良が行われました。

未来への投資のための決断

先ほども申しましたが、当時の我々の売上は約八〇億円でした。ところが、小柴教授にカミオカンデ用の光電子増倍管の製造を依頼され、プロジェクトを実行する頃になると、実に三億円の損失になるという試算が出てしまいました。八〇億円しか売上のない会社が三億円の損失を出すというのは考えられません。これ

(注3) 世界最大の水チェレンコフ宇宙素粒子観測装置。一九九一年に建設が始まり、五年を経て一九九六年から観測を開始。カミオカンデの約二・五倍の直径(三九・三m)を持つ。
(注4) 原子核乾板を用いて宇宙線の相互作用を研究し、一九七五年にドイツとの共同実験でゲージ理論の検証などを手掛ける。陽子崩壊検出装置としてカミオカンデ建設を指揮。そこでニュートリノの検出に成功し、ニュートリノ天文学の礎を築いた。二〇〇二年ノーベル物理学賞を受賞。

で「よし」という社長がいたら、即刻退陣ですよね。

ただ、そのとき、もし我々が引き受けないと言ったら、このカミオカンデプロジェクトは実現しなかったでしょう。そして、小柴教授ならびにその後に続く梶田隆章（注5）教授のノーベル賞受賞もなかったし、ニュートリノ工学（ニュートリノ天文学）というものを確立した日本の強み、そして今に続いている多くの研究はすべて実現しなかったかもしれません。今もニュートリノの研究に関しては、日本は世界で第一線を走っています。そういったものすべてが、なくなっていたかもしれないのです。

もし、プロジェクトを降りていたら、我々が受けている素粒子関連の数百億円のビジネスもありませんでしたし、ニュートリノまたは素粒子に関係する日本の世界的位置というのもなかったことになります。

何かやることのリスクを考えることはとても重要です。しかし、同時にやらなかった場合のリスク、これも考えなくてはダメなのです。どちらの決断が本当に会社のためになるだろうか、世界のためになるのだろうか。そういうことを考えていく必要があるでしょう。

実のところ、この素粒子関係のビジネスが数百億円にまで成長するとは、我々は考えていませんでした。ですから、本当にやるリスクとやらないリスクをさまざまな視点で広く、考える必要があると思っています。

うれしいことに、この時の挑戦は、次にスーパーカミオカンデに繋がりました。スーパーカミオカンデの有効体積はカミオカンデの約二二倍です。スーパーカミオカンデのタンクに満たされる水は超純水量五万t。使用された光電子増倍管の数は一万一二〇〇本です。カミオカンデの性能を二〇倍高めたものになりました。そして、さらにハイパーカミオカンデに向けて光電子増倍管の性能を向上させています。

ノーベル賞関連では我々はヒッグス粒子の発見にも関わっております。素粒子の中で最後の一つとして発見されていなかったヒッグス粒子ですが、ジュネーブのCERN（欧州合同原子核研究機構）で二〇一三年に発見されました。実験施設は全周二七㎞、地下一〇〇mにあります。このセンサー部分に、シリコン・ストライプ・ディテクタ、光電子増倍管など我々の技術・製品が使われています。

先進的研究への挑戦

このように、三つのノーベル賞に繋がったプロジェクトに関わってきましたが、我々はさらに医学などさまざまな分野の研究にも取り組んでおります。

一つが、PET（陽電子放出断層撮影）です。中央研究所の敷地の中に浜松PET診断センターをつくっておりまして、そこで、PET、CT、MRIなどの装置を使って、病気になっていないかなど、体の状態の変

（注5）東京大学宇宙線研究所長。二〇一五年、ニュートリノ振動を実証した功績でノーベル物理学賞を受賞。観測に使用したのがスーパーカミオカンデ。ニュートリノ振動が発見されたことで、ニュートリノに質量があることが証明された。

図表6-2 ｜ 浜松PET診断センター

化を測定しています。

ＣＴは医療用のエックス線を当てて、無数に並べられたエックス線センサーで得られた信号によって画像を立体的に再構成して映し出す装置です。体の中の臓器や筋肉はどうなっているかといったフィジカルな場所を明確にするものです。

ＰＥＴは、ポジトロン・エミッション・トモグラフィーといって、体の構成を見るというよりも、そこで何が起きているのかを見る装置です。例えば、がんを検査するときは、がん細胞は糖分を取り込んで成長しますので、その糖をどのぐらい使っているかを測定にすることによって、がんがどこに集まっているかを映し出すものです（図表6-3）。

かつては、どこのメーカーのＣＴであれＰＥＴの装置であれ、我々のセンサーを使っていましたから、シェアは一〇〇％でしたが、お客様の二社購買により現在のシェアは六〇～七〇％となっています。なお、我々の中央研究所で

図表6-3 ｜ 医療用X線CT/PET装置

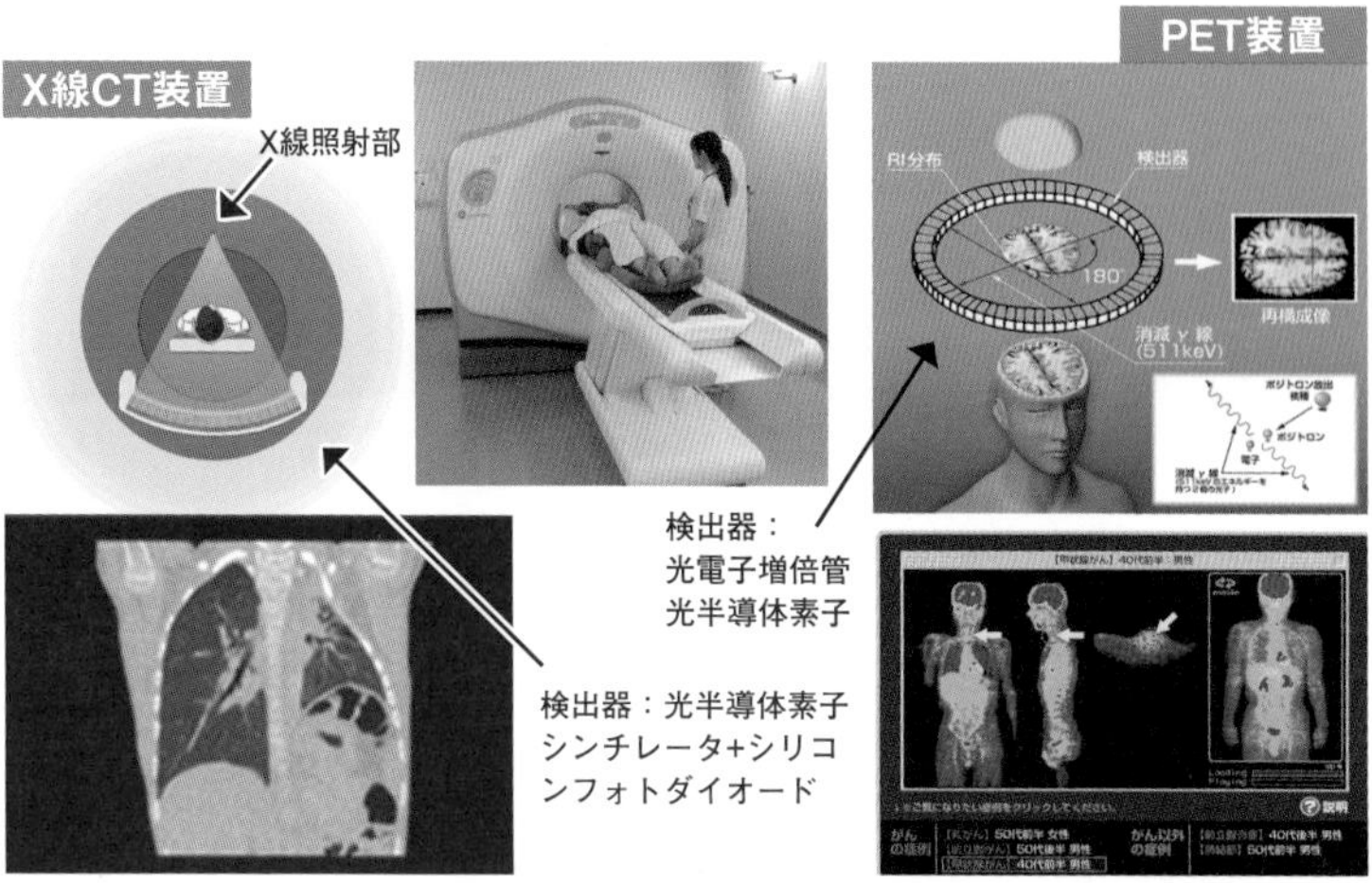

は、研究用に独自のPET装置も開発しています。脳のPET装置（図表6-4）は、体全体を見るPET装置とは違って脳の機能だけを見るものです。例えば認知症、そういったものを観察する装置です。

　通常のPETで脳を測るとなると、患者さんが動くと画像がぶれますので、動けないように固定しなければなりません。しかし、体を動かないように固定された状況の脳の反応と、自由に体が動かせるときの脳の反応はまったく違う可能性があるわけです。ですから、本当に脳で何が起こっているのかを知るためには、体が動かせる普段に近い状態で測定しなくてはダメなのです。

　もちろん、横になっているときとか、座っているとき、あるいは立っているとき、それぞれで脳の反応は違ってきます。そういったものを自動で調整するための体動補正という機能を持たせています。次のステップでは、クラウドネットワークを使って、大きな病院でなくても使えるよう

図表6-4 | 頭部用PET装置

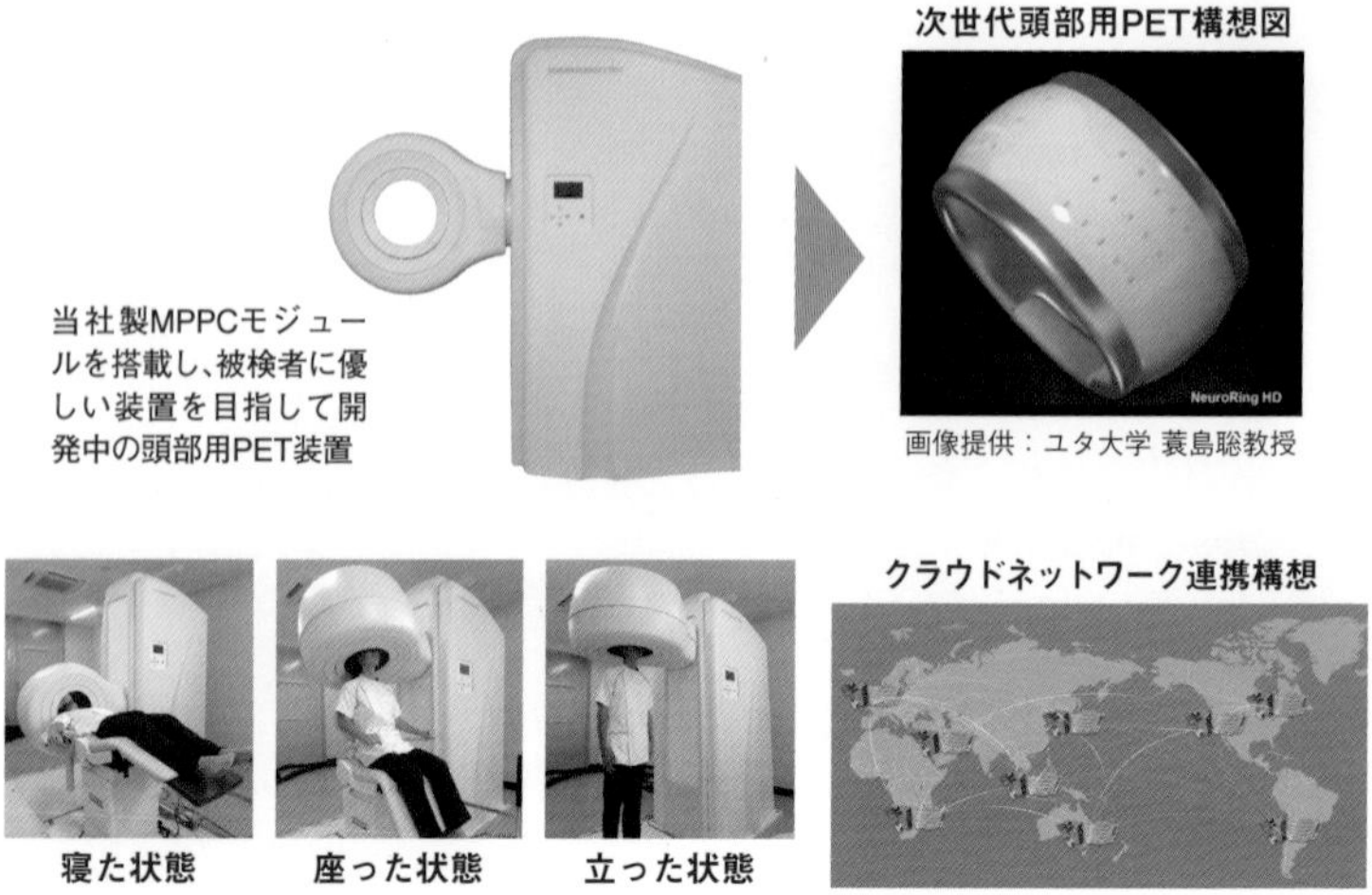

なもっと安価なPET装置を開発したいと考えています。そのようにして得た膨大なデータを集約して、まずは認知症の予測が出来るようにしたいと思っています。

もう一つ、我々の研究プロジェクトにレーザー核融合があります。原子力発電は核分裂という技術を使って電力を発生させます。そのために、ウランが核分裂を繰り返し放射線をずっと出し続けているわけです。レーザー核融合は同じ原子の力を使うのですが、海水中に無尽蔵にある重水素を入れた燃料カプセルに大出力レーザーを照射し、高温高密度なプラズマにすることで核融合反応を起こし、エネルギーを人工的に作り出そうとするものです。

レーザー核融合でエネルギーを作るのがなぜいいかといいますと、例えば何らかの原因で、電気が止まるとします。すると電気が止まった時点でレーザー核融合システムのレーザーは止まりますので、何も反応は起こらなくなる。核分裂のような連鎖反応というものは起こらないのです。システムとしての安全性も高く、クリーンなエネルギーとして注目されています。さまざまな点でレーザー核融合は将来性があると思いますし、非常に効率がいい技術です。ですが、今は核分裂による原子力発電によってエネルギーを生み出していますから、どこまで安全だと言い切れるかという問題になります。レーザー核融合において、もっと安全性を確保し、継続的に使える技術を開発することで、次世代のエネルギーとして活かせると考えています。

我々は、レーザーを製造開発しているメーカーとして、レーザー核融合という夢のゴールをエンジニアリング的にいろいろと研究してその可能性を実証し、将来的には国のプロジェクトとして継続していただきたいと思っているのですが、とはいえ実現するのには、あと二五年、三〇年くらいかかる技術です。

偶然が新たな発見を生み出す

光デバイスを作っている会社が、なぜ医療やレーザー核融合に取り組んでいるのか、というお話をしましょう。セレンディピティ（serendipity）という言葉をご存知ですか。セレンディピティというのは、何かを探しているときに探しているものとは別の価値のあるものを見つける能力・才能を示す言葉です。何かを発見する能力を言い表しています。

例えば、ふとした偶然をきっかけにひらめいて、幸運をつかみ取る能力もそれに当たります。ある高い目標を持って、そこにまい進している途中に、ふっと周りを見渡すと、今やっていることが他のものに使えると気が付く、そういう能力なのですね。

私としては高い目標を社員には持ってもらい、そこにまい進してもらいたいと思っています。ただ、そのあいだも、それを別のところに応用できることを見つける、という能力も持ってほしいと思っています。

多くの企業は、例えば、コンピューター産業あるいは自動車産業などは典型的なピラミッド構造です。大会社があって、一次下請けがあって、二次下請けがあって、だんだんと下に行くに従って広くなっていく構造ですね。

しかし、光の応用産業は、逆ピラミッドを描いています（図表6-5）。我々はどこにいるかといいますと、この逆ピラミッドのボトムです。我々の光デバイスを使ってモジュールを作っているお客さま、そしてモジュールを使ってシステムを作っているお客さま、そしてそのシステムを使ってサービスを提供されているお客さま、こういうふうに上に行けば行くほど、どんどん広がっていく産業です。

我々が逆ピラミッドのボトムにいて、売上高が一四〇〇億円ほどです。おそらく、上に広がるサービスを提供しているところでは、何兆円というビジネス規模の産業だろうと想像します。たとえば、医療などもここに入ります。

では、我々は、このボトムにいるから、上にいる企業へ単に光デバイスを供給する会社かというと、それは違います。我々の光デバイスの性能がお客さま製品の性能を高めることになる。お客様の要求を聞いて開発した我々の製品を提供することで、お客様は高性能な最終製品を作ることになりますので、お客さまは我々をパートナーとして扱って下さっています。

図表6-5 ｜ 光技術を応用する産業

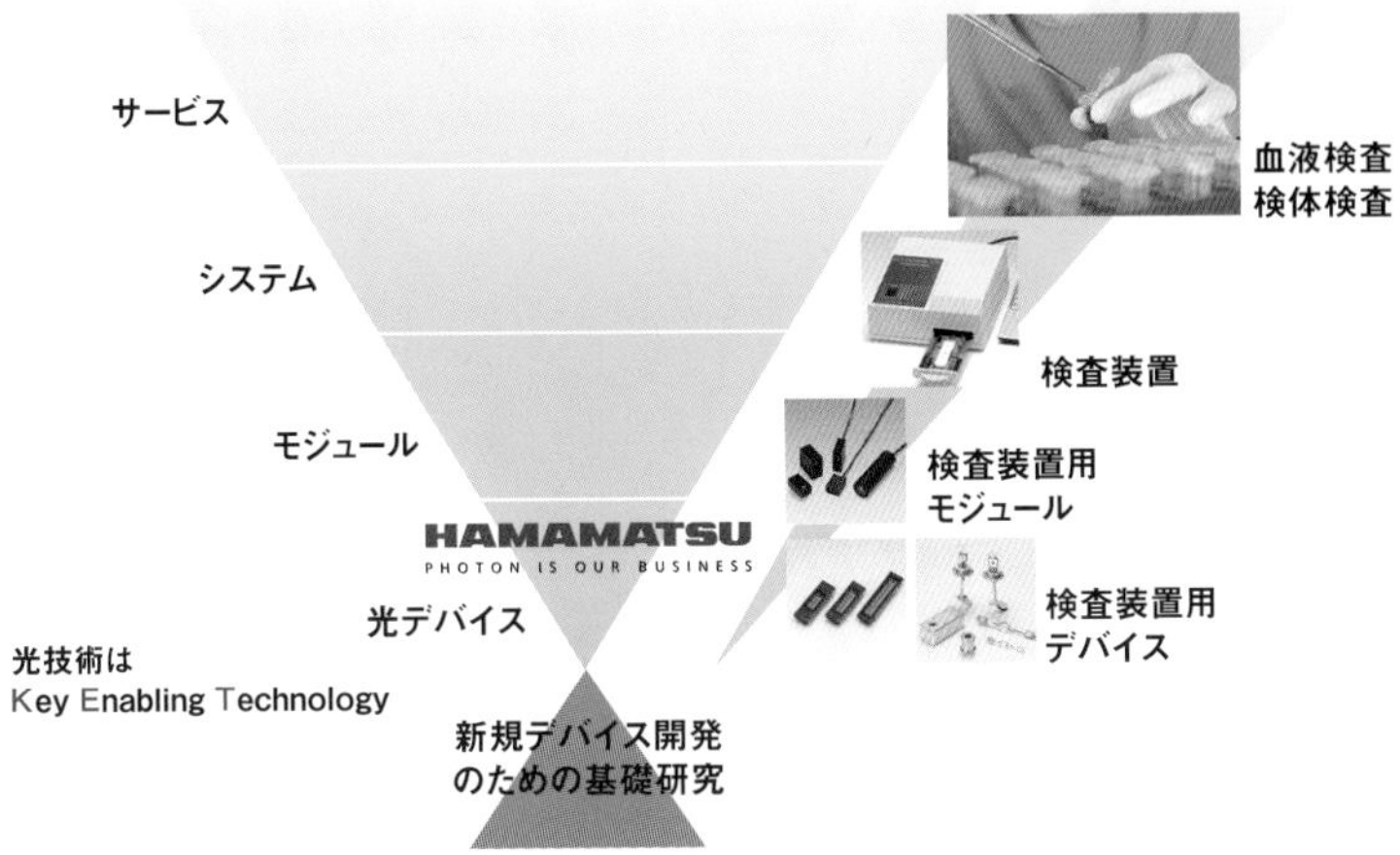

逆ピラミッドの扇を広げるために先取りニーズを見つける

これから我々は、次のような方向で成長していくと考えています。例えば、お客さまから「システムづくりをしやすくするためにこういうモジュールを作ってくれ」という依頼があるとします。それに応える形で我々がモジュールを開発する。結果、我々の事業は、上の領域を取り込んでビジネスを拡げ、成長するということもあります。でも、それ以上に大切なのは、この逆ピラミッドの扇、これを広げることだと考えています。

それでは、逆ピラミッドを広げるというのは、一体どういうことか。それは、新しい光技術の応用を見つけることです。

ピラミッド型の産業は何を作るかがわかっています。コ

図表6-6 | 光技術を応用する産業と当社のポジション

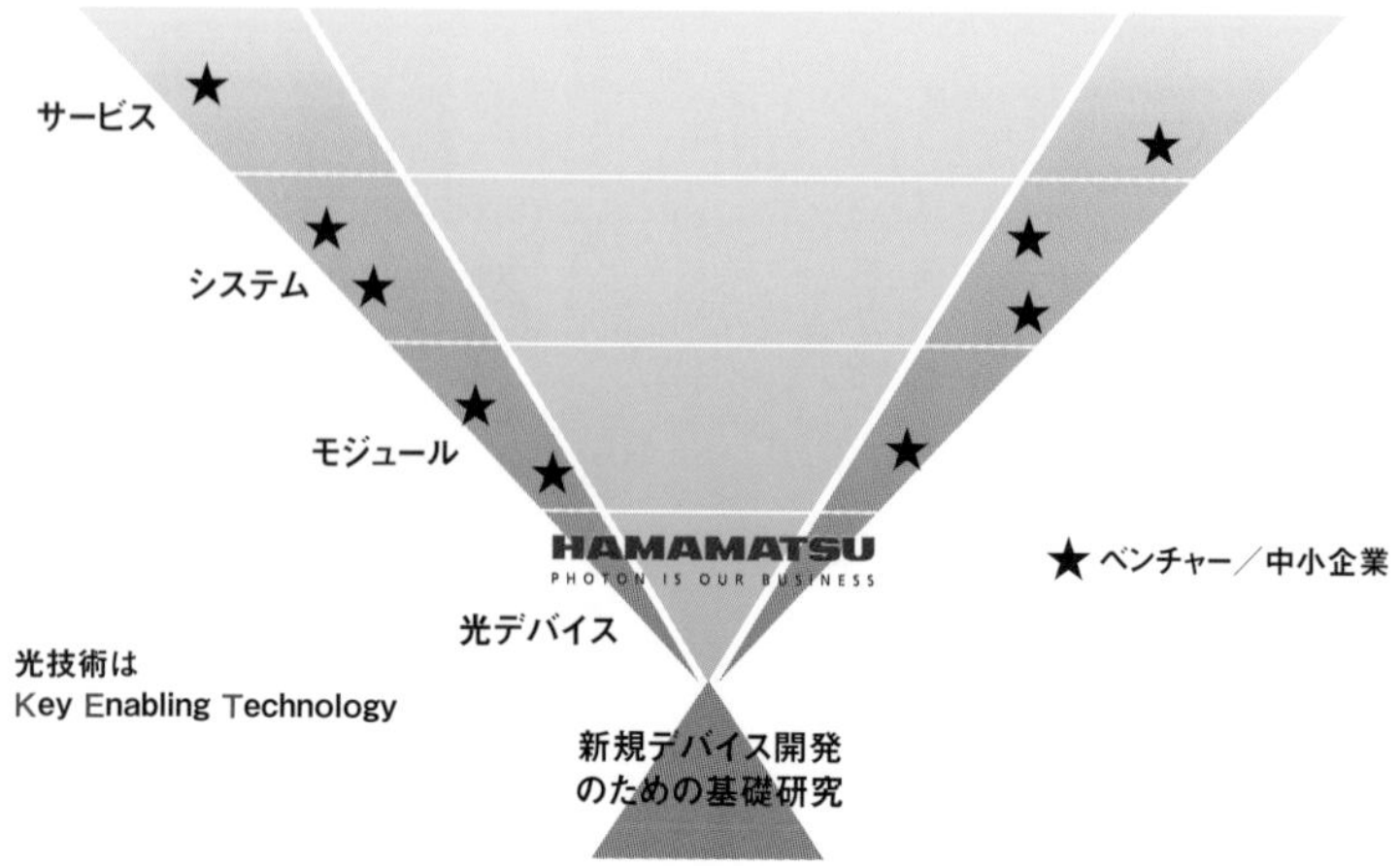

ンピューターを作る会社だったらコンピューターを作るわけです。それを、どう早く、どう安く作ればいいのかということに集中していきます。一方、我々は新しい応用を見つけ出すことを重視します。だから、何をやるのかを考えるのが大事になるわけです。言い換えれば、常に新しいものを見つけることが大切なのです。ですから、そのための資金を用意して、常に研究開発をすることが、我々の成長を支えることになるのです。

そこで我々は、つねにお客さまと対話して、お客さまが何を欲しがっているのかを把握しています。それに応えるように、我々は新しいものを作っています。ただそれだけにとどまらず、さらに、お客さまでさえ気が付いていない「先取りニーズ」、それを知り、そのソリューションを示すことが成長のもう一つのキーワードです。

先取りニーズはベンチャーにある

では、その先取りニーズはどこにあるのでしょう。

私はその先取りニーズは、大学発ベンチャー、大学発スタートアップのような会社にあると思っています。ですから、我々は今、全世界の大学発スタートアップに支援のファンディングを行なっています。額は一〇年で一〇億円ですから、一年で一億円ぐらいです。一社にはおそらく一〇〇〇万円ぐらい投資するわけです。それは起業するときに最初に必要になる程度の額です。ただ、我々はこの一〇億円を二〇億円にしたい、一〇〇億円にしたいと望んでいるわけではありません。

この投資で何をやりたいかといいますと、そういった世界各国のスタートアップで我々とシナジーのあるところに、我々の若いリサーチャー、若いエンジニアを送り込んで、スタートアップの経験をしてもらいたいのです。その経験が非常に大事だと思っています。

その会社が大きくなって成功したら、我々はその会社を買収するかもしれません。あるいは、他の企業と提携したほうがうまくいくと思えば、適切な企業に売却するかもしれません。

そしてそこに派遣した人材を会社に戻して、社内ベンチャー、つまり会社の中で新しい事業を作り出して、そのキーパーソンとして活躍してもらいます。そして社内で若い世代を成長させていく、そういうことをしたいと思っているのです。

「浜松光宣言2013」の活動として

先端フォトニクス国際シンポジウム　iSAP Hamamatsu

第2回　2018年4月17～19日開催
テーマ：アト秒科学

浜松を『光の尖端都市』に ～浜松光宣言2013

別の視点で逆ピラミッドの扇を広げることにも繋がる取り組みを進めています。浜松を『光の尖端都市』にしようとです。

現在、浜松ホトニクスには約四〇〇〇人の従業員がおります。その家族も入れると少なくとも倍の人数にはなります。我々にとっては、浜松という街は非常に大切です。浜松周辺はヤマハ、スズキ、ホンダ、それから、トヨタといった企業が大きく発展に向かった地です。トヨタは、豊田佐吉氏が浜松近郊で豊田織機を立ち上げたことが始まりです。このように浜松という街は京都と同じで、いろいろなベンチャーが育っているところなのです。

ところが最近、そういった大きな企業は生産を海外に移転しています。大企業や大企業と一緒に移転ができる一次下請けくらいまでは問題ないかもしれません。しかし、その下になると移転するだけの力がない会社もあるでしょう。それでも生活していかなくてはなりません。どうすればよいでしょうか。我々は浜松に雇用を生み出す仕組みをつくりたいと思っているのです。

そこで、静岡大学、浜松医科大学、光産業創成大学院大学と浜松ホトニクスとで、浜松を『光の尖端都市』にしよう、浜松を『光の尖端都市』にして、いろんな新しい光の研究とその応用によるビジネスができる街にしたいという考えのもと、二〇一三年に、「浜松光宣言」に調印しました。

浜松を光の研究の拠点にするため取り組みのひとつとして、二〇一六年四月に「量子多体系科学と技術」をテーマに「先端フォトニクス国際シンポジウム（iSAP Hamamatsu）」を立ち上げました。第二回は「アト秒科学（注6）」をテーマに二〇一八年四月に開催しました。

「フォトニクス（光子工学）」に関わる日本のトップの方々、そして、世界のトップの方々を浜松に招いて最先端の話をしてもらったのです。浜名湖のほとりにある歴史のある温泉の和風旅館で、国内外のトップクラスの先生方が三日間みっちり話し合うなんていう機会は他にはないでしょう。もちろんトップの方々の話は素晴らしかったのですが、それ以上にうれしかったのは若い研究者のネットワークをつくることができたということです。先生方が連れてきた世界各国の若い研究者が浜松の旅館で三日間、食も寝るところも同じくし、そして温泉での入浴時間までも語りあっていたのです。とても素晴らしい時間であったと私は思っています。

（注6）原子・分子の中を一〇〇京分の一秒（10^{-18}秒）という時間単位で動き回る電子を光で観測すること、電子運動を研究することを目的とした学問。

ただ、こうした素晴らしい最先端研究の催しだけでは雇用は生まれません。我々としては、浜松に雇用を生むようなことをしていきたいわけですから、もう一手を考えないといけません。

浜松版アクトファスト「A-SAP（Access Center for Innovation Solution, Actions and Professionals）」

私がヨーロッパに行ったときに、EUの「アクトファスト（ACTPHAST）」というプログラムを知りました（図表6-7）。この事業では、政府機関が中小企業を支援しようとする場合に資金を直接その中小企業に渡すのではなく、その企業が必要とする技術に精通している研究機関のネットワークに資金を提供するのです。研究者たちはその資金をつかって中小企業のやろうとしていることをサポートします。プロポーザル（企画、調査）から一緒に開発を始め、最終的にプロトタイプ（試作品）をつくるところまで協働しておこなうのです。

この話を聞いたとき、これだと思いました。これが我々にも必要なファンクションだと思ったのです。

この仕組みの何がいいかといいますと、資金はまず大学（研究機関）に入ります。我が国の場合、地方の大学は資金が少ないですから研究費もなかなか取れないのが現状です。この資金の一部は関連する自らの研究に回すと同時に、その資金を使って、中小企業のプロトタイプの作成を手助けするわけです。中小企業は日々の仕事で忙しくて、新しいことをやりたくてもなかなか始められないのですが、こういうふうに、それを研究者

図表6-7 | 欧州発　産学連携の産業促進プロジェクト

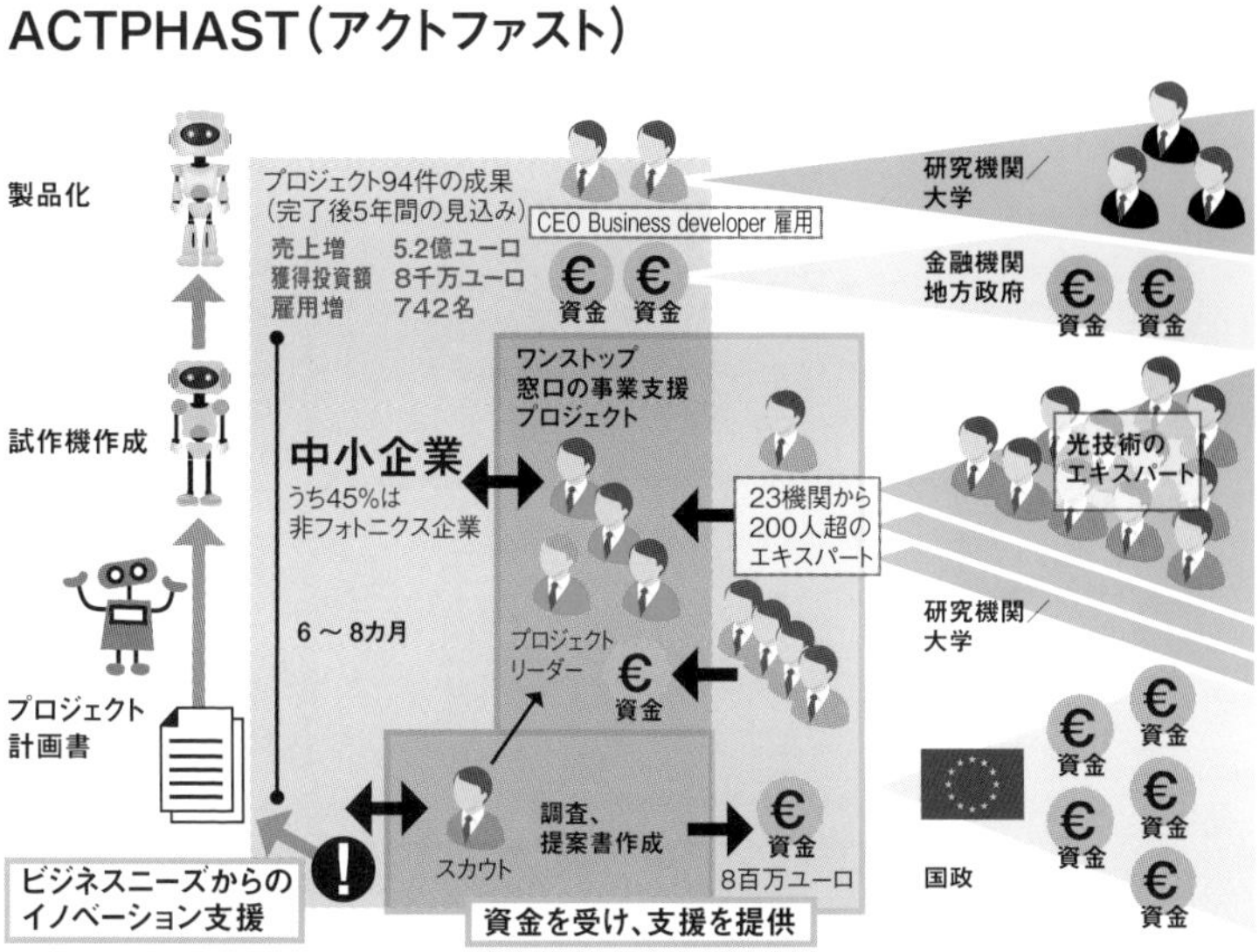

のネットワークが助けてくれて最終的にプロトタイプまでつくってくれるとなると、もともとアイデアだけだった開発がすみやかに前進することになりますね。

そうすると、その中小企業にとっては融資の面でもメリットが生まれます。つまり、自分たちのビジネスプランを紙面だけで説明しても、銀行は融資してくれません。投資家は投資してくれないです。ですが、プロトタイプを持って説明をするともうここまでできているのだということが示せるわけですから、融資も投資も積極的に動いてくれる可能性が高くなるわけです。さらに次の製品開発のときには、最初にプロトタイプをつくってもらった研究機関との共同研究・共同開発の道筋がすでにできていますから、始まりが容易になるわけです。こういう動きが見えてくると、金融機関もさらに融資しやすくな

図表6-8 ｜ A-SAP（浜松版ACTPHAST）の仕組み

（公財）浜松地域イノベーション推進機構　フォトンバレーセンターが中心となり、2018年4月からスタート、6つのプロジェクトが始動

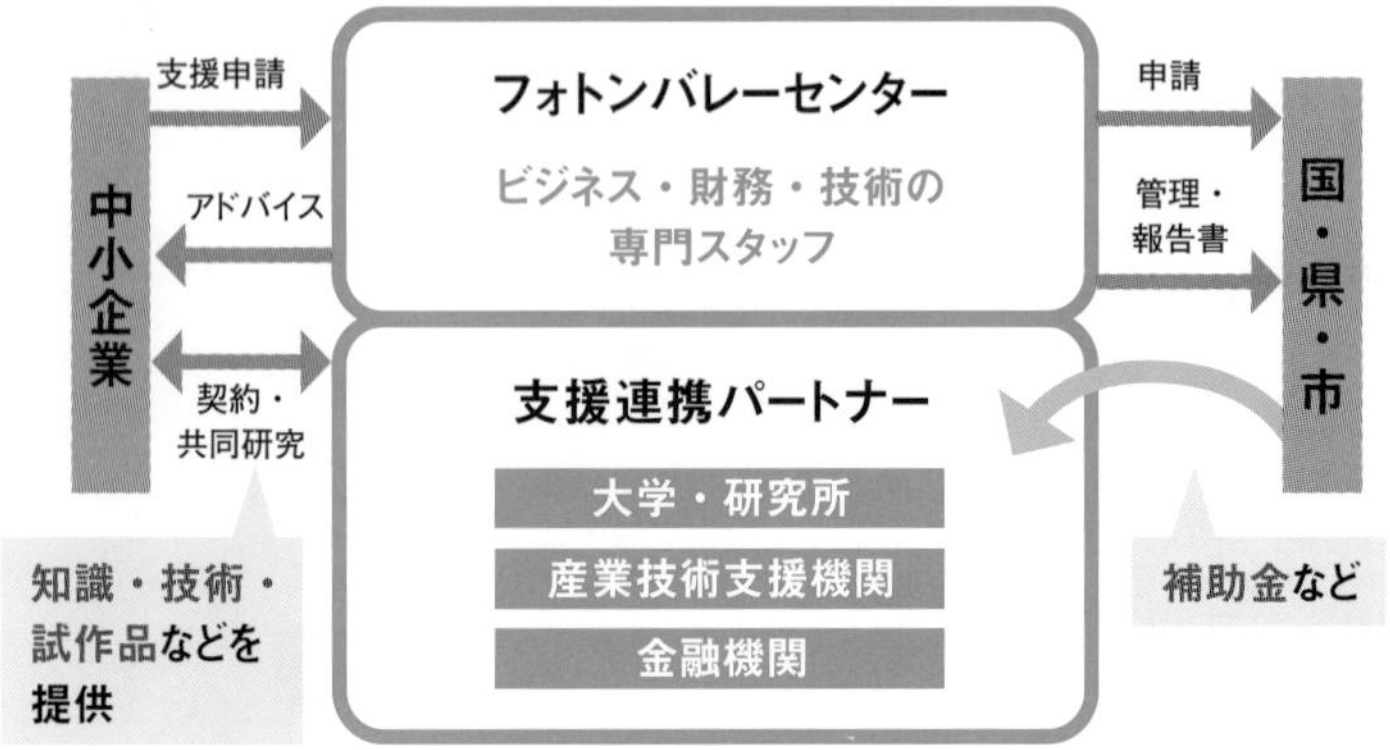

りますし、投資家にも注目されれば投資が集まりやすくなります。資金の動きが非常にいい流れになっていくわけです。

こうした流れを「フォトンバレーセンター」を中心につくっています（図表6-8）。このセンターは二〇一七年に静岡県と浜松市が共管する公益財団法人浜松地域イノベーション推進機構の内部組織として発足したものです。光・電子技術の世界的拠点形成を支援し、光・電子技術を活用した地域産業の活性化を目的にしています。そして新規事業や新産業の育成に力を注いでいく中心となる場所です。

この組織は二〇一八年に六つのプロジェクトを始動させました。

その一例を挙げますと、株式会社スカイプランニング（注7）と学校法人静岡理工科大学による「省エネ機能をパッケージ化したトップライトの開発」（図表6-12）です。スカイプランニング社ではもともと、

図表6-9 ｜A-SAP採択事例

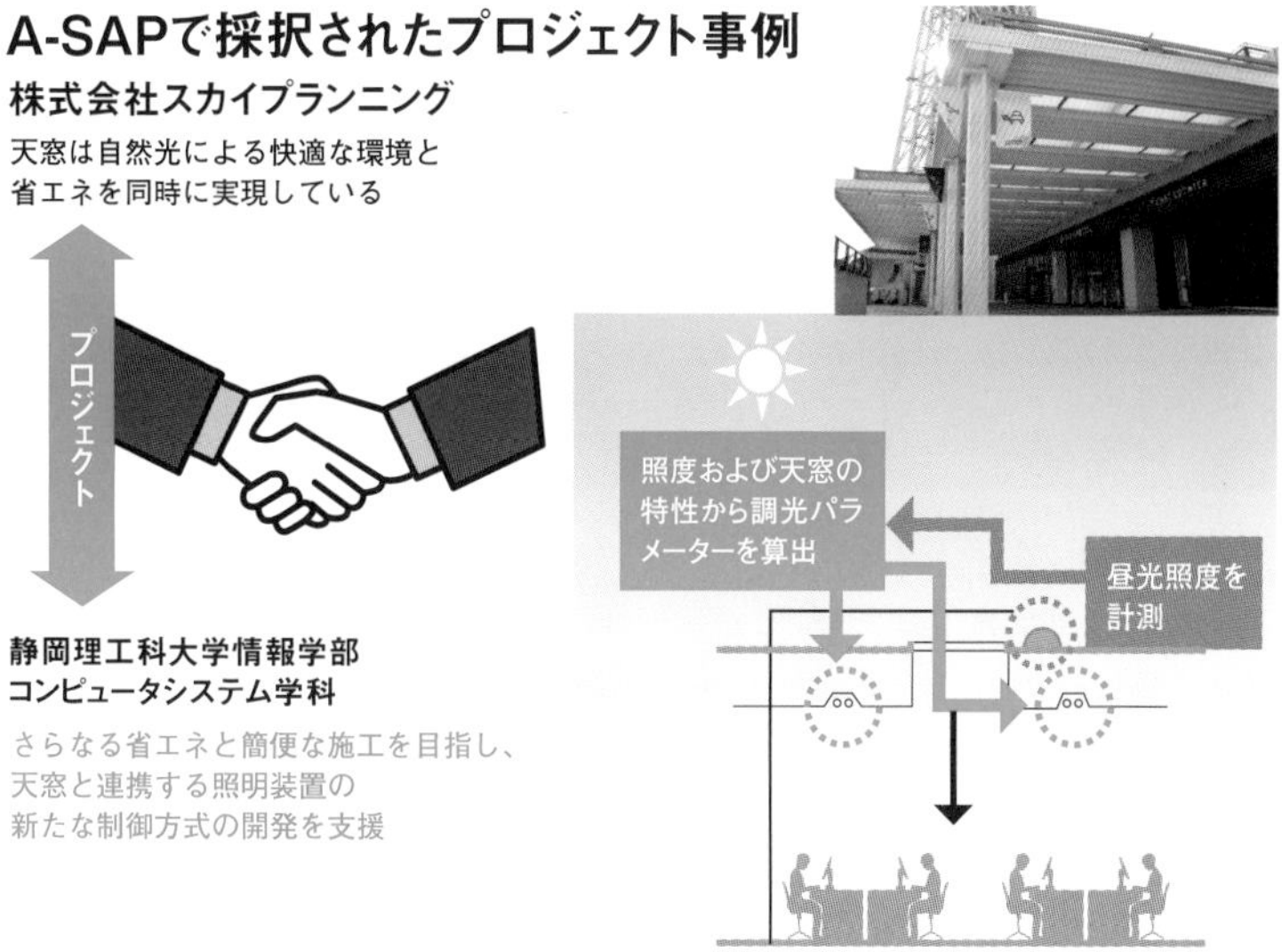

A-SAPで採択されたプロジェクト事例
株式会社スカイプランニング
天窓は自然光による快適な環境と
省エネを同時に実現している
プロジェクト
静岡理工科大学情報学部
コンピュータシステム学科
さらなる省エネと簡便な施工を目指し、
天窓と連携する照明装置の
新たな制御方式の開発を支援
照度および天窓の
特性から調光パラ
メーターを算出
昼光照度を
計測

天窓は自然光による快適な環境と省エネを同時に実現しているという視点を持っていました。そこで、さらなる省エネと簡便な施工で実現できる、天窓と連携する照明装置の新たな制御方式の開発を研究機関側が支援したというプロジェクトです。

いまはテーマの二次応募をしておりまして、面白い企画が出てきていると伺っています。

光産業創成大学院大学で新しい産業を育成

先ほど、いくつかの大学の名前を挙げたなかに「光産業創成大学院大学」というのがありました。この学校は我々浜松ホトニクスが中心となって二〇〇四年に設立、二〇〇五年に開学しました。目的は、光

（注7）静岡県浜松市に本社を置く、金属屋根用天窓の専業メーカー。

図表6-10｜ 光産業創成大学院大学発企業

光産業創成大学院大学発企業の活躍

パイフォトニクス（株）

2006年設立　池田貴裕

視認性の高い光パターンLED照明「ホロライト」工場内の安全対策として国際特許取得済

（株）トヨコー

第二創業　豊澤一晃

レーザーによる橋梁などのサビや塗膜の除去　粉じん飛散を抑制し、二次産廃物も出ない

ジーニアルライト（株）

2006年設立　下北 良

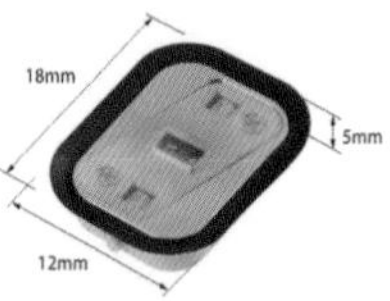

血液情報から生体データを高感度に計測可能、小型／安価な近赤外分光生体モジュールセンサ

（株）内山刃物

第二創業　内山文宏

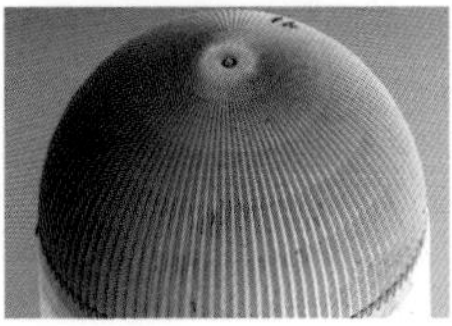

レーザーによる革新的なオーダーメイド工具を製作　写真は直径3.6mmの多結晶ダイヤモンド工具

技術を応用した新産業の創成です。同大発のベンチャーは現在で三一社になります。

一つ事例を紹介しましょう。

株式会社トヨコー（静岡県富士市）です。ここは塗装業を主力としてきた企業でしたが、二代目の社長は今後の展開を見越してレーザーに着眼し、新たな商材を開発することを考えました。そして光産業創成大学院大学に入学し、六年間、週一回の頻度で通い、「レーザー塗膜除去工法」を研究・開発したのです。レーザーを照射して、橋梁などの鋼構造物のサビや塗膜を溶融・蒸散する新しい工法です。これによって、従来法ではその工程で発生していた粉じんの飛散を抑え、二次廃棄物をなくすことができました。レーザー照射をすることでサビの原因となる塩分を除去し、サビの再発も防ぐことができるのです。こうした今まで発想しなかった新工法が、同大で共に研究することで開発できているのです。

図表6-11｜バイオフォトニクスデザイン

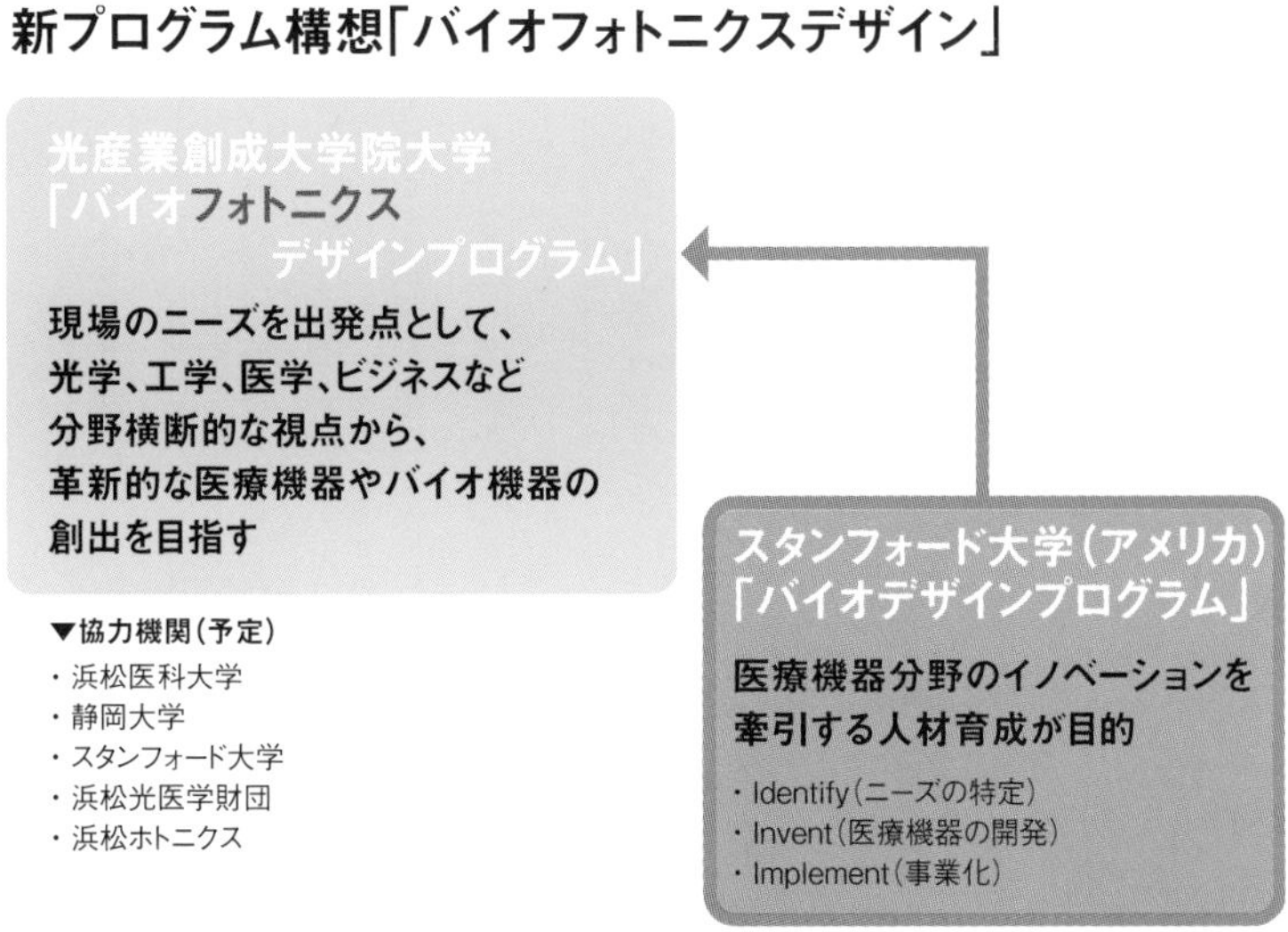
新プログラム構想「バイオフォトニクスデザイン」
光産業創成大学院大学
「バイオフォトニクス
デザインプログラム」
現場のニーズを出発点として、
光学、工学、医学、ビジネスなど
分野横断的な視点から、
革新的な医療機器やバイオ機器の
創出を目指す
▼協力機関（予定）
・浜松医科大学
・静岡大学
・スタンフォード大学
・浜松光医学財団
・浜松ホトニクス
スタンフォード大学（アメリカ）
「バイオデザインプログラム」
医療機器分野のイノベーションを
牽引する人材育成が目的
・Identify（ニーズの特定）
・Invent（医療機器の開発）
・Implement（事業化）

こういった企業が光産業創成大学院大学をつかってかなり熱心に研究とビジネス開発に取り組んでいます。このように、浜松において、ベンチャーだけでなくいろんな中小企業が第二創業として、光を使って新しいことに挑戦してもらいたいと考えているのです。

そこで、次は光産業創成大学院大学の主催事業として「Photonics Challenge 2020」の開催を企画しました。

このビジネスコンテストは「浜松光宣言」の実現をめざす取り組みの一環として、光技術やその応用を通して新たなビジネスの創出に取り組んでいる意欲的な人材を発掘することを一つの目的とし、光応用産業発展の主役であるベンチャー企業や中小企業が活発に活動できる環境をつくりたいと考えています。すでに二〇一九年六月に募集を開始し、書類選考、メンタリングなどを経て、最終審査会は二〇二〇年の一月を予定しています。

光産業創成大学院大学についてはもう一つ、新たに「バイオフォトニクスデザイン」という分野をつくろうと思っています。スタンフォード大学に「バイオデザイン」というプログラムがあるのですが、これは医療機器のスタートアップをつくることを目的にそれを援助しようというプログラムです(図表6-11)。

我々はそれをちょっともじって「バイオフォトニクスデザイン」というカリキュラムをつくって、医療機器に加えてバイオ機器を作ろうとしている企業、研究者、技術者を支援しようと考えています。興味があるという方は、ぜひ参加していただきたいですね。

失敗を恐れるな

最後に私が毎年、新入社員に伝えている言葉を紹介しておきます。

一、現状維持はあり得ない。現状に満足してはいけない。

二、常に前進をしてほしい。

三、失敗を恐れるな。

「失敗を恐れるな」というのは、自分の今の実力以上のところをめざしてそれで失敗するのは構わないではないか、という考え方です。そういった失敗は恐れてはいけないということです。

四、交流を大事にせよ。

横の繋がりは大切です。会社の同期との繋がり、仕事以外での人脈などさまざまな場面で人と交流することが自分を成長させ、活性化させてくれます。

五、自分一人の手柄なんてあり得ない。

会社の中では、スーパーエリートとして注目される人がいますが、うまく成功したプロジェクトは、一人で成立しているものではないはずです。必ずその一人をサポートした人間、そのサポートした人間をサポートするようなチームが存在します。すべて自分が一人でやったなんて思ってくれるなと、私は社員に言っています。

六、経営者を心掛けよ。

我々の会社は基本として「部門独立採算制」をとっています。全社で四十何部門ありますが、一つの部門が一つの会社として動いているわけです。だから、社員ひとりひとりが経営者的な考えを持つことが重要です。

七、大学院大学を利用せよ。

八、世界が舞台である。

英語を勉強しようと言っています。若い研究者にはとにかく外に出ろと言っています。どのような分野であれ、やはり海外での生活、実際に現地で生活してみる。これは大きな価値をもたらしてくれます。

最後が、心身の充実。

私は少し前まで「浜松ホトニクスの社員は二四時間労働だ」と言っていたのです。ブラック企業ではないですよ。何で「二四時間労働か」といいますと、しっかりと栄養価のあるものを食べて、前の夜には家族や友人と楽しく過ごす時間を持ち、そしてぐっすり寝て、次の朝を迎えると心身共に充実しているから、出社してもバイタリティあふれて仕事を始めることができるわけです。こうした心身の充実こそが仕事の源なんです。だから「二四時間労働」だと言っていたので、決して我々のことをブラック企業なんて言わないでいただきたいと思います。どうもご清聴ありがとうございました。

〔質疑応答〕

やるリスクから「やらないリスク」を見極める

――道なき道を開拓するための考え方などを聞かせてください。

書馬　我々の会社のもつ「二面性」ではないかと私は思っています。我々は部門独立採算制をとっています。ある意味で、部門長自身は会社のトップで、どんどん新しいことをやっていいことになっています。我々の部門には名前はつけていません。全部「数」です。「一四部門」、「二三部門」などです。なぜそうなっているのか、といいますと、何をやってもいい、という環境にしているのです。つまり、既成概念にとらわれず、部門の名前や業務範囲に縛られず、「何をやってもいいけれど、利益だけはちゃんと出せよ」という考え方なのです。先に述べましたが、我々は逆ピラミッドのボトムにいます。ここのコアビジネスは死守しなければなりませんが、それだけではなくて、「未知未踏」のものに挑戦しなければ、そして「先取りニーズ」を提案できなければダメだと考えているのです。こうした二面性が我々の会社の特徴じゃないかと考えています。

――交流を大事にせよということですが、もう少し具体的に、何を大切にするのかについてお聞かせください。

晝馬　例えば、パーティーでの新しい人との出会いや交流は視野を広げる、刺激を受けるという意味でも大切ですが、ここで「交流を大事にせよ」と言っているのは、もう少し根本的なところを指しています。我々の会社では、入社したら六カ月は全事業部をわたって研修していきます。同期生はずっと一緒に動くことになります。もちろん全員が一緒ではありませんが。この経験は生涯に渡り信頼できる人間関係を築くきっかけになると考えているのです。仕事をする上でも非常に大切になってくると思っています。違う事業部に配属された人間とネットワークもできますし、社内で新しい発見をする可能性を広げているとも言えるでしょう。

――「やらないリスク」も考えることが必要だとお話されていますが、複数の部署で会社の命運を左右するようなプロジェクトが立ち上がった場合どのような判断を下すのか教えてください。

書馬　事業部は部門独立採算制を採用しています。まずは事業部ごとの利益を上げることが大前提で、その利益の一部を使って事業部あるいは部門ではできない、リスクが大きすぎる挑戦をグローバルストラテジックチャレンジセンターでやっていこうということです。

カミオカンデのことでもそうですけども、「やらないリスク」は後でしかわかりません。一方、やるときに実際にかかるコストははっきりと見えています。そのときに考えるべきことは、このビジネスが将来的にどれだけ成長するだろうかということです。「絶対」という言葉は使えないのですが、多方向から検証することは可能ですね。その上で、ここまでの投資額ならダメになっても構わないと判断できるかどうか、それを見極めることになります。例えば、その投資額、それが会社の利益の半分になるというレベルなら、これはもちろん慎重になるべき範囲ですが、将来性がある程度見えていれば許容範囲となるかもしれません。やるリスクは数字で出せますから。それをしっかりと見据えた上で、その意気込みといいますか、プロジェクトは人が動かすものですから、そのあたりも含めて考えるということになりますね。

――　超低金利時代に社内で資金をプールしていることに意味があるのかと疑問もあります。ファイナンスについての考え方を教えてください。

書馬　当社は、ファイナンスに関しては、非常にコンサバティブ（保守的）な会社です。やっぱり自分たちでためておいてやりたいことをやる、という姿勢です。今後一〇年間ぐらいで一二〇〇億程度の投資をすることになろうと思います。そこも、できれば自己資金で賄いたいと考えています。

――大きな会社に成長させてきた過程の中で、何か失敗した経験とか、他の経営者の方と自分を比べた場合、違いとして感じておられることをお聞かせください。

畫馬　二名の創業者の紹介をしましたけれど、彼らはすごくカリスマ性がありました。彼らが、ぐいっと引っ張っていった会社なんです。私自身にそういったカリスマ性があるかというとゼロです。まったくないです。私がマサチューセッツにいる時に、子会社が潰れてしまいました。そういう意味での失敗は味わっております。ですが、先ほども言ったように、我々の会社には事業部があって、さらに部門というのがあります。私の周りに非常にたくさんの仲間がいるわけです。私の能力なんてたいしたことないのですが、私の周りにいる人たちの能力の足し算が大きくなるから今に至ったということでしょう。その足し算は、たった一人のカリスマ性のある人間の能力よりも、はるかに大きくなる可能性があります。皆の能力の和というのは成果を出せるものです。なぁなぁの関係ではダメですよ。みんな意見が違って衝突するかもしれない。でもその能力の足し算があれば、カリスマ性のある人間よりもいい成果を出せると私は思っています。

――光デバイスといった根本的な部分を、中小企業やベンチャーを利用して強化していこうとお考えなのでしょうか？

書馬　我々は逆ピラミッドのボトムにいるというお話をしました。その我々をさらに支えているのは何かというと、それは新規デバイス開発のための基礎研究です。この部分の強化という点では中央研究所を持っており、ここで新しいデバイスを考えています。先ほど言った私の話はどちらかというと「光技術の応用」のほうです。もし、あるスタートアップ企業が面白いデバイスを開発しているとしたら、コアビジネスを伸ばすための投資をする、あるいはその企業を買収するかもしれません。ただ、私が中小企業やベンチャーを支援しているのは、光デバイスの応用の範囲を広げること、光技術の応用を新たに見つけること、そのための活動なのです。モジュールとか、システムとか、ひょっとしたらサービスといったところでも探していきたいと思っています。

――会社の強みは、お客さまに対する問題解決というところに主眼を置いてビジネスをされているということでしょうか?

書馬　そうですね、我々の強みはエンジニアリング、開発もありますが、ある意味で、これまで世界中で長年培ってきたセールスの人間の強みがあると自負しています。お客さまのニーズをより早く察知して、解決策を提案できる。そういった活動が我々の強みとも言えます。開発、製造部門がセールスマンと一緒にお客さまのところに行って、お客さまの話を聞くことを重視しています。

―― 大学院大学やホテルも会社として展開されていますが、どのような目的があるのか、お聞かせください。

書馬　ホテルについては、利益が出ているものではありませんから、株主総会などでは質問をいただくことがあります。もし、利益を出すことを目的にホテル事業をしているのだったら、役員全員が退陣をしなくてはならないでしょう。しかし、そうではないのです。このホテルは、地方の商工会議所がある街に立地していることもあり、いろんな人が集まって会合を開くときに利用できる場になっているのです。ホテル業は、地域貢献の一つという立場でやっているということですね。

光産業創成大学院大学については、最近、非常に注目度が上がってきております。この間も、内閣府特命担当大臣が来られました。地方創生あるいはベンチャーを育てることに興味を持っておられる方でしたので期待をしていただいているようです。光産業創成大学院大学の使命は、我々浜松ホトニクスがそうであったように地域からベンチャーを育てる、ベンチャー精神が発揮される地域に再びすること、そのようなことが我々の事業を支えることに繫がるという視点ですね。

浜松ホトニクス株式会社　本社事務所（静岡県浜松市）

浜松ホトニクス株式会社

それがなければ、実現できない。それがなければ、目的にたどり着けない。それがなければ未来と出会えない。世の中にまだないものを作ろうとする会社。そう自らを称し、光子photonを仕事に光技術・製品を提供する。世界で初めてブラウン管上に電子的に文字を映し出した高柳健次郎博士の門下生らが立ち上げた当時の精神が今に繋がれている。

晝馬 明（ひるま・あきら）

浜松ホトニクス株式会社　代表取締役社長

1956年、浜松ホトニクスの基盤を築いた晝馬輝夫さんの長男として生まれ、高校まで浜松市で暮らす。20歳で渡米し、アメリカのラトガース大学コンピューター・サイエンス専攻を卒業。アメリカのハママツ・システムズ・インクに勤務後、アメリカのハママツ・コーポレーション社長を務めるなど、32年間をアメリカで過ごす。2009年に帰国し、父の後を受けて現職。

Column

企業と大学教育の距離

畫馬社長のお話の中で、光産業創成大学院大学のお話がありました。企業が大学を設立する、もしくは大学の設立・経営に関わるという事例は古くから多く存在しますが、徐々にその意味合いが変わってきているように思えます。

古くは大正時代から大学（もしくは大学の前身である旧制高等学校）の設立に企業が関わる事例はいくつか見られますが、その主な目的は広い意味での社会貢献や教育を通じた社会発展への寄与、といったものだったように思われます。

例えば武蔵大学は東武鉄道の社長を務めた根津嘉一郎氏の寄付を基に設立されていますし、成蹊大学の設立には三菱財閥の岩崎小弥太氏が大きく関わっています。トヨタ自動車の豊田喜一郎氏が設立した豊田工業大学も、トヨタ自動車操業時より「社業繁栄の暁には大学を設立したい」という夢が実現したものであり、技術者の育成という切り口はあるものの教育を通じた社会発展への寄与、という意味合いが強かったのでは、と推察されます。

一方、近年は、社会貢献や広い意味での教育を通じた社会発展への寄与というよりは、産業の発展により具体的に資することを目的とした企業の大学設立や設立・経営への関与がいくつか見られます。

書馬社長のお話にもあった光産業創成大学院大学は、建学の精神に「シーズとしての新しい光関連の産業技術力と企業経営力との統合・融合、さらには新しい価値を創造する新産業創成を自ら実践することにより、我が国から世界に新しい知の創造を発信し、かつ貢献できる人材を養成せんとする」とあるように、光に関連した新たな産業・人材の養成を目的に設立されています。また、日本電産の永守会長が理事長に就任した京都先端科学大学は、永守会長の理事長就任に際して従来の学部に加えてモーター及びその関連分野における専門人材の育成を目的とされている工学部の設立が企図されています。

具体的な目的を持つ大学という意味では、ダイキン工業が社内に設立した「ダイキン情報技術大学」も興味深い例と言えるでしょう。この「大学」は同社が今後注力分野と位置付けるＡＩ及びＩｏＴ専門人材育成のために設置され、新卒社員のうち一〇〇人を二年間ＡＩ及びＩｏＴ領域の学習・研究に専念させる教育プログラムです。

こうした例を見てもわかるように、大学教育と企業の距離は、より意味を持って近づいてきていると言えます。

企業の大学への関与というだけでなく、日本でもパークシャーテクノロジーのような大学発スタートアップが生まれたり、ＵＴＥＣ（東京大学エッジキャピタル）のような大学の技術を事業に変える支援をするベンチャーキャピタルが存在するのも、大学教育と企業、ひいては産業の距離が近くなってきていることの証左と言えるでしょう。

これはすなわち学問が生み出す技術を始めとした新たな「知」を、企業がより明確に、かつ具体的に求めているということ、そして「知」を生み出す大学自体にも、社会への還元を志向する問題意識が存在するということなのだと思います。

もちろん大学が育む学問や知は経済活動のためだけに存在するわけではないのですが、「知」がより実践的に社会に還元されるパスが存在する、その結果として社会が発展するのだとすれば、それは望ましい形の一つなのかもしれません。

「オーナー」としての株式投資

農林中金バリューインベストメンツ 常務取締役（ＣＩＯ） 奥野一成

自己紹介

皆さんおはようございます。農林中金バリューインベストメンツ（ＮＶＩＣ）の奥野です。

今日は、「投資」って何なのかなということをちょっとでも感じていただきたいと思っています。まず題名なんですけども、〝「オーナー」としての株式投資〟ということでお話しします。そもそもこれ何ぞやって思う方も多いかと思います。これまで株式投資について教わったことなんてあまりないでしょうから、「株式投資って安く買って高く売ることでしょう？」とか、「楽して儲《もう》けてるんちゃうの？」というようなイメージを持っている方も多いかもしれません。そういった捉え方をされている方に対して「こういう考え方もあるのか」というような投げ掛けになればいいなと思っています。

自己紹介です。僕は、ちょうど三〇年前にこの京都大学の法学部に入りまして、一九九二年に卒業して日本長期信用銀行という銀行に入っています。多分皆さんが生まれた時にはもう潰れている銀行なので知らないと思います。就職活動の時に僕が何を考えていたのかというと、コンサル志望でした。その当時マッキンゼーとかボスコンとかあまり京大から受けに行く人は少なかったんですけども、それこそ「青春18きっぷ」を買って東京まで受けに行きました。僕は企業の戦略コンサルをすることで価値を作ることができるんじゃないかと考えていたわけです。戦略を立てることで価値を作って、その会社をよりよくするとか、大きくするとかそういうことを夢見てコンサルを受けてたわけですけど、たまたま会った長銀のリクルーターの方から、「お前アホちゃうか」という言葉をいただきまして、どういうことかと言うと、「お金も出さないで人が言うことを聞いてくれると思うのか。長銀はいいぞ。お金を出しながら提案するんや」と。僕はその当時とても素直な人間だったので、「あ、そうか」と。今はもうちょっとひねくれてるんですけど。とにかくその言葉に引かれて長銀に入りました。

今でも本当にそれはその通りだと思います。やっぱり長期でお金を貸すというのは、その会社に長期的に価値を上げてもらってそれでお金を返してもらうわけです。その会社が短期的に儲《もう》かったってお金返ってこないわけです。お金返ってこないなら担保で回収すればいいやっていう発想の銀行ではなかったっていうことなんですね。長銀での仕事はすごく楽しかったです。

それがいろいろ紆余《うよ》曲折ありながら、今こういう株式の長期厳選投資というのをやらせてもらってるんですけど、実は今やっていることっていうのは、自分がちょうど就職活動の時にやりたいと思っていたこととかなり近いです。僕たちはその企業の株式に投資をすることで、後でも話しますけど、その企業の「オーナー」になるんですね。「オーナー」になることで経営者と同じ船に乗れるんですよ。経営者は当然その会社を大きくしたい、強い会社にしたいと思いますよね。僕たちは投資をしている会社が強くなって大きくなったら、営業利益が上がっていくので、当然それは株価に反映されるわけです。だから「オーナー」と経営者は同じ船に乗れるんです。今では経営者の方々と膝詰めでミーティングをしながら、金融屋、敢えてこの言葉を使いますが、金融屋としてのいろいろな気付きを経営者にお話ししています。話をしただけですぐに何かが変わることなんて世の中ないです。時間がかかります。時間がかかるんですけども、長い目で見れば少しずつよくなっていく。そういうことをめざしてやらせてもらっています。

そういう意味でいうと僕がそれこそ学生の時にやりたいなと思ったことが、長銀が潰れる中でできなくなったということではあるんですけれども、そこから結果としては今自分がすごくやりたいことをやらせてもらって、しかももう一三年同じことをずっとやっています。そういう意味ではものすごくラッキーなサラリーマンだなと思っています。

キャリアの話……「辺境に行け！」

キャリアの話でいうと、今日お話ししたいポイントの一つ目ですけど、今ここにいらっしゃる方っていうのは三年生と四年生と院生の方ですよね。これから自分の人生を決めていかないといけないわけです。それを他人任せにしちゃダメだよということは絶対にお伝えしたいなと思っています。他人というのは自分の親も含めて他人です。他人の人生を生きたってしょうがないわけでして、「自分の人生の『オーナー』になりましょう」っていうことなんです。そんなの当たり前のことなんですけど、実はなかなかできないんです。

キャリアを考える上で僕の経験から一つ言えることは、「辺境に行け！」ということです。皆さんこのまま普通に行くと大企業に入ることになると思います。いい会社に就職することになってそれはすごくいいことなんですけど、どこの大企業に行くかという問題ではなくて、その大企業の中で辺境に行ってもらいたい。辺境とは何かというと、例えば二兆〜三兆円の大きな売上を持っているメーカーさんに入りましたと。そこの中の経営企画みたいなところに行ってもらいたくないんですね。そんな王道のところに行っても、今や大企業っていうのはものすごく分担されています。会社の機能が、企画をする人、売る人、作る人、ずーっと細分化されていて、実際にお客さんに価値を付けているところの全体像を見ることっていうのは不可能です。そこで、そういう大企業で例えば何かの子会社に行くとか、どこか物理的にすごく辺境の所に行って、すべて自己完結的にビジネスを回せるような立場になることです。そういうふうになれば大きな企業に戻っても動かせるようになります。これは実際そうなんですよ。今大きな企業の社長になっている人の顔ぶれ見てください。強い企業であればあるほど、大体その人はキャリアのどこかで左遷されています。大体どこかのすごい小さなオペレーションに身を置いて、そこの中で這《は》い上がってます。そこで全体の繋がり、ビジネスの繋がりということを学ぶんです。大企業の本部なんかにいても絶対無理ですよ。二兆〜三兆円ある中で自分がやっていることなんて何のことかわからないわけです。どこで働くかというよりも、どういう働き方をするかっていうことがすごく大事だということを言いたいなと思います。

それから、もう一つは、自分が今大事なスキルを持っていて、このスキルを活かして就職したいと。それは大いに結構です、絶対に使ってください。ただ、そのままで止まってたら失敗します。なぜなら世の中の動きはめちゃくちゃ早いからです。学生の時に取ったスキルなんていうのは、多分一年も二年もすれば多くは使えなくなります。大事なことは何かというと、今のスキルはもちろん大事なんですけども、どんどん学ぶ姿勢を持つことです。いつまでたっても学び続けるということが大事かなと思います。少し戻りますけど、そういう意味でも大企業の辺境に行くっていうのは結構大事です。もしくは自分でベンチャーを作るかどっちかです。いや応なしに勉強して走り続けないといけませんからね。

僕はそういう意味でいうと、長銀に入ったのは自分の意志でしたけど、そこから先はもう漂流してますけど、その中で必死に学び、考えて、結果として今自分が好きなことをいろんな人のサポートの中でやらせてもらっていて、すごくハッピーな人生だなと思っています。

広義の投資……自分の人生の「オーナー」に

今日二つ目のトピックとして、「投資」とは何かっていうことです。

皆さん投資って聞くとどんなイメージですか？　いくつもの画面に囲まれてチャートなんかを見ながらカチャカチャッと株を売買して、「楽に儲《もう》けてます」みたいな。多分そういうふうに思っている人って結構多いんですが、こういうのは僕の中では投資ではないです。どちらかというと投機に近い。「投資と投機って何が違うねん」ということは後で説明しますが、それよりも何よりも最初に「広義の意味での投資ってなんぞや」ということについて話してみたいと思います。

例えば、家庭教師のバイトをすれば、今の時給がどれくらいか知りませんが、僕らの時は二〇〇〇円ぐらいもらえました。皆さんが今一時間を使ったら二〇〇〇円稼げるとしましょう。一時間という時間を労働に投入すると、二〇〇〇円もらえるんです。にもかかわらず、それをせずにここに来て講義を聴いているということは、二〇〇〇円を諦めているっていうことなんですね。二〇〇〇円分の時間をこの講義に投下しているってことなんです。これによって得るものがなければ、二〇〇〇円損しているってことです。そういう意味で言うと、すべてのことが、皆さんが今授業を受けているということも、人生にとっては実は大きな投資なんですよね。ここのところがすごく大事です。広義の意味での「投資」。

図表7-1の左上のアルバイトです。さっき言った話ですね。例えばうちの息子なんかにも話すんですけど、マクドナルドでバイトしたら一時間で一〇〇〇円もらえると。これが労働です。労働っていうのは、自分の時間を使って働いて、その対価としてお金がもらえる。それに対して、僕が息子に言うのは、「その一時間を英検一級取る勉強に費やしてごらん」と。英検がいいかどうか知りませんよ。例えばということですけど、英検一級が取れればおそらく君の時給は二年後、三年後に三倍ぐらいになっているよということなんです。これが図表7-1の右上の話です。これは何を言ってるかというと、一旦時間と授業料を勉強に投下することで、ちょっと先になるかもしれませんが自分の能力が付くんですよ。才能って言ってもいいかもしれない。そうするとその時には、今皆さんが持っている才能よりもずっと大きな才能を持っているので、当然大きなお金が得

図表7-1｜ 広義の投資

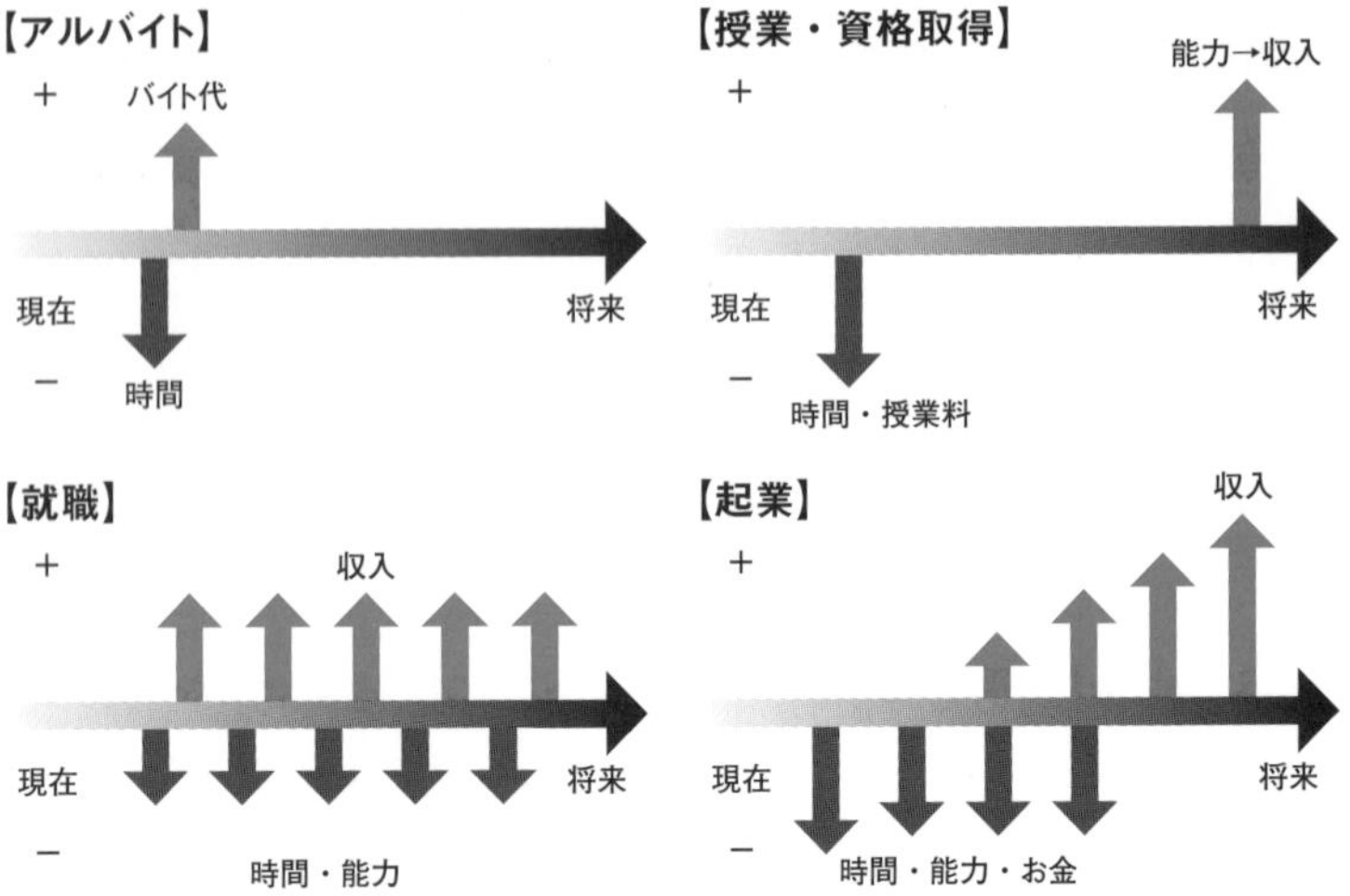

られるということです。

次に就職活動してる人は、これから就職すると左下のような形になるわけです。時間と能力を使いながらお金をもらっていきます。間違えないでもらいたいんですけども、この会社に入ったらこんだけお金がもらえるって思ったら大きな間違いですよ。そんな世界はもうないですから。皆さんのお金は皆さんの能力に対して支払われるものであって、その企業に属しているからもらえるものじゃないです。ので、わざわざこんな図を付けています。時間と能力に対して、収入をもらっていると。それから右下の起業、自分で会社をつくると。最初はものすごい大きな持ち出しになります。大きな持ち出しになるけれども、大きなものが得られるかもしれないと。

実はですね、こういう話こそ学生の時に聞いておいてもらいたいんです。それが僕たちがこの講義を始めたきっかけですし、続けている情熱です。何を言っているかといううと、この講義を始めた最初の二〇一四年に、日本電産の永守（重信）さんに出てもらったんですね。永守さんは二八歳の時に二〇万円のなけなしのお金と自分の才能と自分の時間をすべて「回るもの動くもの」に投資したんです。それが今二兆円の売上をうかがおうという会社になって、永守さんも大金持ちになっています。これこそが本当の「投資」なんです。

僕みたいなファンドマネジャーがいくら言っても「結局株買ってるだけでしょ」って言われたらどうしようもないわけですよ。そういうときに永守さんが出てきて「投資とは？」っていうのをちゃんと示してくれたら、それを聞いた学生さんの人生が絶対に変わるというふうに僕は考えて、六年前この講義を始めさせてもらったということです。これこそが「広義の投資」です。

この広義の投資の中で言うと、最初に投下するアセットっていうのは時間であったり能力であったりもちろんその中にお金も入るわけです。アウトフロー、（図表7-1の）下に矢印が出るもの。インフローは、お金はもちろんですが、才能であったり。実際これもお金で買うことができるわけですよ。上向きの矢印もお金だけじゃないわけです。あんまり言うと「品がないな」って思われるかもしれないですけど、大抵のことは実はお金に換算できます。お金に換算できないものをどういうふうに見てあげるのかというのが人生なんで、そこから先は自分で考えてもらいたいんですけど、一旦お金に換算してみるっていうのは結構大事かなというふうに思います。

例えばどこかの土地を買う場合、その土地をある人が見たら一〇〇万円かもしれないけど、別の人から見たらそれは二〇〇万円かもしれないわけです。例えば、お母さんが作ってくれたお守り袋があります。それはお金でいえば二束三文ですよ。だけど、自分にとっては全然違う感情を持つわけですよね。僕はそれを全然否定しようとは思わないです。だけどこの土地っていうのは一体どれくらいの価値があるのかというのを自分なりに自分のロジックで自分の頭で考えるということを放棄して、どこかの不動産業者がこれは坪いくらというのをうのみにしてたら、本当の意味での「価値」にはたどり着けません。「価値」というのは必ずしも価格とは違うということです。

話を戻しますけども、実は時間と才能とお金っていうのは交換できます。ここがすごく重要なラインです。重要なラインなんだけど、皆さん大学生になってアルバイトなんかで自分でお金を稼ぐようになって初めて、お金と自分の能力と時間っていうのは結びついてきます。

高校生くらいまでは基本的にはお金っていうのは親が払うものだから、時間と能力の間の交換しかありません。要は時間を使って勉強とか部活の練習とかをして能力を上げる。それしか多分想像できません。そこにお金っていうのが入ってくるわけですが、今皆さんが圧倒的に持っているのは時間です。これが実は最大のアセットになるんですよって いうことをここで申し上げたいです。

二四時間はみんなに平等にあるというふうに言われていますが、ちゃんと考えて使う人と全然考えない人では全然違う時間の使い方になります。大体電車に乗ったら九割の人がスマホ見るでしょう？ そんなことしてる時間があるんだったら、もうちょっと別のインプットの仕方、自分なりのアウトプットの仕方をどんどん考えたほうがいい。メッセージとしていちばん伝えたいのは、とにかく「オーナーシップ」を持ちましょうと。「自分で自分の人生を作ろう」というのを声を大にして言いたい。

「投資」と「投機」の違い

以上が大きな意味での投資なんですけど、狭義でいえば企業の「オーナー」になるっていうのが投資だと思います。先ほど少し触れましたが、世間で持たれている投資のイメージ（実際は投機）、すごく楽して儲《もう》けているような、そういう人たちがやっているのは基本的にゼロサムゲームです。宝くじとかギャンブルと一緒です。宝くじだろうが馬券だろうが、間で仲介している人たちが手数料を取っていくので期待値はマイナスです。それでいうとマイナスサムゲームです。マイナスサムゲームでずっと勝ち続けるなんていうのは絶対無理です。最初まぐれで勝てても、試行回数を増やせば平均に回帰しますから。

こういうことをやっている人っていうのは何をやっているかっていうと、ある株を買いました、株価が上がったら売りましょう。それは自分よりも高く買ってくれる人を探してるだけです。買うのはその企業じゃなくても全然いいんです。値動きがあれば、石油だろうがドルだろうが何でもいいという話です。でもこっちの話っていうのは違うんですね。企業の「オーナー」になろうとする。自分がその企業の「オーナー」になるわけですから、どの企業でもいいというわけにはいきません（図表7-2）。

図表7-2｜投資と投機

	投資（オーナーシップ）	投機（マネーゲーム）
焦点	・価値を見極める	・将来の価格を予想する
行動	・価格＜価値の時に買う ・保有して価値増大を楽しむ	・現在の価格＜将来の予想価格の時に買う ・より高値で買ってくれる他人を見つけて売却する
判断材料	・対象を保有することで得られるキャッシュフロー	・市場環境／マクロ予想 ・需要予測 ・カタリスト
ゲームの性質	・プラスサム	・ゼロサムまたはマイナスサム
社会への影響	・あり	・なし

ＮＶＩＣの投資……「売らなくていい会社しか買わない」

じゃあ僕らの投資のやり方って何だっていうことなんですけど、「売らなくていい会社しか買わない」というのが我々のコンセプトです。「え、何それ？」って思いますよね。

例えばコカ・コーラの株価のチャートとか見てもらうと、ずーっとチクチクチクチク上がっています。リーマンショック関係ないです。もちろん若干は下がりますが、その後も全然関係なくずっと普通に上がっていきます。それで世界第三位の大金持ちになった人がウォーレン・バフェットです。バフェットはコカ・コーラの株を売買しません。なんでこういうことが起こるのかということなんですけど、今世界の人口って七六億人います。二〇〇〇年は六〇億人くらいでした。六〇億人が七六億人までずっと増えているわけですね。全体の人口が増えていく中で炭酸飲料を飲むことができるような中産階級の人たちはもっと増えています。皆さんの中で炭酸飲料を今まで飲んだことない人なんてほぼいないはずです。そのときに日本だといろんな会社さんがありますけど、世界を見渡すと基本的にコカ・コーラとペプシで寡占されていて、あとドクターペッパーがちょっとあるだけです。世界中で口の数はどんどん増えていて、その人たちが「そういえば炭酸飲料飲みたいな」と思ったときに選択肢がコカ・コーラとペプシしかないんですよ。だからコカ・コーラというのは利益率が二割もあります。簡単に言うと皆さんが一〇〇円払ったら二〇円はコカ・コーラにチャリンって落ちてるんです。これが儲《もう》かる仕組みです。このゲームっていうのはこれから先も多分続くものだと思います。今七六億人いるのが二〇五〇年までにはさらに二〇億人くらい増えます。炭酸飲料が飲めるぐらいの中産階級っていうのはやっぱりそれよりも伸び率大きいわけです。でも、コカ・コーラの向こうを張って炭酸飲料作ろうなんていう人はもういないわけですよ。だから結局儲《もう》かる。営業利益がチャリンチャリンと大きくなっていく。株価もそれに従って上がっていく。考えたら当たり前なんですけど、大体の人はリーマンショックがあって株価がちょっと下がったところで怖くなって売ってしまうわけです。リーマンショックが起こったからってコカ・コーラ飲むのやめよって思う人います？　いませんよね？　普通に考えて。そういうふうな会社を見つけてしまえば、売る必要なんか本当はどこにもないんです。ちなみにコカ・コーラには僕たちは投資していません。

そういう投資が日本の会社でもできないかということで二〇〇七年に社内で手を挙げて「こういうことやってみたい！」って言ったらやらせてくれたのが農林中金です。普通の組織だったらなかなか無理かもしれません。すごくフラットな組織だと僕は思っています。

本当に強い会社を厳選して投資し、ずっと持ち続ける。しかもそういう会社ってたくさんないからものすごく投資先企業の数が集中するわけです。結局今まで日本企業への投資を始めて一三年たってますけれども、一三年前からずっと持ってる企業、一二年前から持ってる企業、そういう企業ばかり約二〇社で構成されています。時々、二年に一社ぐらいですかね。「これ間違えたな」っていうのは存在します。別に経営が悪かったわけでも何でもなく、僕が見立てを間違えたということが発生するのでそうなったら売却します。こういうことを僕らはやってきています。

NVICの投資……「構造的に強靭《きょうじん》な企業®」の三つの条件

後で具体的な企業の例をお示ししますが、投資先選定で大事なのは（図表7-3の左枠の）三つの視点です。三つの定性的な条件をすべて満たしていたら、いいビジネスだというふうに考えています。僕はいい会社かどうかなんていうことを別に言う気はないです。長く持てるビジネスなのかっていう視点でものを考えています。

一つ目が「付加価値の高い産業」。そもそもその産業に付加価値がなければずっと儲《もう》かるなんてあり得ないですよね。例えば、ちょっとテレビが古くなってきたんでそろそろ買い換えようかなと思って家電量販店に行きましたと。そしたら五万円。今ちょっと持ち合わせないからと次の週行ったら五万円だったのがいきなり四

図表7-3｜「構造的に強靭な企業®」の条件

「定性的」な特徴

- **付加価値の高い産業である**
  - ・バリュー・チェーンの中での位置付け
  - ・産業自体の安定的な成長
- **競合上有利な状況にいる**
  - ・限定的な競合環境
  - ・圧倒的な競争優位性（寡占的シェア、高い参入障壁）
  - ・ビジネスモデルの優位
- **長期的な潮流にのっている**
  - ・人口動態
  - ・歴史の潮流等

→ 結果として →

「定量的」な特徴

- **定常的に高い利益率**
- **定常的に高い資産効率（資産回転率）**
- **安定的な増収率**
- **比較的少ない設備投資**
- **強いバランスシート（低い負債比率）**

万八〇〇〇円とかになってるわけですよ。その次の週行ったら四万六〇〇〇円になってるわけです。普通に考えてそういうものを作っていて付加価値があるって考えるほうがおかしいんです。実は付加価値があるかないかなんていうのは、数字をものすごく分析しなくてもちょっと注意深く生活してたらわかるんです。そのものに対してお金を払いたいなと思えるかどうかですね。ディズニーランド行ったら今めちゃくちゃ混んでるのに、普通にご飯食べたりしたら一万円以上かかりますよね。それでもディズニーランドに一万数千円払いたいな、払ったっていいやと思いますよね。払わないと彼女に対して何か面目立たないし、デートできないわけですよ。要するにそのビジネスは世の中にとって必要なんですか？　みんながお金払おうと思いますか？　ていう話。

次に二つ目のポイントは非常に重要なんですけども、「競争優位性」。企業ってみんな「うちの強みは研究開発で……」とか、そういう話されるんですけど、ここで言ってる強さっていうのはそんなレベルの話じゃなくて、ひと言で言うと「参入障壁があるかどうか」ということです。さっきも言いましたが、いまさらコカ・コーラの向こう張って炭酸飲料作ろうなんて普通の人間は思わない。投資の世界では moat（堀）というんです。城の周りを囲む堀のことですが、広い moat を持てているかどうか。これは実はこの三つの中でもいちばん重要なポイントです。もうこの会社と戦っても仕方ないなと思わせるほどの強さ、これが二つ目。

三つ目は「長期的な潮流」です。この話をすると「あぁＡＩですか」、「自動運転ですか」っていう人いるんですがあんなものは基本的に証券会社の人たちが株の売買をさせたいがための材料であって、なんら潮流でもないです。僕が長期的潮流と言っているのは、これから七〇億人が普通に九〇億人まで増えますよね。その中で中産階級はもっと増えますよね。とか、人口が増える中で都市にどんどん人が集まるよね。とか、そういう不可逆的な話です。

日本の場合は例えば一億二七〇〇万人がこれからどんどん減っていくわけです。これは大きな不可逆的な話。「じゃあ日本はダメなんですね」ってそれはあまりに短絡的な考え方。そういう話じゃないです。もうちょっと自分の頭で考えてみましょう。一億二七〇〇万人で見るとあれですけど、東京とその周りで考えてみると一都三県で三五〇〇万人いるんですよ。その三五〇〇万人が〇・数％ずつですが実はまだ増えてるんですよ。しかも世界的に見れば平均的に大金持ちです。これだけ大金持ちがたくさん集まってるエリアって世界中見てもないんです。ニューヨークとかロンドンとか目じゃないです。じゃあそこでビジネスやってりゃいいじゃんっていう話なんですよ。一億二七〇〇万人が減るからといって日本株の見通し暗いよねみたいなそういうことを考えるぐらいだったら最初から株式投資なんてやめといたほうがいい。

この三つの条件をすべて満たすビジネスを「構造的に強靭な企業®」と勝手に呼んで、一三年前からずっとそういう企業に投資をしています。そういうビジネスを見るときでも、不合理に株価が高いこともままあるので、いくらで買うのかっていうこともそれなりに重要ですが、僕らにとって圧倒的に重要なのは何を買うのかということです。一般的な株式投資をやってる人たちっていうのは、ほとんどの人たちがいくらで買うのかっていうところから入ります。その人たちは安く買って高く売ることが目的なんで、いくらで買うのかが重要なわけです。僕たちは違います。いい会社をずっと持ち続けたいと思っているので、不合理に高いのは避けなきゃいけませんが、どの舟に乗るのかがいちばん重要です。

NVICの投資……企業との対話

投資をしてその後はどうするのか。最初に申し上げた通り、僕たちは経営者とディスカッションします。ビジネスの根幹に関する話。あなたはそこで戦って勝てるんですか？　アメリカにはこういう競合企業がいますよ。こうやって戦っていますよ。という話をします。それを僕たちは二〇〇七年から日本の企業に対してやっていますが、二〇一二年からはアメリカの企業にもやっていて、今も二カ月に一回くらいはアメリカに行っています。投資している企業の本社へ行って、工場も見させてもらったり、経営者に会うのは当然ですが、その企業の競合企業にも会い、その企業の川上川下の企業にも会い、ものすごく実は労力がかかっています。だから最初に申し上げたような、涼しい部屋で画面を見て、とかそんな話じゃないです。僕の中で投資っていうのは最高の知的、総合格闘技だと思っています。

これは付加価値が得やすいビジネスですね。参入障壁ありますね。長期的潮流に乗ってますね。こういう定性的な話っていうのが定量的な特徴に必ず出てきます。本当にいいビジネスを営んでいたら当然に利益率は高いです。普通にバランスシートも強いです。ファイナンスの授業ではないので敢えて説明しませんけど。要はいいビジネスを持っていたら、借金まみれっていうことは基本的にないです。「うちいいビジネスですよ」っていう経営者がいたとして、経営者はみんな自社のこと良く言いますから、実際に話をしながら「じゃあ何で利益率下がってるんですか。何でこんな借金多いんですか？」っていうことを言えないとダメなんですね。ということで次は実際の投資事例の話をしたいと思います。

テキサス・インスツルメンツへの投資

アメリカのテキサス・インスツルメンツ（以下、「TI」）という会社、ほとんどの人は聞いたことがないかもしれませんが、必ず皆さんのパソコンだとかテレビだとかスマホだとかに入っています。何を作ってるのかというと、半導体のアナログチップです。例えばスマホありますよね。こういうものの中のすべての情報は0／1のデジタル情報です。コンピューターが演算するときっていうのは0／1なんです。でも0／1が何個並んでるなって、人間は全然わかりません。人間が知覚できるのは、音の情報であるとか光の情報であるとかすべてアナログ情報なんですね。0／1ではあり得ない。スマホでしゃべるときに、しゃべった音というのがアナログ情報です。アナログ情報をデジタル情報に変えます。0／1に変えるわけですね。それでスマホの中で演算されて出てくるときはまた音になってないとダメなんです。今度はデジタルをアナログに変えるわけです。この変換に使われるのがアナログチップです。世界のアナログチップのうちの約二割はＴＩが作っています。

これね、面白いんですよ。半導体市場って全体で見ると、当然ながら世界の成長とともに大きくなっていきます。リーマンショックの後、一時的に縮んだりはしていますが、基本的に市場全体として右肩上がりです。でも半導体にもいろいろあって、情報を貯《た》めておくメモリとか、計算をするマイクロとかロジックとかいろいろあるんですが、その時々ではやる種類があるんですよ。iPhoneがはやる時とかゲーム機がはやる時とかいろいろありますよね。だから結構はやり廃りがあります。それぞれ全体を一〇〇としたときの比率ですが、結構バタバタしてます。でもアナログチップっていうのは常に一三～一四％（図表7-4）。これ考えてみればその通りで結局人が使うからなんですよね。0／1で完結するものって基本的にないんです。最終的に人が使うものだから当然アナログチップは必要なわけです。そういったアナログチップの中で世界一の一八％のシェアを持っています。二位の人たちっていうのは八％以下、半分以下です。さっきちょっと言い忘れましたけど、この会社と戦っても仕方ないなと思わせる競争優位性といったときにですね、重要なのは相手が弱いってことなんです。自分がどんなに強くても相手も結構強かったら勝つのは難しいじゃないですか。例えば携帯電話キャリア、いくつかありますが、誰がいちばん強いかなんてもはや分からないじゃないですか。それぐらい拮抗《きっこう》してますよね。明らかに強い人が一人いると最初から勝負が決まるんです。

図表7-4｜半導体市場の構成比

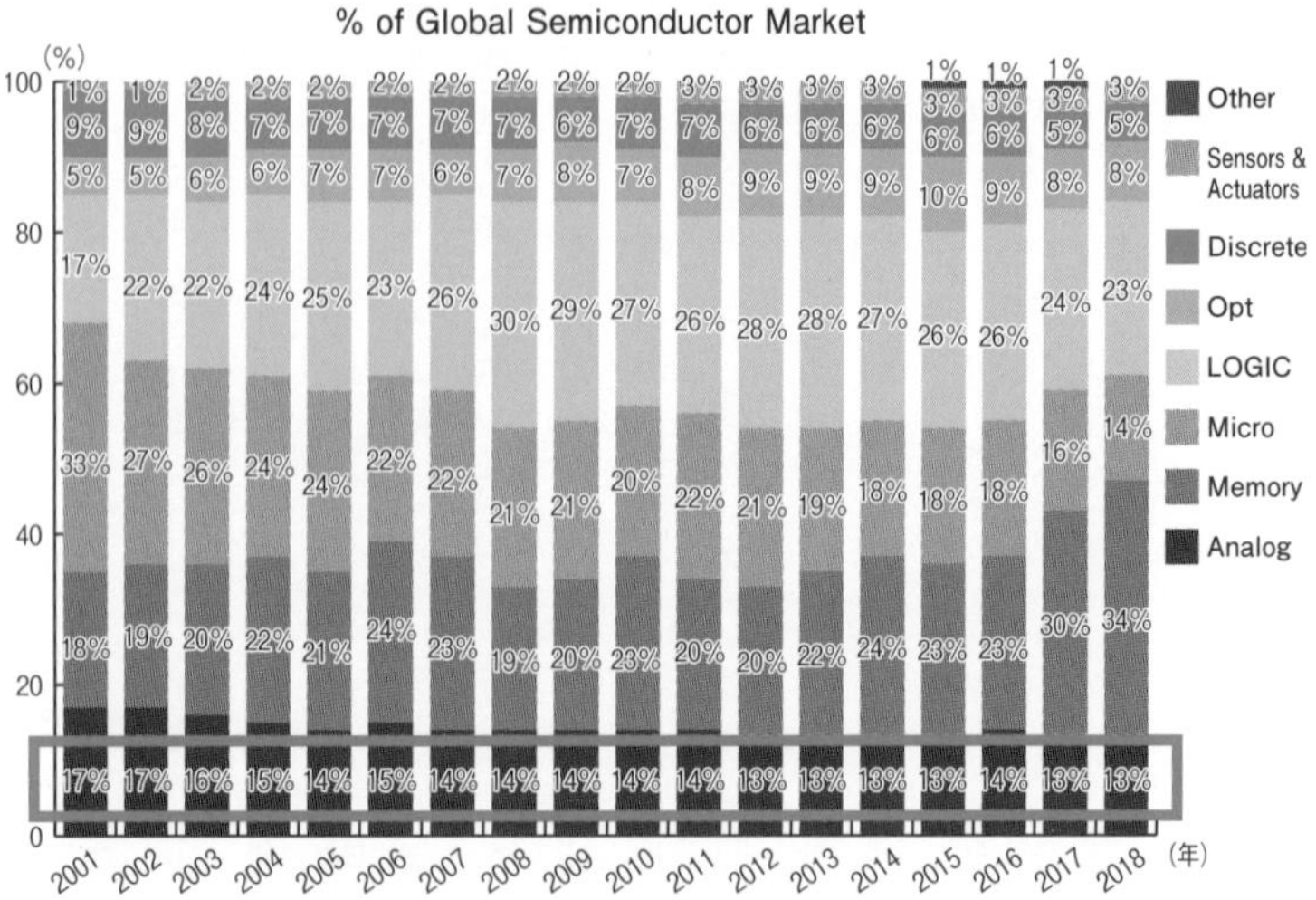

出所：WSTSを基にNVIC作成

テキサス・インスツルメンツの強さは何か

TIには二年前に初めて訪問して、その後からずっと投資しているんですけど、今年の二月にも訪問してすごく面白かったのがTI.comの話です。アナログチップ専用のeコマースサイトです。顧客企業のエンジニアが自分で検索して買うんです。検索ワードを入れるとニーズに合ったデバイスを提案してくれます。僕はこのTI.comの話を聞いた時にこれはB2Bの世界のAmazonみたいなものだなというふうに理解しました。アナログチップっていろんなものに使われるんですが、例えば車の中にもたくさん使われます。車の中の電気系統の部品を作ってる会社の世界の巨塔があるんですけども、ドイツのボッシュと日本のデンソーです。この二つがあります。何でこんな説明をしているかというと、デンソーの中で新しいウィンカーの開発が始まったという事実に、デンソー以外で最初に気付くのは実はＴＩです。なぜかというと彼らは一八％のシェア、ほとんどすべての種類のアナログチップを持っています。その数、実に一〇万点です。だからデンソーが新しいウィンカーを開発したいと思ったときには必ずTI.comに行くわけです。TI.comではデンソーのこのエンジニアが五分以上この種類の製品を見ているっていうのを自動的にアルゴリズムで判断をして、日本のデンソーのこのオフィスのこのフロアで新しいウィンカーを開発し始めたかもしれない、ということを最初に察知します。察知してその後自動的にウィンカーに使うであろうアナログチップの推奨をそのエンジニアのところに飛ばします。と同時にデンソー担当の営業部隊もそれを見ながらどこに重点的に営業に行くべきなのかということを考えていきます。

ただ、実際に採用されるかどうかはコンペティションになります。アナログチップが一〇〇あれば、この部分はＴＩにして、この部分は競合のアナログデバイセズにしましょうみたいな形になるんですけど、これもTI.comのデータで統計が取れてるんです。このチップだったら九割方勝てる、このチップは勝率一〇％未満です、とか全部計算できるんですね。その中で例えば一〇％未満の勝率のものなんていうのはもう営業しませんと。なぜならＴＩのレベルの技術をもってしても勝てないっていうのは技術以外の要因で最初から勝負が決まってるからだと。そんなところに注力しても仕方ないということです。それから九割以上勝つところ。ここについても一生懸命セールスしません。そんなことしなくてもどうせ勝てるんだから。というようにセールスが効率的に動けるようにするというのがTI.comの面白いところですね。

それと同時にデンソーでこういうウィンカーの開発が始まったならボッシュでも同じようなウィンカーが開

発されるだろうということでボッシュにも営業をかけます。恐ろしいですよね。ある意味スパイみたいでしょ。でも、デンソーが「じゃあTI.com使うのやめよ」って言ったらデンソー自身が開発スピードでボッシュに負けるんですよ。ビジネスは戦いですからね。

この話を聞いた時に一八%のマーケットシェアっていうのが、ちょっと目をつぶったら、普通に倍くらいになっている姿というのが、これが五年後なのか一〇年後なのか知りませんけど、想像できるんですよ。僕は自信満々に話しますが、あくまで仮説ですからね。想像です。その想像力、倍のシェアになるだろうと思ったとして、それを疎外するものが何なのかということをロジカルに考えて一つひとつ潰していくのが、僕にとっての投資なんです。次の決算が良さそうとか、誰かが売ったとか買ったとかね、「これ来ますよ」みたいなそういう話を先取りすることじゃないです。目をつぶってジッと考える。と同時にそれが本当にそうなのかっていうのを、その会社だけじゃなくて競合企業にも行って確かめる。世界中どこへでも行きます。自分の足を使ってね。

このアナログチップって一個大体三〇セント。日本円で言うと三〇円ちょっとです。ものすごく安いです。三〇円のものを作って売って粗利、原材料の部分を引いた部分でどれだけ儲《もう》かってるかというと、驚異の六五%ですよ。日本のメーカーの平均って多分どういっても四〇%以下じゃないかな。三〇%もないかもしれない。作ってるものが全然違うんで、普通に比べるのは無理かもしれませんが、三〇円のもの作って六五%利益が出ているなんて、しかも会社に言わせるとまだ上げられますよと。粗利がずーっと上がってきてます。営業利益率で四割超えてます。株価こんな感じです（図表7-5）。

図表7-5｜ TIの業績と株価の推移

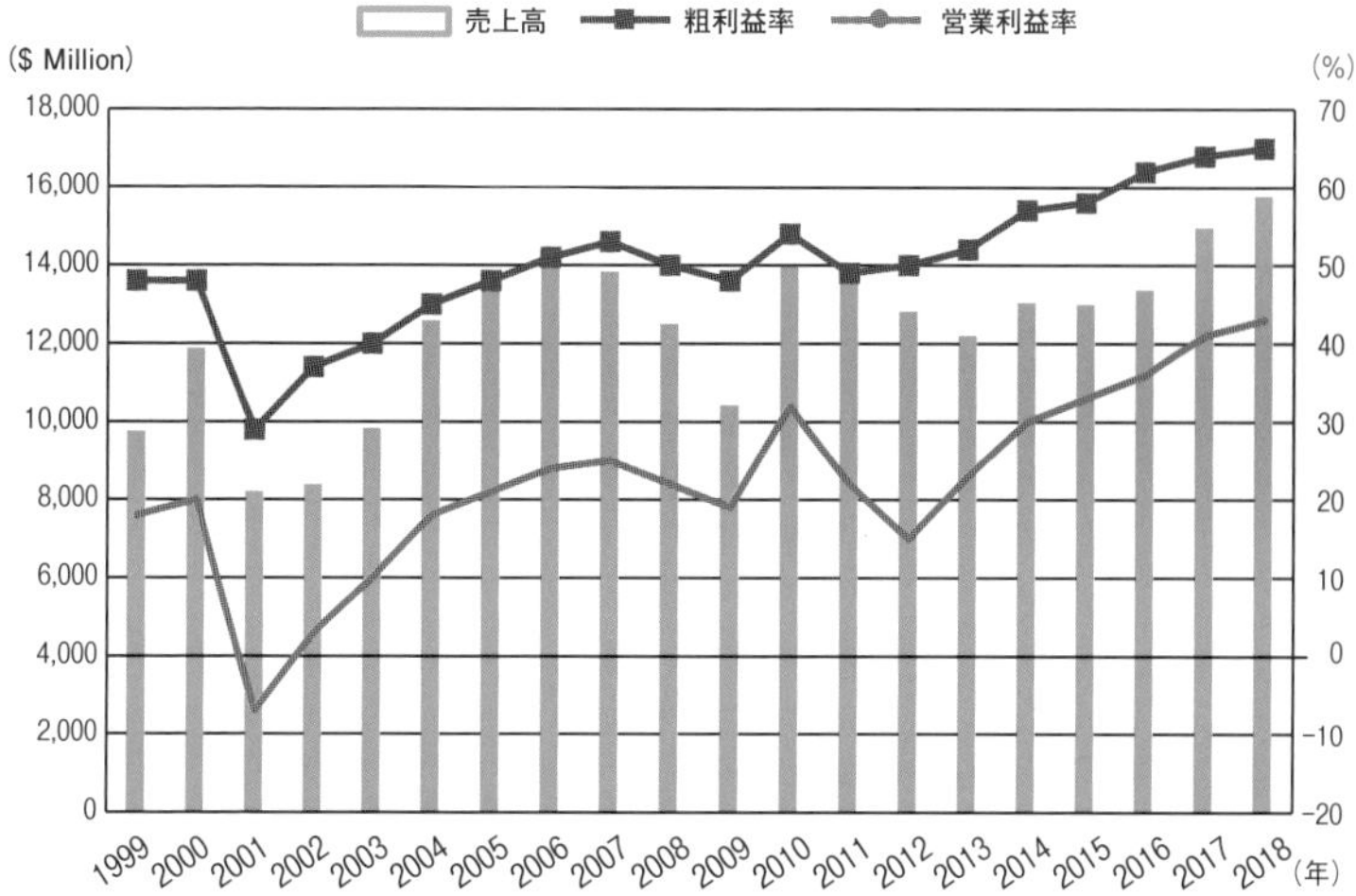

出所：Bloombergのデータを基にNVIC作成

こんなビジネスを見つけてしまうと売りたくないでしょう？　っていうことです。逆に下がったら買いたいでしょう？　トランプさんが何か言って株価が下がることもあります。それはもう「Thank you!」っていう感じですよね。トランプさんが何を言うかなんて全然わかんないですね。それは予想できないじゃないですか。無理なことを頑張ってやろうとするのは人間ものすごいストレスがたまるわけですよ。それよりは自分のできることをコツコツとやる。これが大事だと思っているところです。

これが僕たちの投資のやり方です。「それって結局金もうけやんけ」って？「そうです。金儲《もう》けですよ」と僕は言います。でも、僕たちが投資している会社がそれだけ儲《もう》かり続けるというのは一体どういうことなのか。僕たちがお金を投資して、将来返ってくるものっていうのは僕の中ではその株を売却したお金じゃないです。できることならTIを一〇〇%買ってずっと持ちたいです。そうすれば誰から見ても「オーナー」ですが、普通そんなことはあり得ないですね。でも例え話として、一〇〇%TIを買ったとすると、TIがアナログチップを売って利益を上げました。その利益はすべて「オーナー」のものです。僕たちは何を買っているのか。株券を買っているわけじゃないです。その会社の営業利益を買っているんです。それが営業利益の一〇%か一%かの違いだけです。

「投資」の意味とは？

じゃあその会社が儲《もう》かる、営業利益を上げられるというのは一体どういうことか。さっきのディズニーの例でもそうですけど、お客さんの問題を解決しているんですね。例えばディズニーは、「デートでどこへ行ったら彼女は喜んでくれるかな?」っていう人の問題を解決するわけですよ。やっぱりディズニーランドのあの門を入った時の高揚感ってすごくないですか? って僕自身が興奮してもしょうがないですけど。やっぱりすごいなと思うわけですよ。ミッキーマウスってすごいですよね。世界中の人がミッキーマウスのTシャツとかキーホルダーとかクレジットカードとか使ってます。スターウォーズの新作が出たら普通に見に行きますしね。その会社にとって利益が出るというのは一体何かと言うと、一生懸命コストを削って安く物を作ってるわけではないです。利益が上がるのは、お客さんにとっての問題を解決しているからなんです。ここがいちばん重要なところです。それを大きく捉えると社会の問題を解決しているということなんですね。ずっと利益を出し続けるということは社会の問題を解決し続けているということなんです。僕たちは永久にそういう企業のビジネスを持つんだと思っているわけです。それが本当にうまくいったら、僕たちも儲《もう》かるし社会の問題も解決している。これこそが資本主義だと僕は思っているんです。

例えばボランティアだって社会の問題を解決する一つのやり方です。でも、自分でもできる、他の人でもできるボランティアをやったって一の投入に対して一のリターンです。自分たちにしかできないやり方で社会の問題を解決したときに0(ゼロ)から一が作られます。その一を資本の力を使って、効率的に一〇にし、一〇〇にする(図表7-6)。そうやって効率的に物事の解決をするために近代最大の発明が行われたわけです。それが資本主義です。もちろんいろいろ問題もあります。貧富の問題とか、環境汚染とか。それはそれで解決しなきゃいけません。でもそもそも経済活動を止めて社会主義になるんだったら、それはそれで一つの解決なん

図表7-6｜「投資」を通じた社会参加

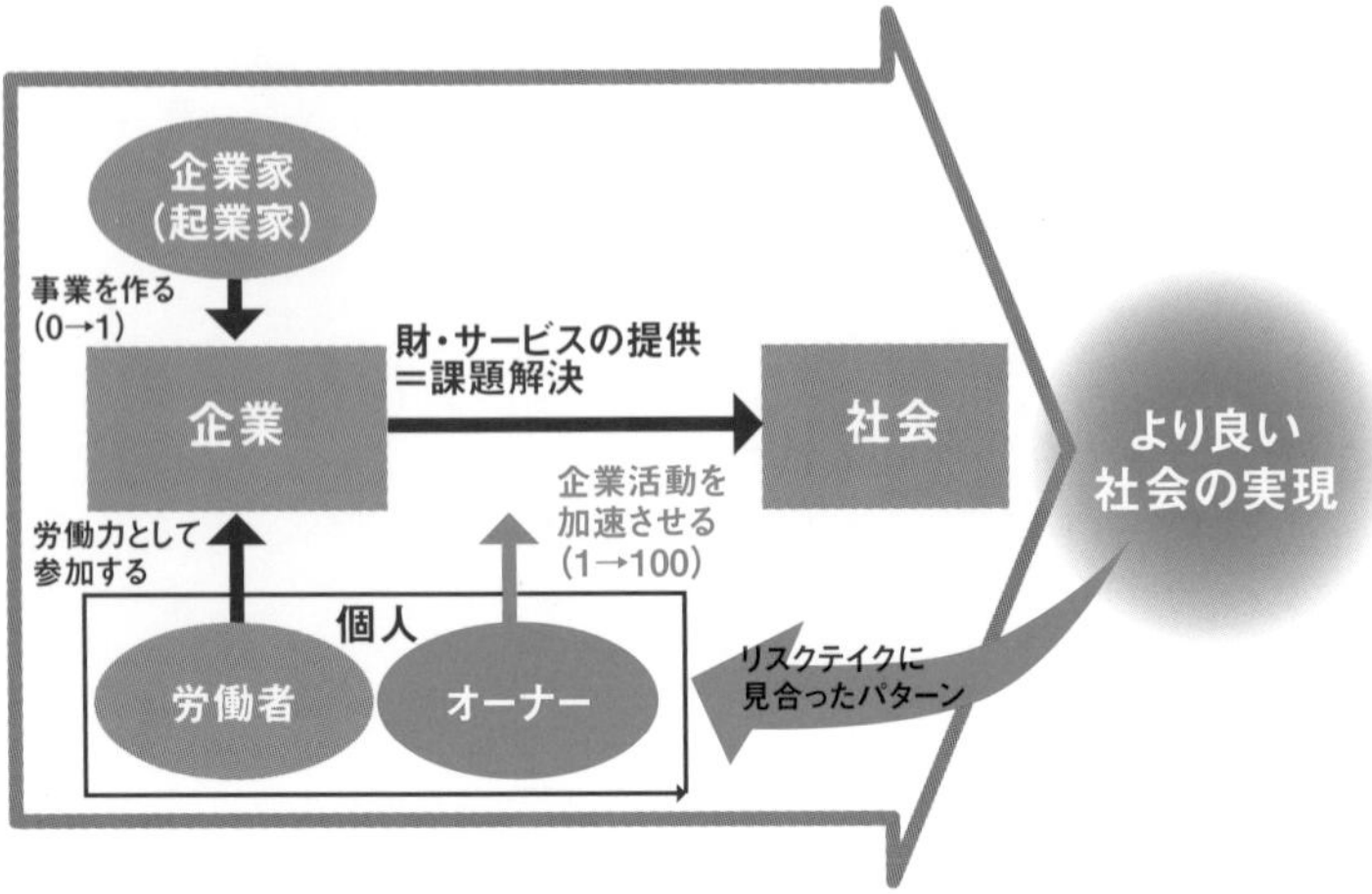

でしょうけど、そうではない資本主義というシステムが歴史的に作られてきたということをちゃんと理解するべきだろうというふうに思っています。

最後に

今回の講義をまとめると、投資って売り買いすることじゃないですよっていうのがまず一つ。それから投資というものを本質的に捉えると、表面上はお金もうけの話だとしてもそれは社会の問題を解決する資本主義の根幹なんだってこと。それからもっと広義に投資という概念を捉えて日々生活しましょうと。社会に出たら個人でこのサイクルを回すしかありません。その中で、それぞれ方向性を同じくする人たちというのが集まります。集合体になります。企業っていうのはその一つの形です。基本的に人と人が集まるのは、きつい言い方すると能力です。もうちょっとふわっとした言い方すると人間力です。個々の能力にみんなが引かれ合う。みんなが集まって一＋一が三になる、四になる。一人でやるよりもたくさんの人でやる。同じ志を持つ人たちでやる。このほうが効率的に物事を解決できると思っています。

【質疑応答】

――ＮＶＩＣのホームページで投資パフォーマンスを示されていますが、その中で結構日本株ファンドのほうがパフォーマンスが良いように見えたんですが、それはやはりアメリカ企業を分析したり、対話するのが難しくてなかなかいい企業を選ぶことが難しいということなのか、それとも、日本とアメリカのパフォーマンスは分けて考えるべきなのか、いかがでしょうか。

奥野　まず事実を正確に知っていただきたいのですが、アメリカ株のパフォーマンスが悪いっていうことはないです。相対的な話として日本とどうかって言われると日本のほうが運用期間が長いですね。二〇〇七年からやっていて、累積では四倍くらいになっています。アメリカ株は始めたのが二〇一二年からなので一・七倍くらいだと思います。僕らは時間とともに着々と上がっていく会社にしか投資しませんので、累積のパフォーマンスは時間に比例すると思っています。

日本とアメリカで経営者との対話のところで何かの違いがあるのかと言われると、完全にないとは言い切れないと思いますが、これも時間の問題が大きいです。日本であってもアメリカであっても最初はやっぱり社長には会えません。一三年前日本株への投資を始める時に、「ウォーレン・バフェットのような投資をやります」って企業のIR（投資家向け広報）の人に言っても全然わかってもらえませんでした。だって日本でそんな人いなかったんだから。でも今となっては、一三年間投資している間に向こうから社長が出てくれるようになりました。「いや、前の社長の時は…」とかね、そういう話ができる。相当珍しい投資家になっている。そういう意味でコミュニケーションが時間とともに深くなっているのは間違いありません。それはアメリカ企業であっても同じようにできていると思っています。最初はやっぱりIR的な人が相手なんですけど、だんだんと、例えば二〇一二年からずっと投資している3MなんかでもCEOと話ができます。なので対話のクオリティとしてはあまり変わらないかなと思っています。

ただ、最終的にどっちがパフォーマンスが紡ぎやすいのかという観点で言うと圧倒的にアメリカです。これは日本人が聞くと「それはちょっと寂しいな」って思うかもしれませんけど。いや、それは日本の企業で働く人間からするとそうかもしれないですけど、投資家の立場で見てみたら、別に国境なんてすぐにまたげるわけですよ。日本人だから日本の株に投資しなきゃいけないなんていうのはリスクの集中だと思います。

うちの奥さんも長銀なんですけどね。当時、従業員持ち株会ってあったんですよ。給料から天引きで長銀の株を買っていたわけです。でも、長銀潰れましたよね。ゼロです。僕からしたら「アホじゃないか」と思ってたんですよ。だって自分が働いている会社の株を買ったら、自分が失業するときはその会社の株もゼロですよね。ものすごいリスクを集中させているわけですよね。

話がそれましたが、アメリカ企業のほうが有利な立場にいるのは間違いありません。アメリカには三億二千万人がいて、一％ずつ増えています。それで世界のＧＤＰの四分の一がアメリカです。毎年世界の富の四分の一はアメリカで生まれるんです。それに加えてアメリカでビジネスをやって成功したら、世界中の残り七〇億人に訴求できます。コカ・コーラ、ディズニー、ナイキ、ティファニー…全部そうです。アメリカでビジネスをやるっていうことはげたを履いているんです。だから日本株なのかアメリカ株なのかっていうより、アメリカでビジネスをやっていて強い企業を買うべきなんです。だから実は僕たちが持っている日本企業はアメリカでも圧倒的に強い企業が多いです。信越化学であるとか、ファナックであるとかね。アメリカで強い企業というのが多分長期投資をやりやすい。それはアメリカ企業である確率が高いですね。

――実際に投資先の選定をするにあたって、いかにスクリーニングしていくかっていうところなんですけども、つまりいかにしてユニークな企業を見つけるかっていうところを教えてください。お願いします。

奥野　定量的にスクリーニングしていい会社が出てくる可能性はほぼないです。これは何を言っているかっていうと、どんな会社でも一つの商品だけやってる企業ってあんまりないです。しかも日本だけでやってることも少ないです。いろんなビジネスを持っているんですよね。スクリーニングかけるときって大体その会社全体として「営業利益率どうですか？」とか「売上成長率どうですか？」とか出てくるじゃないですか。でもそれって、いくつかのビジネスの集合体ですよね。全部のビジネスが強いなんていうのはあまりありません。大体の場合、いくつもビジネスがあると、一つはいいビジネスで、一つはそこそこで、一つはダメとか。だとすると、そういうところで本当に持ちたいビジネスは最初のビジネスですね。だけど全社で定量スクリーニングをしても、そもそもどんなビジネスがあるかもわからないし、いいビジネスだけ浮き上がってくる確率は高くない。それがスクリーニングの弱点ですね。

じゃあどういうふうにやるのかというと、これが日本企業の場合結構簡単です。『会社四季報』ってあるじゃないですか。四季報をパッとめくって数字を見ます。それから何を作っているかを見ます。それで長期投資に向いているか向いてないかを瞬間に判断できるようになることをお勧めします。ほとんどはダメです。数字と何を作っているかっていうのを考えたときにそこにチャリンチャリンというお金の音が聞こえるかどうかまで想像力を高める。もしくは失敗の数を増やす。最初は失敗するんです。でも頭の中で想像すればいいんですよ。この会社面白いと。自分で買った気になればいいんです。実際にお金を投資して損したら悲しいじゃないいいですか。でも最初は想像だけでもいいんです。この会社の業績は「多分こうなるんじゃないかな」というものを作ってみて、四半期に一回は必ず向こうが正解を出してくるので、実際に見るのは年に一回でもいいと思いますけど、実際の決算書を見て、自分が考えた仮説と実績として出てきた数字がずれていたらどこが違うんだろうって考えることができます。そうやって繰り返している間に精度が上がってきます。この繰り返しです。株価の予想ではないです。

アメリカ企業はちょっと難しいです。四季報が網羅してくれないので（笑）。だから僕たちは日本企業の分析をしながら、例えば日本電産の分析をしていたら、当然にアメリカの Emerson っていう会社が出てくるんですよ。そうすると Emerson も分析してみないと日本電産が強いかどうかわからないってなるわけですよ。本当に Emerson のことを知ろうと思ったら、現地に行ってその会社から話を聞くのがいちばんです。で、Emerson と話をしていたら、Honeywell とか Rockwell Collins とかいう会社も出てきて、面白そうだったらそっちにも行ってみる。皆さんがアメリカまで行くのはなかなか難しいでしょうけど、大丈夫です。僕たちが代わりに行ってレポートしますから。

――いい会社を厳選して買うと、そういう会社は社会の問題を解決しているとおっしゃっていましたが、例えば最近、事業そのものではなくて、ＣＳＲ（企業の社会的責任）活動とかを見て投資するやり方があると思うんですが、どう思われますか？

奥野　ＣＳＲ活動自体を否定するわけではありませんが、本業と関係ないところでそればっかりやっている企業は絶対ダメです。ボランティアやってもらうために投資してるわけじゃないですからね、僕らは。資本主義っていうのはそんな甘いものじゃないわけですよ。ボランティアやるにしても、このボランティアのやり方は俺しかできないぐらいっていうところまで高めていたら意味があるかもしれませんが、さっき言ったように一のボランティアは一でしかありません。そういう意味で言うと、ＣＳＲとかＥＳＧとか最近のちょっとした流れになっていますが、もともと長期投資をやっている側からすると当たり前なんですよね。社会の問題を解決しない、むしろネガティブな、世界にとって悪いことをやっているような企業はそもそも長期的に利益を上げることはできません。つまり長期投資をするっていう決断をしたときにそれはESG的な要素を最初から考慮しているんです。わざわざ業者さんのESGファクターとかESGインデックスとかを買ってきて、それを使って判断しなくても、もともと自分の頭でそれを考えているので、僕たちの企業は社会の問題を解決して当たり前。逆に言えばそれができないんだったらその企業は長期的には生きていけないので、当然に排除されていくというふうに考えています。

――ずっと斬新でかつ価値を生み出す企業っていうのを見られてこられたと思うんですが、斬新なだけで価値を生み出せない企業と価値を生み出す企業ってどこが違うんでしょうか。

奥野　結構重要な論点だと思います。新しければ何でもいいかっていうとそういう話じゃないです。斬新なことを打ち出してくる会社って結構あって、それで業績が伸びる会社ももちろんあります。でもそれが長期に投資できるかどうかっていう観点でいうと、そういったイノベーション的な発想というのが組織の中に落とし込めているかどうか。組織のDNAになっているかどうか。それを見極めるのが大事です。一発屋で終わる企業って結構多いんです。大事なのは継続的に新しいものを生み出せるかどうか。そういう組織運営をしている。そのためにしっかり投資をしている。人材教育をしている。これが大事です。その斬新なビジネスができたという事実だけを見て投資するのではなく、その事実の背景に一体何があったのか。それが理解できたときに初めて五年後、一〇年後に同じようなイノベーションが起こせるという想像ができます。もちろんこれも全部仮説です。合っているか、間違っているかって五年後じゃないとわからないですから。

―― いくらで買うかという部分で高いものは買わないとおっしゃっていましたが、優良な企業って株価も高いと思うんです。そこで株価が高くてもある程度のリターンを見込んで買うのか、安いうちにその優良な企業を探し出して投資するのか、どちらでしょうか。

奥野　両方ともですね。今の株価が高いからといって買わないといつまでたっても買えないこともあります。でもあまりにも高いのは買いません。だからあまりにもっていうその基準が結構大事なんですけど、僕が基準として考えているのがアメリカ国債ですね。アメリカの一〇年国債今二・四%なんですよ（二〇一九年五月時点）。これ何を意味するかというと、一〇年間まったく何のリスクも取らずに二・四%で回せるってことなんですね。それが判断基準です。株価が高いのか安いのかを見るときにPER（株価収益率）っていう指標があります。要は利益の何倍の株価がついているのかっていう基準ですが、これを逆数にすると今この会社の株を買ったときに何%で回るのかっていう益利回りに変わるんですよ。例えばPERが五〇倍だと益利回りでいうと二%なんですね。ちょっと待ってくれと。そんな二%の株買うぐらいなら、アメリカの国債はまったくリスク取らずに二・四%で買えるんですよ。だから、実際のところはPERだけで判断するわけじゃありませんが、単純化して言うとそれが六〇倍とか七〇倍とか一〇〇倍とか、もっと言っちゃえば赤字企業みたいな、利益は出てないけど売上の七倍とか八倍とかいう評価が付いてますみたいな会社なんてもうあり得ない。

じゃあ世界的に強い会社の上場株に投資をして一五％のリターンが望めるかというと、望むのは勝手ですが、そんな機会は一生巡ってこないかもしれません。常識的には多分～七％というような話です。それは普通に買えます。

時間になりましたので、これで今日の講義は終わりたいと思います。とにかくいちばん言いたいのは「投資」をしましょうということ。人生投資です。「投資」って言っても別にお金を何か証券みたいなものに投資するだけじゃなくて、自分の時間、才能、お金を自分で考えて合理的に配分しましょうということ。今の自分の行動が将来の自分を作ります。自分自身が自分の人生の「オーナー」になる。そういうことです。

以上です、ありがとうございました。

第八章

日本企業は千差万別

――株価純資産倍率に見る企業の格差

京都大学名誉教授　同経営管理研究部　証券投資研究教育産学共同講座・特任教授　川北英隆

この章の基本テーマは、企業を評価する基準としての「資本コスト」である。資本コストとは何なのか。どう使われるのか。逆にどう使えばいいのか。その含意は何なのか。では日本企業の現状がどうなのか。以上を含め、いくつかの角度から「資本コスト」と、それに基づく株式投資について考えたい。ただし、現実社会において資本コストを直接計算するのは難しい。そこで、資本コストの代替として株価純資産倍率（PBR）を主に用いる。

はじめに

二〇一四年に日本版スチュワードシップ・コード（「責任ある機関投資家」の諸原則）が制定された。翌二〇一五年には、コーポレートガバナンス・コード（企業統治の諸原則）が制定された。これらを主導したのは金融庁であり、それを受けて東京証券取引所が動いた。

この二つのコードの目的は、「企業で従業員として働き、その賃金などを元手に株式を含めた証券に投資する個人」、「個人の投資資金の運用委託を受ける機関投資家」、「機関投資家が投資する企業」、「企業による経済活動」のおのおのを良循環に導きたいとの思いである。

つまり、企業の活動が活発化すれば、個人に支払われる賃金が増えるとともに、株価上昇や配当の増額が期待される。後者の利益は機関投資家を介して個人に支払われる。結果として、個人消費や住宅投資が増え、日本経済に活力が生じ、企業の活動がより活発化し、ますます個人消費や住宅投資が増えるという循環である。この循環において機関投資家は、投資のプロとして企業に働きかける。

以上はともかくとして、二つのコードの着目点は企業が稼ぐ利益にある。とはいえ、企業といっても、大企業もあれば中小企業もあり、優良企業や普通の企業もある。これらの企業の利益は、その額や質の差が大きい。

このため、利益の額そのものではなく、利益の相対的な大きさを用い、その上で企業の活動を評価しなければならない。そこで注目されたのが、各企業の資本コストであり、それと比較する上での企業の事業利益率である。

本稿では、最初に資本コストと事業利益率について考えてみたい。次に、資本コストに基づき、新聞紙上によく登場するPBRの意味を考えたい。その上で、日本企業において生じている企業間の格差を指摘し、それと株式投資との関係を考える。

資本コスト：投資家が要求する利益率

資本コストとは何なのか。しばらくは概念の説明である。素早く通り過ぎるが、それでも退屈である。容赦願いたい。読み飛ばしたい場合でも、3（株式のコスト）だけには目を通してもらいたい。

1　資本とそのコスト

まず、資本とは企業が事業活動をする上での元手であることを確認しておきたい。つまり、借金や社債（より一般的な概念としての負債）での資金調達であり、株式（株主資本）での資金調達である。

これらの元手がタダで（無償、つまりコストなしに）提供されるとは誰も考えないだろう。

2　負債のコスト

政府の資金調達（国債）に対してマイナス金利が提示される時代は異常すぎる。ひょっとして金融政策が経済の大きな流れを見誤っているのかもしれない。

それはともかく、このマイナス金利の時代であっても、企業が負債（借入や社債）で資金を調達すれば、通常は何がしかの金利の支払いが要求される。この金利の率、つまり利子率（年間の支払い金利相当額／負債での資金調達額）が負債のコストである。

3　株式のコスト

企業が負債ではなく、株式で資金を調達すればどうだろうか。

この株式での資金調達には注意が必要である。内部留保が株式での資金調達に含まれることである。内部留保とは、税引後純利益のうち、配当として株主に支払われない部分である。

税引後純利益のすべてを株主に支払うのか、何も支払わないのか、一部分を支払うのかの選択権が株主にある（原則として株主総会での決議事項である）ことからしても、内部留保がそもそも株主のものなのは明らかだろう。

ところで、株式での調達の場合、「金利」という概念がない。金利に相当すると思えるのが配当だが、金利とは大きく様相が異なる。企業として、配当の支払いは当然ではない。

例えば、アマゾン、アルファベット（グーグル）、フェイスブックであるが、巨額の利益を出しているにもかかわらず配当を払っていない。株価さえ上昇すればそれで十分との考え方である。

日本では、アメリカほど極端な企業が見当たらない。むしろ、「何がしかの配当を支払っておけば株主や投資家は満足かな」と考えている企業がかつて多く見られたが、実際の投資家はそれで満足するわけではない。

投資家の立場から考えてみたい。

株式に投資するのは、配当への期待もさることながら、より大きな期待は値上がり（株価上昇）である。値上がりしなければ失望し、その株式を売却するだろう。株式の売却とは、投資家が株式での出資を引き上げることに等しい。

多くの投資家が株式を売却すれば株価が下落する。でも、「株価が下落したところで企業が潰れるわけでもなし、それがどうした」と、蒙昧《もうまい》な経営者なら考えるかもしれない。現実は、株価が下落すれば、アクティビスト（経営に積極的に介入する投資家）が株式を大量に買い入れ、企業経営に注文を突き付けてくるかもしれない。最悪の場合はいろんな投資家から狙われ（企業買収を仕掛けられ）、経営権を奪われかねない。経営権を奪われれば、ほとんどの場合、それまでの経営者の首が飛ぶ。

このような最悪の事態を招かないために、経営者としてどうすればいいのか。まず行なうべきことは、株式への投資家の期待度合を測ることである。もう少し説明すれば、配当と株価上昇の両方を合わせ、投資家がどの程度のリターンを期待しているのか計測することである。

ここで、「投資家がどの程度のリターンを期待しているのか」という数値が、株式で調達した資金に対するコスト（株式のコスト）である。

4　資本コストの計算

以上、負債のコスト、株式のコストが計算できれば、負債と株式で資金調達している割合でもって、これら二つのコストを加重平均すればいい。この計算の結果、企業として調達している資本全体のコスト（資本コスト）が計算できる。

なお、資本コストの計算に際して、現実社会を反映させるため、税率を加味しなければならない。

というのも、負債に対する金利の支払いが税務上のコストとして認められている一方、株式に対するコストは税務上の処理の対象外だからである。配当は税引後純利益の処分でしかないし、株価の値上がり益は企業経営にとって直接の関係がないからである。

このように税制上の扱いが負債と株式で異なるから、資本コストの計算においても、扱いを変えなければならない。

資本コストの概念と計算方法に関して、これ以上述べない。詳しく知りたいのであれば、『証券アナリストジャーナル』（二〇一九年五月号〜九月号）に資本コストに関する特集がある。それが参考になる。

ただし資本コストの計算には問題もある。前述したように、株式のコストは「投資家の期待」を反映する。その期待を計測するにはさまざまな仮定を置かなければならない。言い換えれば、仮定が変われば計算結果も変わる。ということで、株式のコストが明確に一つの答えに定まるわけではない。

本章では、資本コストを直接計算する方法に代え、PBRを用いる方法を提唱したい。

PBRは、企業の生み出す利益に対して株式への投資家が満足しているのか、言い換えれば企業が資本コストを上回る利益を生み出していると投資家が評価しているのか、この重要な判断材料となり得る。このPBRの視点から日本の株式市場を眺めてみたい。

株価純資産倍率（PBR）の意味

ここではPBRの理論的な意味を考える。2（PBRの理論的意味）は参考であるから、読み飛ばしてもらっていい。

1　PBRが一より大きいか小さいか

PBRとは何なのか。計算式は「株式の時価総額（以下、時価総額）／純資産」である。純資産は、会計上の細かな定義を無視すれば、株主資本とも表現できる。

時価総額とは、厳密性を欠くものの、企業が発行する株式全体の時価である。発行されている株式数に株式市場での株価を掛ければいい。

株主資本とは、文字通り株主が提供している資本の総額である。その内訳として、企業設立時の出資や、その後に企業が募った新たな出資（つまり増資）だけではなく、前項3「株式のコスト」で述べた利益の内部留保が含まれる。

計算上は以上の通りなのだが、このPBRには株主からの重要なメッセージが含まれている。

メディアなどでよく指摘されるのが、次の説明である。すなわち、株主資本の額とは企業の解散価値（企業解散時に株主に払い戻される金額）だから、PBRが一倍を割れているのなら、時価総額が解散価値を下回っていることになる。このため、PBR一倍割れとは、その企業の株式を本来の価値未満で買えること、つまり株式の安売りを意味すると。

この論理には、会計上の株主資本が正しく計測されているという前提に加え、今すぐ企業が解散するという前提がある。その限りにおいて、借金などを返却した残りのすべてが今すぐ株主に分配されるのだから、PBR一倍割れの企業を買えば大儲《もう》けできる。でも残念なことに、PBR一倍割れだから今すぐ解散しようとする企業と経営者にいまだ出会ったことがない。

より現実的には、PBRには次の示唆が含まれている。それは、「株主資本を投下して営んでいる事業の利益率（正確には税金を勘案した後の事業利益率）が、株主が期待する水準すなわち株式に対する資本コスト（株式のコスト）に達しているのか、いないのか」という問いに対する株主の答えである。

なお、この項以下での「資本コスト」とは「株式に対する資本コスト」の意味で用いる。これは、株式での調達が一〇〇%、負債での調達がゼロの場合に相当する。現実の世界においては負債での資本調達が生じるものの、PBRの意味（負債を含めた資本コストと事業利益率との大小関係を表す）は同じである。

さて、「PBRが一より大きいか、小さいか」を判断基準とすれば、理論的に次の解釈が可能である。

PBRが一より大きければ、事業利益率が資本コストを上回っている。

PBRがちょうど一なら、事業利益率がちょうど資本コストと同じである。

PBRが一より小さければ、事業利益率が資本コストを下回っている。

2　参考：PBRの理論的な意味

図表8-1はこのPBRの意味を理論的に示したものである。

この図表を少し説明しておく。

まず、図表は、企業価値を求める式が出発点となっている。また、企業は一定の率で成長（g：成長率）するものと想定している。

図表8-1｜資本コストとPBRの関係

PBRについて（単純化のために負債と税がない場合を考える）
当期（0時点）において、V：企業価値、B：投下資本、
p：投下資本利益率＝事業利益率、r：資本コスト、g：成長率（ただしr＞g）

$$V_0 = B_0 + B_0 (p-r)/(r-g)$$
$$PBR = V_0/B_0 = 1 + (p-r)/(r-g)$$

⇒「pとrの大小関係」によって「PBRと1の大小関係」が決まる

出所：筆者作成

図表の最初の式（出発点の式）は、企業価値（V_0）とは、「事業への当初の投下資本額（B_0）」と「企業が成長しつつ将来稼ぐ利益額（B_0×（p－r）÷（r－g））」の合計に等しいことを表している。

ただし、この式での「将来稼ぐ利益額」とは会計上の利益額とは異なり、「投下した資本の利益率－資本コスト（p－r）」、すなわち資本コストを上回る利益率に、「投下した資本額」を掛けたものとしている。ここで投下した資本の利益率とは、その資本で事業を営むわけだから、事業利益率でもある。

企業にとって、事業を行なう上での本来のコストとは、会計上のコスト（原材料費や人件費）に資本コストを加えたものだとの意味が込められている。

なお、式のうち「企業が成長しつつ将来稼ぐ利益額」が（r－g）で割られている意味について述べておく。ここでは、まず、初年度に稼ぐ利益額、B_0×（p－r）が毎年一定の率（g）で成長していくことを想定している。次に、その将来の利益額が現時点においてどの程度の価値があるのか、言い換えれば現在価値を求めるため、資本コスト（ｒ）で割り戻している。その上で、将来の各年度に稼ぐ利益の現在価値の総和を計算する。これらの結果、（ｒ－ｇ）が分母にくる。

以上の計算には高校時代に習う無限等比級数の和の公式が用いられる。この公式が使えるためにはｒがｇよりも大きくなければならない。

もっとも、現実の世界では、ｒよりもｇのほうが大きいことはあり得ない。このため、「ｒがｇよりも大きい」という条件がいつも成立している。

この条件が成立している身近な例として、マイクロソフトの成長がある。マイクロソフトは、パソコンの基本ソフト（ＯＳ）であるウィンドウズのグローバルな普及によって急成長していたものの、ウィンドウズが飽和状態に達したため、成長率の点で普通の企業になった。ということは、当初はｒよりもｇが大きかったのだが、成長とともにいつしかｒがｇよりも大きい状態に戻ったのである。

図表の二番目の式は、ＰＢＲを求めるために最初の式をB_0で割っただけである。この結果、ＰＢＲは一に（ｐ－ｒ）÷（ｒ－ｇ）を加えたものだとわかる。これが二番目の式の意味となる。

この式において、一に加える部分のうち、（ｒ－ｇ）は、ｒがｇよりも大きいことから、ゼロより大きい（正である）。とすれば、ｐとｒの大小関係により、（ｐ－ｒ）÷（ｒ－ｇ）がゼロよりも大きいか小さいかが決まる。ということは、投下資本利益率が資本コストを上回っていればＰＢＲは一よりも大きく、逆に投下資本利益率が資本コストを下回っていればＰＢＲは一よりも小さい。

さらに言えば、投下資本利益率が資本コストを下回っている場合、企業の成長率が大きくなれば、（ｐ－ｒ）

÷（r－g）の分母が小さくなることを意味するため、結果として（p－r）のマイナスが増幅される。このことから、投下資本の利益率が資本コストを下回っているにもかかわらず、企業が成長率を高めようとすれば、PBRがもっと小さくなる。言い換えると、PBRが一から悪い方向により遠ざかってしまう。

3　PBRの決まり方：事例

図表8-1の式の代わりに数値例を示しておく。この計算結果を見れば、pとrとgの関係によってPBRがどう決まるのか、一目瞭然だろう。図表8-2、8-3がその数値例である。

この図表への説明を加えておく。

企業Aは、投下資本利益率（すなわち、事業利益率）が資本コストを上回っている。

企業Bは、投下資本利益率が資本コストと等しい。

企業Cは、投下資本利益率が資本コストを下回っている。

投下資本は一〇〇だから、この金額と企業価値（ここでは株価と等しい）との比率がPBRである。

また、図表8-2は企業が利益のすべてを配当し、成長をめざさない場合である。

これに対して図表8-3は、利益の六〇％を配当として支払い、残りの四〇％を内部留保して新規投資（利益率は既存の事業と同じ）に振り向け、成長をめざす場合である。

企業の成長がない場合、これまで説明したように、投下資本利益率と資本コストの大小関係により、PBR

図表8-2｜投下資本100当たりの企業価値（株価）：利益のすべてを配当

企業	A	B	C
投下資本利益率（%）	10.0	5.0	3.0
資本コスト（%）	5.0	5.0	5.0
成長率（%）	0.0	0.0	0.0
企業価値（株価）	200.0	100.0	60.0
PBR（倍）	2.0	1.0	0.6

図表8-3｜投下資本100当たりの企業価値（株価）：利益の40%を内部留保して成長

企業	A	B	C
投下資本利益率（%）	10.0	5.0	3.0
資本コスト（%）	5.0	5.0	5.0
成長率（%）	4.0	2.0	1.2
企業価値（株価）	600.0	100.0	47.4
PBR（倍）	6.0	1.0	0.474

注：配当割引モデルによれば、株価＝配当／（r-g）となる

出所：筆者作成

が一よりも大きいか、小さいかが決まる。投下資本利益率と資本コストが等しければＰＢＲはちょうど一である。

企業が成長をめざす場合、ＰＢＲはもっと極端な数値になる。投下資本利益率が資本コストよりも大きければ、ＰＢＲはより大きくなり、投下資本利益率が資本コストよりも小さければ、ＰＢＲはより小さくなる。投下資本利益率と資本コストが等しければＰＢＲは一で変化がない。

企業成長とＰＢＲの関係は次のように説明できる。投下資本利益率が資本コストよりも大きければ（正確に表現すると、そのような高い利益率の期待できる新たな事業展開が可能であれば）、株主としては配当で受け取るよりも、内部留保によって新規投資してもらうことが望ましい。

逆に、投下資本利益率が資本コストよりも小さければ、株主にとっては期待外れの事業展開を意味するから、内部留保による新たな事業展開は望ましくない。利益のすべてを配当として受け取るのが望ましい。なお、投下資本利益率と資本コストが等しければ、株主としては、配当でも内部留保でも一緒である。

4 投資家は合理的に行動しているのか

現実の場面において、PBRが一よりも大きいのか小さいのかによって、企業が資本コストを上回る事業を展開しているのかどうかを判定するには、いくつかの前提が必要となる。現実の株式市場において、この前提が満たされていないのなら、PBRを用いた判定はできない。

一番重要な前提は、投資家が合理的に行動しているのか、すなわち合理的に企業を評価して株式を売買しているのかという点にある。

結論として、短期的にはともかく、長期的に捉えた場合、投資家は合理的に行動していると評価できるし、そう評価したい。なお、ここの投資家には市場全体を模倣する投資家（パッシブ運用とかインデックス運用とかと呼ばれる投資を行なう投資家）を含まない。

投資家が合理的に行動しているとの間接的な証拠はいくつもある。その中から一つ挙げるとすれば、企業の利益を予測しつつ、株価が形成されている事実である。

図表8-4がその株価と利益の関係を示している。

図表8-4｜ 株価と企業利益の関係

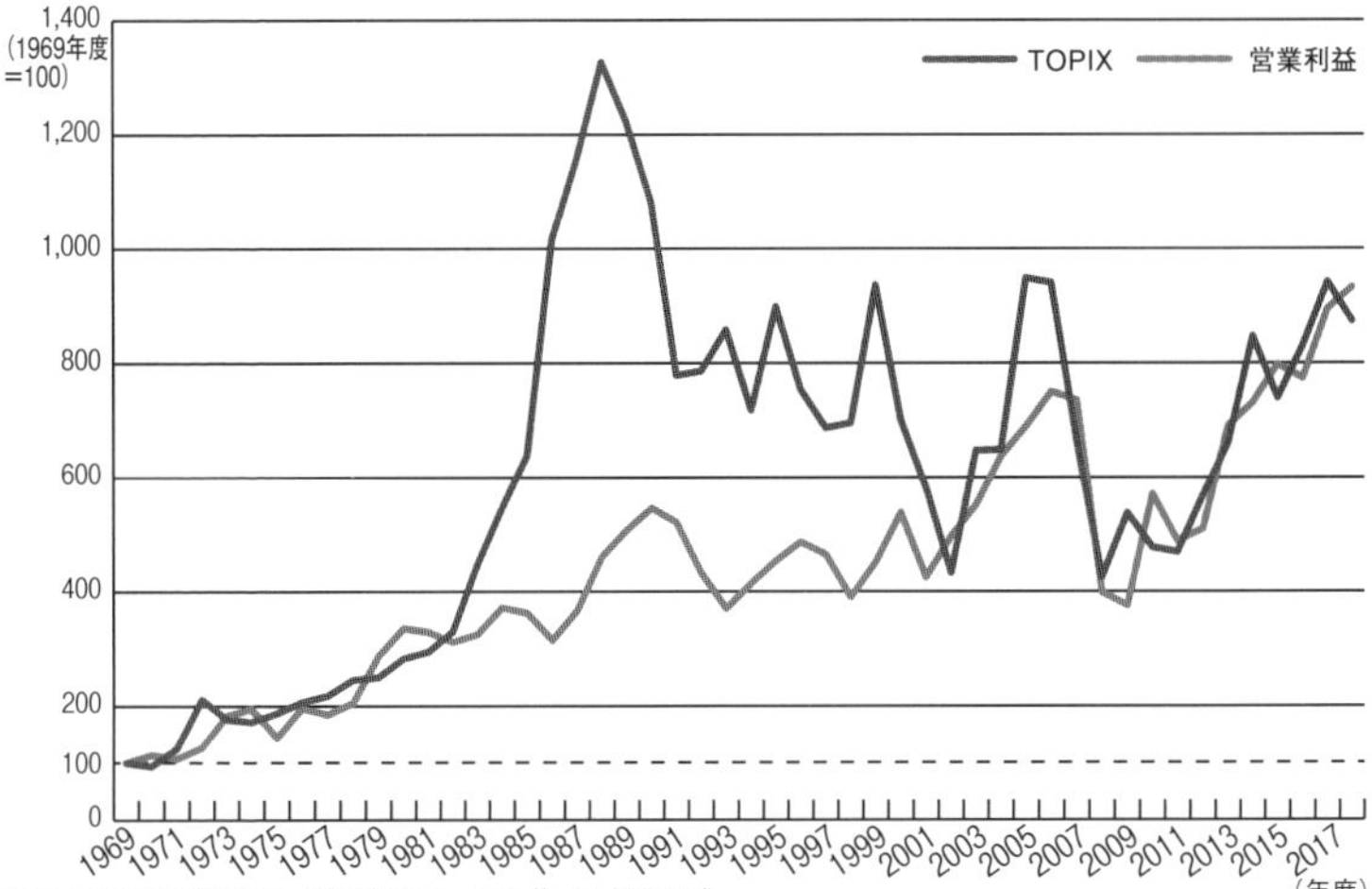

出所：東京証券取引所、財務省のデータに基づき筆者作成

この図表によれば、利益に多少先行しつつ（先々の利益を予測しつつ）株価が変動している。

大きな例外は一九八〇年代後半、日本の株式と不動産の価格がバブルになったことである。

その当時は日本全体がユーフォリア（陶酔状態）だった。ジャパン・アズ・ナンバーワンだとおだてられ、それを信じた評論家たちが、当時三万円台だった日経平均株価が今すぐにでも一〇万円台に到達すると煽り立てた。実際は一九八九年末をピークに、日本経済が長く深いスランプに陥った。当時の傷痕が日本経済に致命的に近い影響を与えたと考えていい。

投資家は、一九八〇年代後半にはユーフォリア的に株式を買っていたが、一九九〇年代に入って徐々に陶酔から目覚め、二〇〇〇年代前半までの一〇年間以上をかけて株価を利益に見合う水準にまで修正した。その後は、利益の変動を予測しつつ株価も変動していることが読み取れる。

このように投資家が長期的には合理的に行動しているこ

とから、本章での株価形成に関する理論、すなわちＰＢＲと資本コストとの関係もおおよそのところ成立している。少なくとも長期的には成立していると考えて大きな間違いはない。

5　ＰＢＲ一倍割れをもたらす要因

もっとも、現実の世界は理論が想定するほど単純でないのも確かである。投資家の合理的行動は全体としてのものである。全体から離れ、例えば個別の企業に下りると、投資家が、何千社とあるすべての企業に対し、何時でも、合理的に行動していると考えるのは現実性に欠けている。

例えばＰＢＲ一倍割れの企業について、投下資本利益率と資本コストとの大小関係だけでなく、他の要因も働いている可能性を否定できない。他の要因として、次を挙げることができるだろう。

第一に、業界全体の状況である。業界全体が低評価であれば、ある企業だけが奮闘していたとしても、同業他社に足を引っ張られやすい。

第二に、不振な事業が目立つ場合である。その特定の事業に投資家の目がどうしても向かうだけに、その企業の全体としての評価も低くなりかねない。

第三に、コングロマリット・ディスカウントと評される現象である。多くの事業を擁した企業の価値が、それぞれの事業の価値を単純に足し合わせたよりも低い評価を受ける現象である。いろんな面でそつがないとしても、抜き出た能力を持たない人物に対して、全体としての評価が低いのと同様なのかもしれない。端的に言えば、「何かもの足りない」ということである。

図表8-5｜景気動向と企業業績（ROA）の格差

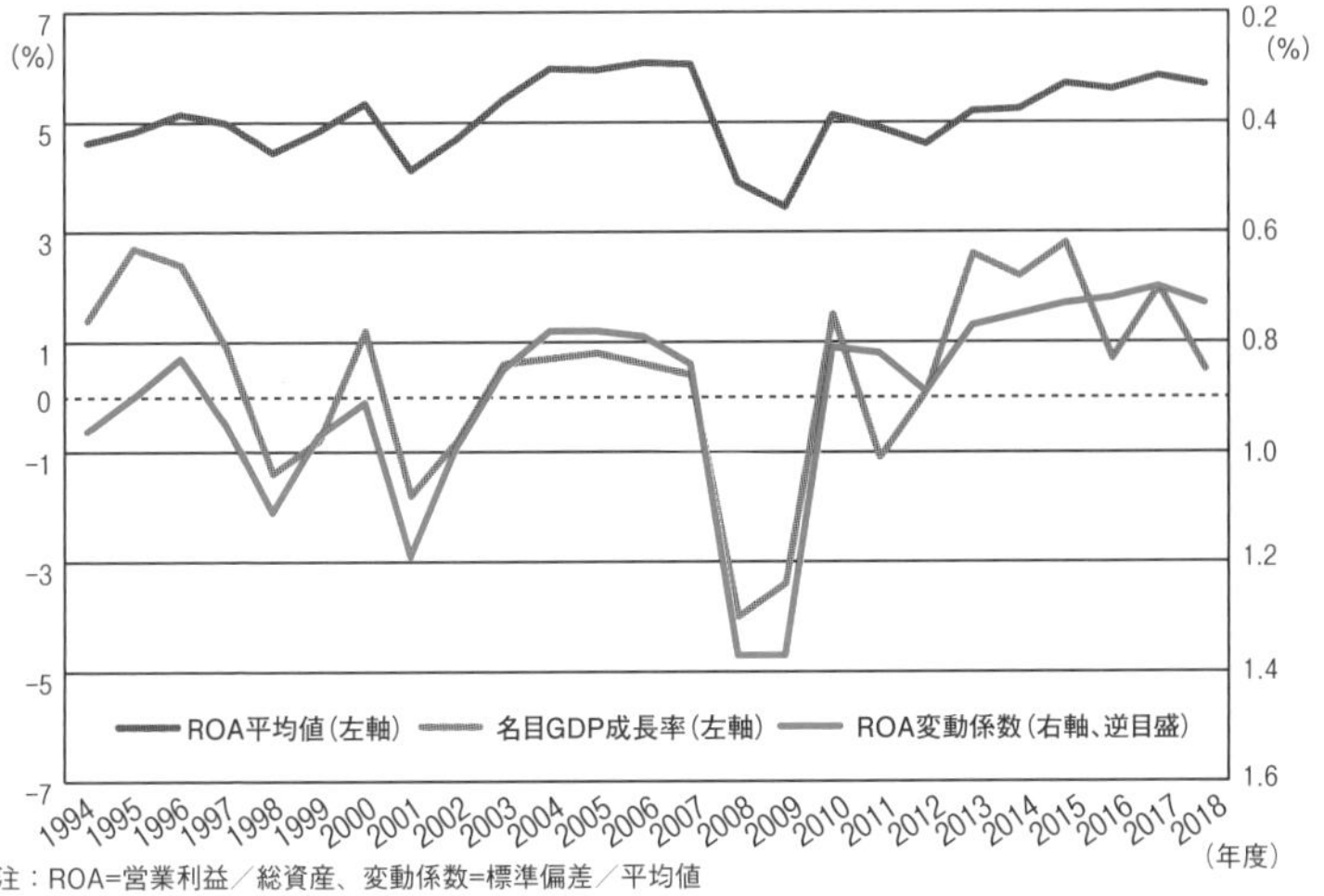

注：ROA=営業利益／総資産、変動係数=標準偏差／平均値
　　ROAとその変動係数は1994年度から連続して東証第1部に上場する企業の各年度の実績値による
出所：日経NEEDS、内閣府データに基づき筆者作成

第四に、投資家に対して、事業に関する情報提供（IR：インベスター・リレーションズ）が適切でないため、投資家に正当に評価されていないのかもしれない。

第五に、株式市場全体が、何かの事件によって極端に売られた場合、個々の企業もつられて売られる。もっとも、この事例は個別の企業というよりも、瞬間的に市場全体の行動が合理的でなくなったことによる。

企業間の格差が広がる

PBRから見た日本市場の現状を調べる前に、上場企業の利益に格差が広がっていることを簡潔に述べておきたい。

図表8-5は利益率から見た日本企業の格差である。

この図表において、左の縦軸は名目国内総生産（名目GDP）の成長率と、各年度の東証第一部上場企業の総資産利益率（ROA：営業利益÷総資産）の平均を表示している。なお、ROAは税を加味しない事業利益率に近い。

右の縦軸はROAの変動係数を表示している。変動係数とは「標準偏差÷平均値」である。この変動係数の目盛りは、変動係数が大きいほど下にくるように付けられている。

このROAの変動係数を観察することにより、各年度の上場企業について、ROAのばらつき度合いが判明する。変動係数が大きいほど、ばらつき度合いが大きい。

以上を踏まえて図表8-5を見れば、名目GDP成長率が低くなれば、企業間のROAのばらつき度合い、すなわち格差が拡大する事実が読み取れる。

現在、日本の経済成長率は低下している。将来の予想においても、人口が減少する段階に突入しているため、労働力不足によって生産力の向上に大きく期待を寄せられないことと、国内での製品やサービスの需要が伸びないことを併せれば、経済の低成長が続かざるを得ない。そうだとすれば、利益率で見た企業間の大きな格差が続いていく。

この議論をすると、技術力で経済成長率の高さが取り戻せる、そういう意見が必ず出てくる。それはそうかもしれないが、むしろ技術力こそ、企業間に大きな格差をもたらす要因である。技術力で経済成長率の高さが取り戻せたとしても、その限りにおいて企業間の格差がさらに広がる。

いずれにせよ、現在から将来にかけて、企業間に格差が生じ、それが企業業績に影響することは避けられない。

を観察したい。

ＰＢＲから見た日本の株式市場

ここでは事業利益率と資本コストとの相対的な関係を示す指標、ＰＢＲの視点から、日本の株式市場の現状を観察したい。

1　平均的なＰＢＲの水準は低い

まず、日本の株式市場のＰＢＲの水準について、その全体像を示しておく。

二〇一九年九月末現在、東証第一部に上場している日本の企業は二一四九社である。これらの企業のＰＢＲを単純平均すると一・七六倍である。ただし、この数値は実態よりも高い。ＰＢＲの極めて高い企業があり、それに引っ張られるからである。

そこで、データベース会社であるFactSetが計算した数値を調べたところ、一・二五倍とあった。これが実態に近いと思える。

同時に、ＰＢＲ一倍割れの企業がどの程度あるのかを調べたところ、全体の五〇・一％に達していた。東証第一部というメインの株式市場で売買される企業の半数強がＰＢＲ一倍割れということになる。平均ＰＢＲ一・二五倍が実態に近いと述べたが、本当はさらに低いイメージかもしれない。

図表8-6｜日米独のPBR等の株価指標

2019年9月	日本	ドイツ	アメリカ
PER（倍）	13.7	14.0	17.5
PBR（倍）	1.25	1.60	3.08
配当利回り（%）	2.33	2.94	1.85

出所：FactSetのデータに基づき筆者作成

2　欧米に比べて日本のPBRは低い

二〇一九年九月末時点において、日本のPBRをアメリカおよびドイツと比べたのが図表8-6である。なお、他の時点でも比べたが、特徴に大きな差がなかったため、直近時点だけを示した。

　この図表からは次のことが読み取れる。

まず、ドイツとの比較である。

日本とドイツの株価収益率（PER：時価総額÷当期税引後純利益）は大差ないのに対し、PBRと配当利回りはドイツのほうが明らかに高い。この差はなぜ生じるのか。

　理由は、日本企業の配当性向（税引後純利益のうち、配当として株主に支払う割合）が低いこと、言い換えれば配当として支払わない残り、つまり内部留保の割合が高いことにあるだろう。日本企業は、内部留保を十分に活用できていないのではないだろうか。

　例えば、内部留保の相当部分を現金や現金同等物として積み上げているため、事業利益率が薄まっているのかもしれない。また、内部留保を新規投資に投じたとしても、その投資が十分な利益を生み出さないため、事業利益率と資本コストとの観点からＰＢＲを引き下げているのかもしれない。

次に、アメリカとの比較である。

日本と比べ、アメリカの配当利回りは高くないものの、ＰＥＲとＰＢＲが高い。この理由は、アメリカ企業の利益成長率や事業利益率の高さにあるのではないだろうか。つまり、アメリカ企業は内部留保した資金を効率よく、かつ成長に上手に用いているようだ。

以上から、日本企業として考えないといけないのは、配当戦略であり、配当した残りの内部留保をいかに上手に成長戦略に用いるのかである。このような戦略を練り上げ、それを投資家にアピールすれば、投資家からの評価が上がり、株価が上昇する可能性も出てくる。

3　企業規模別ＰＢＲに偏り

それでは、日本企業のＰＢＲに特徴はないのか。

例えば経営体制の充実度との関係である。経営体制の充実度に大きな影響を与えるだろう企業規模とＰＢＲの関係はどうなっているのか。

この企業規模とＰＢＲの関係が図表8-7である。この図の横軸には、企業規模の代表的指標である株式時価総額を取っている。縦軸（左目盛）はＰＢＲ一倍割れ企業の割合である。

もう少し説明しておきたい。

二〇一九年九月末時点をとり、東証第一部上場企業を時価総額の大きい順に並べ、等企業数ずつ一〇〇に区分

図表8-7｜時価総額とPBR1倍割れ比率(2019/9末)

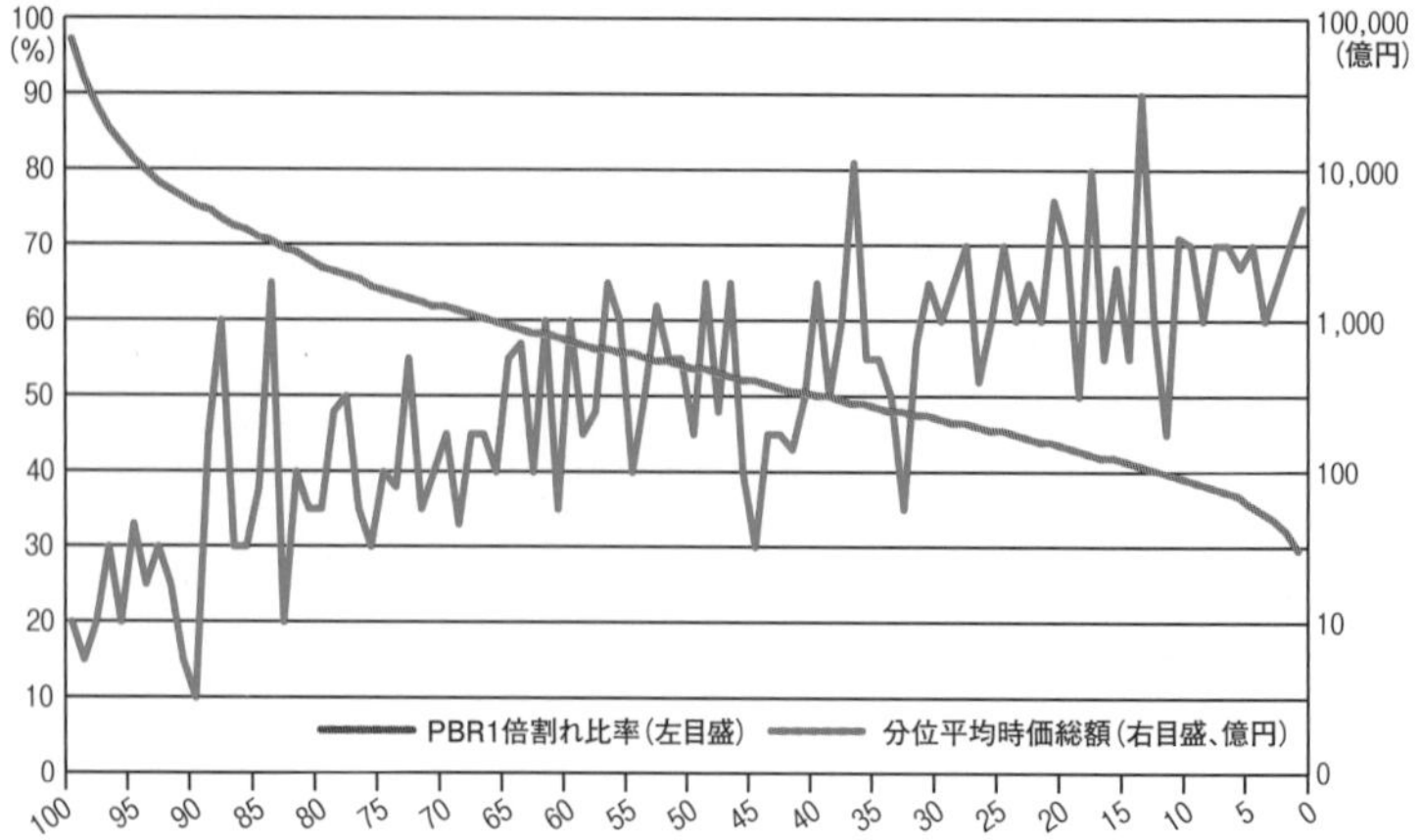

注：横軸は東証第一部上場企業（データ欠損企業除き）を100に分けた分位数
出所：QUICK社Astra Managerのデータに基づき筆者作成

した。実際のところ、各区分には二〇社もしくは二一社の企業が入っている。なお、データの取れない企業は除いた。

次に、各企業のＰＢＲを計算し、各区分においてＰＢＲが一倍未満の企業が何社あるのか数えた。これにより、各区分でのＰＢＲ一倍割れ企業の割合が計算できる。

この図表によれば次のことが判明する。

第一に、図表の左側、つまり時価総額が大きい場合、ＰＢＲ一倍割れの割合が低い。とはいえ、このような大企業といえどもＰＢＲ一倍割れがゼロにはならない。

第二に、時価総額が小さくなるほどＰＢＲ一倍割れの割合が高くなる。具体的な数値で示せば、時価総額九〇〇億円以下の区分で一倍割れが半数前後になる。さらに、三〇〇億円未満では六割超が一倍を割るようになる。

以上のことは、企業規模が大きく経営体制が整っている企業では、事業に対するコントロールが働くことでＰＢＲ一倍割れが回避されやすいものの、このコントロールがすべての企業に当てはまるものではないことを示唆している。逆に、企業規模が小さい企業では事業に対するコントロールが働かないことが多く、このためにＰＢＲ一倍割れの事例が目立つのだろう。

4　バリュー株投資とその類型

ここでは、ＰＢＲの水準に着目した投資が有効かどうかを考えてみたい。

ＰＢＲが低い理由として、これまでの事業の方法が悪かったのかもしれない。とすれば、事業の方法を改善したのなら、資本コストとの比較で事業利益率が相対的に向上し、それによってＰＢＲが相対的に上がる。すなわち株価が上がるかもしれない。

ＰＢＲが低い他の理由としては、短期的に投資家の見方が悲観に偏り、大幅に株式が売り込まれ、ＰＢＲが下がっただけかもしれない。とすれば、投資家の見方が元に戻り、株式が買い戻され、株価が上昇することでＰＢＲも上がるかもしれない。

さらに、ある企業に対して投資家が合理的な評価を下しておらず、ＰＢＲが低いだけかもしれない。いわば、埋もれたお宝である。

以上に例示したような理由で低ＰＢＲにある企業を探し出し、その株式を買って価上昇を狙う投資の方法がある。総称してバリュー株投資と呼んでいる。

バリュー株とは、「割安株」とか「お値打ち株」とかと訳していいだろう。投資の神様と称されるウォーレン・バフェットのように、事前に企業をじっくり調査しておき、リーマンショックのような大混乱時を捉え、

「これぞ割安、他の投資家がバーゲンセールしている」と判断し、買い出動するのが典型的なバリュー株投資である。

とはいえ、多くのバリュー株投資は、投資対象をPBRで評価する。つまり、定期的に投資対象となりそうな企業のPBRを計算し、その中からPBRが相対的に低位にある企業を選び、投資する方法を用いる。定期的に計算するわけだから、現時点で保有した企業のPBRが、次の計算時点では相対的に高くなっているかもしれないし、逆に相対的にPBRの高かった企業が低くなる場合もある。このため、保有企業の入れ替え（リバランス）が常に行なわれる。短期的なバリュー株投資だとも言える。

このPBRに基づくバリュー株投資にはベースとなる投資モデルがある。ファーマとフレンチによって提唱された三ファクターモデルである。

彼らが提唱した三つのファクター（株価を決定する要因）の中にPBR（モデルでは1／PBR、すなわちPBRの逆数）がバリューファクターとして入っている。ファーマはこのモデルの業績も含め、二〇一三年にノーベル経済学賞を受けた。他方、この三ファクターモデルに関して、それらのファクターがモデルに入ったことに対する経済的な説明が欠如しているとの批判もある。

いずれにせよ、この三ファクターモデルに依拠して投資する場合、例えば対象が日本の株式市場であれば、その市場の特性を分析した上で適用することが大切である。さもなければ危険がいっぱいだろう。

5　高PBR企業への投資を避けるべきか

ＰＢＲで評価する一般的なバリュー株投資が効果的なのか。とくに日本株市場においてどうなのか。この点について、いくつかの事例を示しておきたい。

最初は、二〇〇八年九月に起きたリーマンショック以降、株式投資収益率に関して簡単に見たものである。具体的には、リーマンショックの直前、二〇〇八年八月末から最近までの一一年間、どのような企業に投資するのが理想だったのかを調べた。図表8-8がその結果である。

リーマンショックの直前に当たる二〇〇八年八月末、時価総額が一兆円以上だった企業の中から、その後の一一年間の投資収益率が年率一〇％以上の（一〇〇円投資した場合、一一年後に二八五円以上になった）企業を図表8-8は示している。一三社ある。

これらの企業は、当時の時価総額上位二〇社には入っていない。五〇位以内も四社しかない。要するに、この一一年間に活躍した企業とは、時価総額において日本を代表する企業ではなく、その少し下の企業が中心だった。また、この一三社には、今後とも日本の代表として活躍が期待される企業が多く含まれている。将来、本当に活躍するのかどうかは保証の限りではないが。

一三社の肝心のＰＢＲであるが、二〇〇八年八月末も一一年後の二〇一九年八月末も、一倍を超して高い。

ここで、日本のＰＢＲが一倍を少し上回っている程度であることを思い出せばいい。一三社は一一年前について言えば、ＰＢＲが高い企業に属していた。そのＰＢＲの高い企業を買うことで、高い投資収益率が得られ

図表8-8｜高投資収益率だった企業（2008/8末の時価総額1兆円以上）

	2008/8末時価総額（億円）	2008/8末時価総額順位	配当込投資収益率（年率、%）	2008/8末PBR	2019/8末PBR
キーエンス	11,181	70	19.4	2.31	4.71
ファーストリテイリング	11,806	67	18.2	4.88	6.59
ソフトバンクグループ	19,627	40	16.9	4.94	1.22
中外製薬	10,108	82	16.0	2.57	5.25
日本電産	10,715	76	13.9	3.20	4.29
資生堂	10,537	78	13.8	2.84	7.14
ダイキン	10,904	72	13.5	1.91	2.73
東京エレクトロン	11,270	69	12.7	2.10	3.74
ＫＤＤＩ	28,703	24	12.2	1.66	1.58
伊藤忠商事	14,090	54	12.1	1.40	1.10
村田製作所	10,903	73	11.6	1.29	1.78
花王	17,033	44	10.9	3.10	4.65
第一三共	24,255	34	10.5	1.92	3.63

注：2008/8末の時価総額1兆円以上かつ投資収益率（年率）10%以上の企業
出所：QUICK社Astra Managerのデータに基づき筆者作成

たとの結果が示されている。そして、ＰＢＲの高い企業を買うのはバリュー株投資ではない。

もちろん、現時点でも一三社のＰＢＲは高いわけだが、この高ＰＢＲの一三社を買えば今後とも高い投資収益率が得られるとまでは主張していない。

なお、バリュー株投資とは逆に、相対的にＰＢＲの高い企業の株式に投資する方法を「グロース株投資」と呼んでいる。ＰＢＲが高い企業に成長株が多く含まれることから、こう名付けられたと考えていい。

6　低ＰＢＲ企業はバリュー株なのか

先の図表8-8は間接的に、バリュー株投資以外の投資によって高い収益率が得られることを示したにすぎない。そこで、直接的にバリュー株投資の効果を分析する。

このことを調べたいと考えた大きな理由がある。そもそも平均的にＰＢＲの水準が低い日本市場において、その中からさらにPBRの低い企業を選んでバリュー株投資を行なえば何が生じるのか。そういう問題意識である。

すでに述べたように、二〇一九年九月末において東証第一部上場企業の半分が一倍割れである。この時点をスタートにバリュー株投資を行なおうとすれば、必然的にPBR一倍割れ企業への投資になる。

ところで、二〇一九年九月末のPBRの状態が異常で、通常はPBR一倍割れの比率はもっと低いのではないのか。

調べてみたところ、リーマンショックの直前である二〇〇八年以降、各三月末におけるPBR一倍割れの平均的な比率は四八％だった。ということで、二〇一九年九月末のPBRの状態、すなわち上場企業の半分がPBR一倍割れというのは、最近の日本の株式市場では普通の姿である。

それでは、PBR一倍割れが半分程度という日本の株式市場においてPBRに基づくバリュー株投資を選択し、結果としてPBR一倍割れ企業に投資をすれば何が生じるのか。言い換えれば、アメリカ市場のように、市場平均PBRが高い市場とは投資環境がまったく異なるという事実を無視し（もしくは見逃し）、アメリカで提唱された三ファクターモデルに依拠したバリュー株投資を信奉することの是非でもある。

そもそも、PBR一倍割れの企業の多くは、事業利益率が資本コストを下回った企業である。もしも、このPBR一倍割れの状態が長く続くのであれば、その企業とは要するに「ダメ企業」である可能性が高くなる。

そうであるのなら、PBRに基づいてバリュー株と思える企業を選んで投資をすれば、裏側で企業調査をしっかりとしない限り、ダメ企業を中心に投資する事態に陥りかねない。結果として投資収益率を損う。

それでは、ＰＢＲ一倍割れ企業の場合、一年後のＰＢＲがどうなっているのか。二年後はどうなのか、ＰＢＲ一倍割れが長く続くのだろうか。それともＰＢＲ一倍割れは短期間で解消し、一倍超えに反転するのだろうか。

そこで、ある時点のＰＢＲと、その先のＰＢＲとの関係を調べてみた。これが図表8-9である。

この図表についてをもう少し説明しておく。

最初に、二〇〇〇年から二〇一八年までの各三月末について、東証第一部に上場している企業を選び出した。新規上場や上場廃止などのため、各三月末の企業数は異なる。

次に、これらの企業について、二〇〇〇年から二〇一八年までの各三月末でのＰＢＲと（これをスタート時点でのＰＢＲと呼ぶ）、スタート時点から一年後、二年後などのＰＢＲを計算した。

最後に、スタート時点でのＰＢＲと、一年後、二年後などのＰＢＲとの相関係数を計算した。

これにより、ＰＢＲの長期的な関係がわかる。すなわち、計算した相関係数が一に近ければ、スタート時点と何年か経過した後のＰＢＲとが互いに同じ方向に動く、もしくは互いの関係性が保たれていることを示す。相関係数がゼロに近ければ、互いに関係性に乏しい。マイナス一に近ければ、互いの動きや関係性が逆になることを示す。

図表8-9によれば、リーマンショックの前後から、スタート時点とその後のＰＢＲの相関係数が高まっている。なお、二〇〇五年三月末をスタート時点とする相関係数が低いのは、当時、村上世彰氏を中心とするファンドが多数の低ＰＢＲ企業に投資していた影響かもしれない。

図表8-9｜各年度末のPBRの相関係数

基点	1年後	2年後	3年後	4年後	5年後
2000.03	0.440	0.490	0.310	0.234	0.153
2001.03	0.627	0.440	0.291	0.201	0.241
2002.03	0.811	0.644	0.474	0.443	0.442
2003.03	0.781	0.592	0.550	0.540	0.587
2004.03	0.674	0.546	0.452	0.471	0.360
2005.03	0.291	0.223	0.199	0.174	0.187
2006.03	0.717	0.613	0.430	0.581	0.489
2007.03	0.809	0.553	0.757	0.621	0.554
2008.03	0.784	0.843	0.691	0.569	0.558
2009.03	0.813	0.709	0.594	0.503	0.624
2010.03	0.850	0.747	0.667	0.697	0.685
2011.03	0.832	0.650	0.736	0.694	0.736
2012.03	0.727	0.734	0.681	0.668	0.655
2013.03	0.790	0.738	0.676	0.645	0.582
2014.03	0.880	0.788	0.793	0.725	0.692
2015.03	0.843	0.817	0.743	0.715	
2016.03	0.861	0.758	0.731		
2017.03	0.883	0.803			
2018.03	0.874				

出所：QUICK社Astra Managerのデータに基づき筆者作成

以上から、良い企業（資本コストを上回る利益を稼げている企業など）は長期的に良い企業である場合が多く、逆に悪い企業は長期的に悪い企業である可能性が高いと判明する。

別の表現を用いるのなら、バリュー株投資が有効だとしても、PBR一倍割れの企業に関しては注意深い調査が求められる。単純にPBR一倍割れだから割安だと評価するのは不注意である。割安ではなく、もともとその程度の値打ちしかないのかもしれないのである。

7 伸びる企業、取り残される企業

もう一つ問題が残っている。それは、リーマンショック前から、先の図表8-9においては二〇〇六年三月末頃から、現在と将来のPBRの相関係数が高まっているが、その理由が何なのかである。

これに関しては十分に分析できておらず、今後の宿題であるが、現在のところ以下のように考えている。筆者の「仮説」である。

まず、二〇〇三年春まで、日本経済と株式市場はバブル崩壊以降の長い調整局面にあった。企業は一九八〇年代後半のバブル期に抱えた不良資産、不良事業、余剰人員の整理を進めていた。それが二〇〇三年頃になってようやく一段落し、前向きな投資も計画できるようになった。

新しい世紀を迎え、バブル崩壊以降の長い調整局面の終わりがようやく見えたものの、この間、グローバルな経済環境が大きく変化していた。インターネットの急速な発展と産業全体の急速なデジタル化であり、中国経済の台頭である。

これに加え、日本国内では高齢化が進み、人口減少時代に直面しつつあった。これにより、国内での良質な労働力の不足と、国内需要の不足が顕在化しようとしていた。

以上の経済環境の変化は、企業に対してグローバルな事業展開を促すものであり、インターネットやデジタル化への対応を急がすものであった。当然、特にインターネットやデジタル化に関し、白地に絵を描けるに等しい中国などとの競争激化も内在していた。

日本全体が、ある意味「トンネルを越えれば別世界だった」的な状況に直面したわけだが、その状況に対して適切かつスピーディーに対応できる企業とできない企業に二分されたのは自然の流れだった。

この別世界に対応するための猶予期間が二〇〇六年までだった。二〇〇六年とは、リーマンショックの第一段階とも言うべきサブプライムローン問題（信用力の低い借り手に対する住宅ローンの債務不履行）が顕在化を始める、その直前の年である。

二〇〇七年、サブプライムローンの債務不履行が問題視されるようになり、翌年九月にはアメリカの大手投資銀行だったリーマンブラザーズが経営破綻した。これによって世界経済は急激に悪化し、日本もその悪化に巻き込まれた。

結局のところ、リーマンショックは、それまでの猶予期間を活用して別世界に対応できた企業と、できていなかった企業とに分別したのである。

大雑把《ざっぱ》に言えば、別世界に対応できた企業は資本コストを上回る事業展開ができ、PBRは一倍を超え、その後も良好な経営の維持を続けている。一方、別世界に対応できていなかった企業はPBR一倍割れに取り残され、その後もなかなか脱出できていない。以上によって、現在と将来のPBRの相関係数が高まっている。

取りあえずのところ、このように考えている。

8　低PBR株に投資をしてみると

視点をバリュー株投資に戻す。論より証拠というので、低PBRの企業に投資をしたとして、その投資収益率がどうなったのかを調べた。

図表8-10で示したのは、相対的なPBRに基づいて株式を買い、その株式を五年間保有した場合の投資収益率である。

図表8-10｜PBR分位別の五年後の投資収益率（倍）

分位/基点年度末	2001.03	2002.03	2003.03	2004.03	2005.03	2006.03	2007.03
1倍超・上位1	1.598	1.796	1.735	0.582	0.753	0.508	0.672
2	1.910	2.103	1.642	0.723	0.858	0.556	0.675
3	2.680	1.887	1.627	0.794	0.963	0.620	0.718
4	2.442	2.379	1.913	0.877	0.902	0.624	0.725
5	2.535	2.417	2.028	0.883	0.912	0.635	0.732
1倍未満・上位1	2.320	2.371	1.873	0.884	0.916	0.775	0.789
2	2.620	2.659	1.950	0.894	0.826	0.556	0.760
3	2.924	2.815	2.135	0.929	0.835	0.630	0.774
4	3.117	2.780	2.142	0.886	0.823	0.664	0.803
5	3.617	3.785	2.432	0.947	0.832	0.605	0.912

分位/基点年度末	2008.03	2009.03	2010.03	2011.03	2012.03	2013.03	2014.03
1倍超・上位1	1.325	2.888	2.665	2.676	3.049	2.825	2.066
2	1.163	2.134	2.243	2.200	2.490	2.677	1.969
3	1.393	2.073	2.091	2.177	2.646	2.535	1.953
4	1.210	2.112	2.096	2.362	2.603	2.510	1.939
5	1.289	2.172	2.401	2.746	2.361	2.406	1.651
1倍未満・上位1	1.362	2.092	2.162	2.263	2.338	2.118	1.575
2	1.315	2.015	2.230	2.209	2.431	2.215	1.459
3	1.344	2.414	2.192	2.240	2.333	2.201	1.595
4	1.495	2.610	2.236	2.078	2.197	2.491	1.739
5	1.695	3.695	2.846	2.188	2.518	2.928	1.634

出所：QUICK社Astra Managerのデータに基づき筆者作成

もう少し説明すると、各年の三月末、東証第一部上場企業のPBRを計算し、それに順位を付けた。その順位の付け方は、PBR一倍以上の企業についてPBRの高い順に等企業数ずつ五つに区切り、PBR一倍未満の企業についてもPBRの高い順に等企業数ずつ五つに区切る方法である。全部で一〇個に区切ったことになる。

図表では、その一〇個について、各年三月末に投資をした場合、五年後に得られた投資収益率（倍率、つまり一円投資したとして、五年後に何円になったのか）を示している。

この図表によれば、二〇〇八年もしくは二〇〇九年頃、すなわちリーマンショックを挟んだ頃から、投資収益の様相が変化している。

リーマンショック以前の投資収益率は、ＰＢＲが低いと投資収益率が高かったのだが、リーマンショックを挟んだ後、ＰＢＲが高いと投資収益率も高い傾向が生じている。すなわち、リーマンショック以降、事業利益率と資本コストとの関係で優れた企業の投資収益率が高くなり、劣った企業の投資収益率が低くなっている。この結果は、先の図表8-9で説明した状況とも整合的である。

例外はＰＢＲがいちばん低い部分である。ここに入る企業には、目に見える業績の悪化などにより、売りたたかれた企業が混じっているのかもしれない。このため、短期間で株価がリバウンドしている可能性がある。

この図表8-10に対して疑問の声が生じるかもしれない。疑問とは、五年後は図表の通りかもしれないが、一年後とかの短期で見れば違う結果が得られるかもしれないと。

そこで一年後、三年後の投資収益率も計算してみた。その結果は、五年後ほど明確ではないものの、低ＰＢＲ部分の投資収益率が明らかに高かった傾向が消滅に向かい、むしろ高ＰＢＲ部分の投資収益率のほうが高い場合も見られるようになっている。図表8-10に示した五年後の投資収益率は、この短期間の投資収益率の積み重ねであるから、当然の結果でもある。

現在は、ＰＢＲに基づく単純なバリュー株投資を再考する段階にある。ＰＢＲの本来的な意味を理解した上で、低ＰＢＲの企業に投資することの是非を、他の指標や企業調査とも組み合わせ、考えることが重要である。とりわけＰＢＲ一倍割れ企業が半数を占める日本の株式市場において、ＰＢＲで評価したバリュー株に投資することの意味とは何かが問われなければならない。

投資理論の背景を理解して投資する

ＰＢＲは事業利益率と資本コストとの大小関係を示す重要な指標である。特にＰＢＲが一倍を割ることは、投資家からの一種の警告でもある。

企業がＰＢＲ一倍割れの原因をしっかりと分析し、見極めることが必要となる。同時に投資家も、ＰＢＲが相対的に低い企業を買うという単純なバリュー株投資への信奉を反省すべきである。ＰＢＲが一倍を割っていることが、ダメ企業を意味している可能性がある。

そもそも標準的な投資理論では、合理的な行動を前提とすることが多い。企業も投資家も合理的に判断し、行動しているとの前提である。

企業の合理的な判断と行動において重要なのは、資本コスト以上の利益率が期待できる事業だけを選択することである。資本コスト未満の利益率しか期待できないのであれば、その事業を行なわないことが求められる。

ＰＢＲ一倍割れの意味が、資本コスト未満の利益率しか期待できない事業を行なっているとの警告であるのなら、投資家は注意深くＰＢＲ一倍割れの意味を検討すべきである。アメリカ市場と異なり、日本市場ではＰＢＲ一倍割れの企業が半数に達する。この現状において、それを無視しまたは見逃し、単純なバリュー株投資を行なうことが正しいのか、注意深い投資家なのか、もう一度胸に手を当てて熟考すべきである。

一般的になった投資理論、資本資産評価モデル（ＣＡＰＭ：Capital Asset Pricing Model）もまた、合理性を前提にしている。合理的に事業活動を行なっている企業の資本調達市場（現実には証券市場）を前提とし、分散投資と市場ポートフォリオ（市場と同じ比率で株式などの資産を保有すること）の優位性を理論付けた。

現実はどうなのか。ＰＢＲ一倍割れ企業のすべてとは言わないまでも、相当数の企業が資本コストとの関係で合理的に事業活動していないのなら、市場ポートフォリオを作ることの理論的裏付けが崩壊する。

この結果、はやりの、公的年金基金も多用する東証株価指数（ＴＯＰＩＸ）連動のインデックス運用（パッシブ運用）が、理論から外れた株式投資になってしまう。東証第一部上場の二一〇〇社以上に分散投資してみたところで、その中に合理的経営を行なっていない企業が多数混じるのなら、分散投資が無意味どころか、台無しである。

そんなエセ分散投資をするくらいなら、東証第一部上場企業の中から優れた経営を行なっている企業を厳選し、投資したほうがはるかに望ましい。そもそも分散投資の効果は二〇社から三〇社程度で十分得られる。さらに社数を増やしたところで、分散投資効果の増大は限定的である。

投資理論は正しいし、切れ味も鋭い。でもすべての投資理論には前提がある。その前提を正しく理解して使わないことには、「何やらに刃物」になりかねない。

【執筆協力】

岡島翔士郎（おかじま・しょうじろう）

農林中金バリューインベストメンツ株式会社　企業投資部　シニア・リサーチ・アナリスト
北海道大学法学部卒業、公益社団法人日本証券アナリスト協会検定会員。
2007年農林中央金庫入庫。オルタナティブ投資、事業法人融資等に従事した後、2014年より農林中金バリューインベストメンツに出向し、国内外企業の調査・分析業務を担当。

大福谷修平（おおふくたに・しゅうへい）

農林中金バリューインベストメンツ株式会社　企業投資部　リサーチ・アナリスト
東京大学経済学部卒業。
東京海上日動で債券投資、A.T.カーニーで経営戦略に関するコンサルティングに従事した後、2018年に農林中金バリューインベストメンツに入社。国内外企業の調査・分析業務を担当。

高島秀歩（たかしま・しゅうほ）

農林中金バリューインベストメンツ株式会社　企業投資部　ジュニア・リサーチ・アナリスト
慶應義塾大学商学部卒業、公益社団法人日本証券アナリスト協会検定会員。
2013年農林中央金庫入庫。宇都宮支店にて事業法人融資等に従事した後、2016年に農林中金バリューインベストメンツに出向し、国内外企業の調査・分析業務を担当。

【編著】
川北英隆（かわきた・ひでたか）
京都大学名誉教授　同経営管理研究部 証券投資教育産学共同講座・特任教授
財政制度等審議会委員、日本ファイナンス学会理事、日本取引所自主規制法人外部理事、みずほ証券社外取締役等
京都大学経済学部卒業、博士（経済学）。日本生命保険相互会社（資金証券部長、取締役財務企画部長等）、中央大学、同志社大学を経て、現在に至る。

奥野一成（おくの・かずしげ）
農林中金バリューインベストメンツ株式会社 常務取締役（CIO）
京都大学法学部卒業、ロンドンビジネススクール、ファイナンス学修士（Master in Finance）修了。公益社団法人日本証券アナリスト協会検定会員
1992年日本長期信用銀行入行、事業法人融資、長銀証券・UBS証券にて債券トレーディング業務（東京・ロンドン）に従事。2003年に農林中央金庫へ転籍しオルタナティブ投資を担当した後、2007年より現在の原形となる「長期集中投資自己運用ファンド」を開始。

京都大学の経営学講義Ⅳ
社会の問題解決こそ、企業価値創造の源である
京都大学経済学部・人気講義完全聞き取りノート

2020年1月15日　第1刷発行

編著 ―――― 川北英隆・奥野一成
発行 ―――― ダイヤモンド・ビジネス企画
〒104-0028
東京都中央区八重洲2-7-7 八重洲旭ビル2階
http://www.diamond-biz.co.jp/
電話 03-5205-7076（代表）
発売 ―――― ダイヤモンド社
〒150-8409　東京都渋谷区神宮前6-12-17
http://www.diamond.co.jp/
電話 03-5778-7240（販売）

編集制作 ―――― 岡田晴彦
編集協力 ―――― 前田朋
制作進行 ―――― 川地彩香
撮影 ―――― 原田康雄（ケタケタスタジオ）
装丁 ―――― 村岡志津加
本文ﾃﾞｻﾞｲﾝ・DTP ―― 村岡志津加
印刷・製本 ―――― 中央精版印刷

ISBN 978-4-478-08470-0